★ 职业教育城市轨道交通专业精品教材 ★

Chengshi Guidao Jiaotong Diangong Dianzi Jishu
# 城市轨道交通电工电子技术
（第2版）

单永欣　王晓燕　主　编

人民交通出版社股份有限公司
北京

## 内 容 提 要

本书是职业教育城市轨道交通专业精品教材。主要内容包括：绪论、直流电路、正弦交流电路、磁路与变压器、电动机、城市轨道交通供电及用电知识、常用半导体器件、交流放大电路、集成运算放大器及其应用、直流电源、数字电路共10个单元。每个单元都附有自主学习项目供学习时选用。

本书是城市轨道交通专业基础课教材，可供职业院校城市轨道交通专业教学使用，也可作为城市轨道交通行业岗位技术培训或自学用书，同时可供城市轨道交通行业工程技术人员学习参考。

### 图书在版编目(CIP)数据

城市轨道交通电工电子技术/单永欣,王晓燕主编. —2版.—北京:人民交通出版社股份有限公司, 2020.9 (2024.12 重印)

ISBN 978-7-114-16723-2

Ⅰ.①城⋯ Ⅱ.①单⋯ ②王⋯ Ⅲ.①城市铁路—轨道交通—电工技术—职业教育—教材②城市铁路—轨道交通—电子技术—职业教育—教材 Ⅳ.①U239.5

中国版本图书馆 CIP 数据核字(2020)第 125756 号

| | |
|---|---|
| 书　　名: | 城市轨道交通电工电子技术(第2版) |
| 著 作 者: | 单永欣　王晓燕 |
| 责任编辑: | 时　旭 |
| 责任校对: | 孙国靖　扈　婕 |
| 责任印制: | 刘高彤 |
| 出版发行: | 人民交通出版社股份有限公司 |
| 地　　址: | (100011)北京市朝阳区安定门外外馆斜街3号 |
| 网　　址: | http://www.ccpcl.com.cn |
| 销售电话: | (010)85285911 |
| 总 经 销: | 人民交通出版社股份有限公司发行部 |
| 经　　销: | 各地新华书店 |
| 印　　刷: | 北京印匠彩色印刷有限公司 |
| 开　　本: | 787×1092　1/16 |
| 印　　张: | 13.75 |
| 字　　数: | 323 千 |
| 版　　次: | 2011年6月　第1版<br>2020年9月　第2版 |
| 印　　次: | 2024年12月　第2版　第3次印刷　总第11次印刷 |
| 书　　号: | ISBN 978-7-114-16723-2 |
| 定　　价: | 36.00 元 |

(有印刷、装订质量问题的图书由本公司负责调换)

# Preface 第 2 版 前 言

随着我国城镇化规模不断扩大,流动人口与机动车数量快速增加,现有城市交通基础设施面临着巨大的挑战。城市轨道交通对改善现代城市交通拥堵局面、调整和优化城市区域布局、促进国民经济发展发挥的作用,已是不容置疑的客观现实。在城市化进程加快、新一线城市经济崛起的背景下,我国城市轨道交通迎来快速发展,轨道交通运营规模不断扩大,轨道交通运营人才需求问题也亟待解决。

本套城市轨道交通专业教材自 2010 年出版以来,在教学、科研和培训工作中发挥了很大的作用,深受使用院校师生的好评。为体现城市轨道交通发展中新技术、新材料、新设备、新工艺和新标准的应用,更好地适应职业教育"校企合作,工学结合"的人才培养模式,满足实际教学需求,人民交通出版社股份有限公司根据使用院校师生反馈的意见和建议,组织相关专业教师、企业技术人员,对本套教材进行了全面修订。

本书是城市轨道交通类专业基础课程教材,是各专业的必修内容。本书具体修订内容如下:

1. 更新电路的组成及作用、电压源和电流源、万用表的使用、常用低压控制电器、数制与码制等内容。

2. 增加接地电阻测试仪、函数信号发生器、功率因数的提高验证、半导体的特点、PN 结的特性、A/D 转换器的工作原理等内容。

3. 删除电压表电流表的使用、电路中电位的分析与计算、叠加原理的验证、戴维南定理的验证、三相异步电动机的时间控制、三极管的选择、RC 桥式正弦波振荡器、ROM 和 RAM 存储器、城市轨道交通远动系统等内容。

4. 按照最新标准更新相关内容。

5. 更换部分案例和图片。

6. 部分知识点配有二维码链接动画资源,有助于学生更形象地理解相关内容。

全书由上海交通职业技术学院单永欣、四川交通职业技术学院王晓燕担任主编。此次修订工作由四川交通职业技术学院老师完成,具体分工为:王晓燕修订单元 1、2,吕雪修订单元 4、5、6,祝良修订单元 7、8、10。

本书在编写过程中得到了成都地铁及其外围公司的大力支持,并参阅了大量专业书籍、报刊、杂志上的专题文章,书末列出了参考文献目录,在此一并表示衷心感谢!

限于编者水平,书中难免有疏漏和错误之处,恳请广大读者提出宝贵建议,以便进一步修改和完善。

编 者
2020 年 6 月

# Contents 目录

| | |
|---|---|
| 绪论 | 1 |
| **单元1　直流电路** | 3 |
| 1.1　电路及其基本物理量 | 3 |
| 1.2　电路元件及其伏安关系 | 7 |
| 1.3　电路的三种状态 | 16 |
| 1.4　基尔霍夫定律 | 17 |
| 1.5　支路电流法 | 20 |
| 1.6　叠加定理 | 21 |
| 1.7　戴维南定理 | 22 |
| 复习思考题 | 24 |
| **单元2　正弦交流电路** | 28 |
| 2.1　正弦交流电的基本概念 | 28 |
| 2.2　单一参数的正弦交流电路 | 38 |
| 2.3　典型正弦交流电路的分析 | 47 |
| 2.4　交流电路中的谐振 | 57 |
| 2.5　三相交流电路 | 61 |
| 2.6　三相交流电路的测量 | 67 |
| 复习思考题 | 72 |
| **单元3　磁路与变压器** | 75 |
| 3.1　磁路的基本概念 | 75 |
| 3.2　交流铁芯线圈及变压器 | 79 |
| 3.3　变压器的应用 | 84 |
| 3.4　变压器在城市轨道交通供电系统中的应用 | 88 |
| 复习思考题 | 89 |
| **单元4　电动机** | 90 |
| 4.1　三相异步电动机 | 90 |
| 4.2　三相异步电动机的使用 | 95 |
| 4.3　三相异步电动机的基本控制线路 | 98 |

4.4　直流电动机 ································································· 106
　　4.5　直线电动机 ································································· 109
　　复习思考题 ······································································· 111

**单元 5　城市轨道交通供电及用电知识** 113
　　5.1　城市轨道交通供电简述 ················································· 113
　　5.2　安全用电 ···································································· 115
　　复习思考题 ······································································· 120

**单元 6　常用半导体器件** 121
　　6.1　半导体的基础知识 ························································ 121
　　6.2　二极管 ······································································· 125
　　6.3　三极管 ······································································· 131
　　复习思考题 ······································································· 137

**单元 7　交流放大电路** 138
　　7.1　共射极基本放大电路 ····················································· 138
　　7.2　放大电路的分析方法 ····················································· 140
　　7.3　分压偏置电路及静态工作点的稳定 ··································· 144
　　7.4　多级放大电路 ······························································ 146
　　7.5　放大电路中的负反馈 ····················································· 147
　　7.6　功率放大电路 ······························································ 151
　　复习思考题 ······································································· 152

**单元 8　集成运算放大器及其应用** 154
　　8.1　集成运算放大器简介 ····················································· 154
　　8.2　集成运放的线性应用 ····················································· 158
　　8.3　集成运放的非线性应用 ·················································· 161
　　复习思考题 ······································································· 162

**单元 9　直流电源** 163
　　9.1　直流稳压电源 ······························································ 163
　　9.2　整流电路 ···································································· 164
　　9.3　滤波电路 ···································································· 167
　　9.4　稳压电路 ···································································· 169
　　复习思考题 ······································································· 171

**单元 10　数字电路** 174
　　10.1　概述 ········································································· 174
　　10.2　门电路 ······································································ 177
　　10.3　组合逻辑电路的分析与设计 ··········································· 180
　　10.4　编码器和译码器 ·························································· 184

| 10.5 | 触发器 | 189 |
| 10.6 | 计数器 | 194 |
| 10.7 | 寄存器 | 197 |
| 10.8 | 数模和模数转换电路 | 200 |
| 复习思考题 | | 205 |

**参考文献** ········································································· 209

# 绪论

**教学目标**
1. 了解课程基本内容；
2. 了解课程的特点与学习方法。

**建议学时**
1 学时

## 0.0.1 城市轨道交通的用电需求

城市轨道交通的用电负荷按其功能不同可分为两大用电群体：一是城市轨道交通车辆，其运行需牵引负荷；二是车站、区间、车辆段、控制中心等其他建筑物，诸如通风机、空调、自动扶梯、电梯、水泵、照明、自动售检票系统 AFC、防灾报警自动控制系统 FAS、环境与设备监控系统 BAS、通信系统、信号系统等，其运行需动力照明用电。

在上述用电群体中，有不同电压等级的直流负荷、不同电压等级的交流负荷；有固定负荷，时刻在变化的运动负荷。每种用电设备都有自己的用电要求和技术标准，而且这种要求和标准又相差甚远。城市轨道交通供电系统就是要满足这些不同用户对电能的不同需求，以使其发挥各自的功能与作用。

## 0.0.2 城市轨道交通的电气设备

城市轨道交通是个复杂的运输系统，作为城市轨道交通领域中最重要的技术之一，自动化技术对城市轨道交通的运营起着至关重要的作用。嵌入式系统、数据采集与监控 SCADA 系统、可编程控制器 PLC、现场总线、变频器、传感器、人机界面、工控机等自动化产品被广泛应用于轨道交通中。电气设备的正常运行在车辆管理、安全监控、电力检测以及保障轨道交通正常运营等方面发挥着不可小觑的作用。

## 0.0.3 课程特点与学习方法

"电"，看不见而且摸不着。电子电工，是一门理论性、抽象性强及实践性要求高的学科。

**0.0.3.1　了解学科的发展概况**

本课程具有覆盖面广、知识面宽的特点。课程内容浓缩了电工基础、电动机与拖动、模拟电子技术、数字电子技术、电工与电子测量等电类课程的知识。涉及强电、弱电的各个学科及其应用的基础知识。同时,与各行各业的生产及管理、与人们的日常生活联系紧密。随着科学技术及工业的发展,特别是电子技术的日新月异,使得该课程具有新知识多、新产品多、新技术多、新工艺多的特点。因此,它是一门覆盖面广、知识面宽、实践性强、适用性强、知识更新快的课程。

**0.0.3.2　课程的目的与任务**

作为全国职业教育城市轨道交通专业规划教材,它的目的和任务是使学生获得电工和电子技术方面的基本理论、基本知识和基本技能,同时,使学生具备电工电子操作技能,掌握"电"在城市轨道交通中的应用。

**0.0.3.3　抓"三基"——基本概念、基本理论、基本分析方法**

学习时,要抓住物理概念、基本理论、工作原理和分析方法;学习中,要处理好一般内容与重点内容的关系。

**0.0.3.4　找出"引入"和"结论"**

找出前后内容的联系,理解问题的提出和解决方法。学会归纳总结,找规律,抓相互联系。课程内容庞杂繁多,要学会以俯视的角度看问题,保持清晰的思路,找出彼此间的内在联系。只有这样,才能举一反三,触类旁通,能在不同的条件下灵活运用所学知识。

**0.0.3.5　适量练习、巩固知识**

通过练习习题,可以巩固和加深对所学理论的理解,并培养分析能力和运算能力。解题前,要对所学内容基本掌握;解题时,要看懂题意,注意分析。

**0.0.3.6　理论联系实际**

通过实验,验证和巩固所学理论,训练实验技能,学会正确应用常用的电工电子仪器,并培养严谨的科学作风。

**0.0.3.7　了解电工电子技术新动态**

经常浏览相关期刊、网站,了解电工电子技术的最新发展动态和新近推出的新产品及其大致功能特点,了解城市轨道交通行业自动化产品的应用。

# 单元 1 直流电路

**教学目标**

1. 掌握电路的组成、主要物理量的概念；
2. 掌握欧姆定律的应用以及电压源和电流源；
3. 掌握基尔霍夫电压、电流定律,正确使用电压表、电流表；
4. 掌握电阻串、并联的等效变换；
5. 了解电路的三种工作状态以及直流电流法；
6. 掌握电路中电位的计算与测量；
7. 掌握叠加定理和戴维南定理。

**建议学时**

18 学时

## 1.1 电路及其基本物理量

### 1.1.1 电路的组成和作用

#### 1.1.1.1 电路的概念

电路,是为了完成某种功能,将电器元件或设备按一定方式连接起来而形成的系统,通常用以构成电流的通路。从广义上说,日常生活中使用的用电设备到工农业生产中用到的各种生产机械的电气控制部分及计算机、各种测试仪表等,都是实际的电路。

电路规模的大小,可以相差很大,小到硅片上的集成电路,大到高低压输电网。实际应用的电路都比较复杂。因此,为了便于分析电路的实质,通常用规定的图形符号表示,组成电路实际元件及其连接线,即画成所谓的电路图。

#### 1.1.1.2 电路的组成

电源、负载和中间环节是电路的基本组成部分。

(1)电源是提供电能的设备,电源的功能是把非电能转变成电能。例如电池是把化学能转变成电能,发电机是把机械能转变成电能。由于非电能的种类很多,转变成电能的方式也很多,所以,目前使用的电源类型也很多。最常用的电源是干电池、蓄电池和发电机等。

(2)负载是在电路中使用电能的各种设备,负载的功能是把电能转变为其他形式的能。例如,电炉把电能转变为热能,电动机把电能转变为机械能等。通常使用的照明器具、家用电器、机床等都可称为负载。

(3)中间环节是把电源与负载连接起来的部分,起传递和控制电能的作用,包括各种开关、连接导线、熔断器、电流表、电压表及测量仪表等。

#### 1.1.1.3　电路的作用

电路的作用是实现电能的转换和信息的传递。电路按功能可以分为两类:一类是电力电路;另一类是信号电路。

电力电路主要起电能的传输、转换和分配的作用。电力系统电路就是典型例子,发电机组将其他形式的能量转换成电能,经变压器、输电线传输到各用电部门,用户又把电能转换成光能、热能、机械能等其他形式的能量而加以利用。

对于这一类电路,一般要求在传输和转换过程中,尽可能地减少能量损耗,以提高效率。

信号电路在电子技术、电子计算机和非电量电测中广泛应用,其主要目的是实现信号(例如语言、音乐、文字、图像、温度、压力等)的传递、存储和处理。典型放大器电路,就是对信号源提供的信息进行放大、调谐、检波等信息处理后,再输出给负载。

在这类电路中,虽然也有能量的传输和转换问题,但最主要的是信号传递的质量,一般要求传输的过程中信号不能失真,应尽可能准确、快速。

#### 1.1.1.4　电路模型

在工程中应用的电路中,元件种类繁多。在进行分析和计算中不可能因物而异,通常将实际的元件理想化,用一个假定的二端元件来代替,这个二端元件的电磁性质反映了实际件的电磁性质,这个假定的二端元件称为理想电路元件。如电灯、电炉、电烙铁、电阻器等各种消耗电能的实际器件,都用"电阻"来表示,干电池、蓄电池、太阳能电池、发电机等各种提供电能的实际器件,都用"电源"来表示。将实际电路中的各种元件按其主要物理性质分别用理想电路元件来表示,构成的电路就是实际电路的"理想电路模型",简称电路模型。

### 1.1.2　电路的主要物理量

#### 1.1.2.1　电流

(1)电流的形成。

电荷的定向移动称为电流。在金属导体中,电流是电子在外电场作用下有规则地运动形成的。而在某些液体或气体中,电流则是正离子或负离子在电场力作用下有规则地运动形成的。

(2)电流的方向。

在不同的导电物质中,形成电流的运动电荷可以是正电荷,也可以是负电荷,甚至两者都有。规定以正电荷移动的方向为电流的方向。

在分析或计算电路时,常常需要求出电流的方向。但当电路比较复杂时,某段电路中电流的实际方向很难确定,此时通常先假定电流的参考方向,然后列方程求解。若求出的电流为正值,则说明电流的实际方向与参考方向一致,如图 1-1a)所示;反之,电流为负值,则说明电流的实际方向与参考方向相反,如图1-1b)所示。

若电流的方向和大小恒定不变,称为稳恒电流,简称直流,用DC表示;若电流的方向和大小都随着时间的变化而变化,则称为交变电流,简称交流,用AC表示。由直流电源供电的电路,称为直流电路;同样,由交流电源供电的电路,称为交流电路。

图1-1 电流的方向

注:虚线为电流实际方向,实线为电流参考方向

(3)电流的大小。

电流的大小取决于在一定时间内通过导体横截面的电荷量的多少。通常规定用单位时间(1s)内通过导体横截面的电量来表示电流的大小,以字母$I$表示。若在$t$ s内通过导体横截面的电量是$Q$,则电流$I$可以用式(1-1)表示:

$$I = \frac{Q}{t} \tag{1-1}$$

电流的单位是安培,简称安,用符号A表示;电量的单位是库仑,简称库,用C表示。电流的单位还有kA、mA、μA,其换算关系为:

$$1kA = 1 \times 10^3 A \quad 1mA = 1 \times 10^{-3} A \quad 1\mu A = 1 \times 10^{-6} A$$

#### 1.1.2.2 电压与电动势

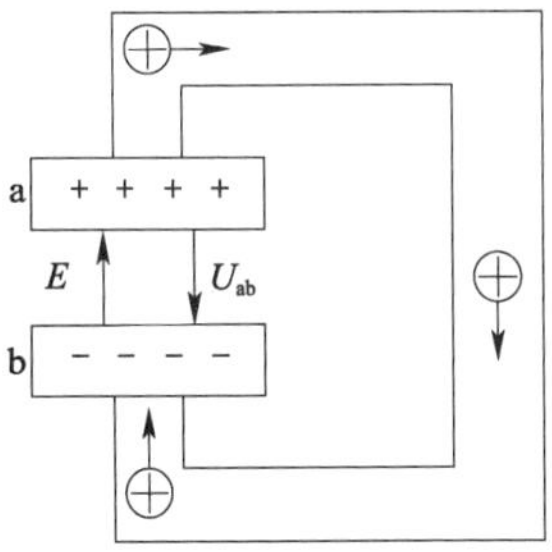

(1)电压。

在图1-2中,两个极板a、b上分别带有正、负电荷,这样两极板间就存在一个电场,其方向由a指向b。电荷在电路中运动时受到电场力的作用,即电场力对电荷做功。规定:电场力把单位正电荷由a点移向b点所做的功,称为a、b两点间的电压,用符号$U_{ab}$表示,即:

图1-2 电压与电动势

$$U_{ab} = \frac{W_{ab}}{Q} \tag{1-2}$$

电压的单位是伏特,用V表示。电压常用的单位还有kV、mV、μV,其换算关系如下:

$$1kV = 1 \times 10^3 V \quad 1mV = 1 \times 10^{-3} V \quad 1\mu V = 1 \times 10^{-6} V$$

规定电压的实际方向为高电位端指向低电位端。在电路中用箭头、"+""−"或者双下标$U_{ab}$表示,如图1-3所示。

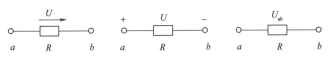

图1-3 电压的方向

电压的参考方向也可以任意选定。但在外电路中常选择电压电流方向相同,称为关联参考方向,在电路图中只需标明一个参考方向(电压或电流)。若计算结果为正,则实际方向与参考方向相同;若为负,则实际方向与参考方向相反。

(2)电位。

在电路中任意选一点为参考点,那么电路中某点的电位就是该点到参考点的电压,即将

单位正电荷从该点移动到参考点所做的功。电位的符号用 $V$ 表示，a 点的电位为 $V_a$，b 点的电位为 $V_b$，单位是伏（V）。

参考点的电位等于零，即 $V_0 = 0$，所以，参考点又称零电位点。高于参考点的电位是正电位，低于参考点的电位是负电位。

电路中两点之间的电压又称两点之间的电位差，即：

$$U_{ab} = V_a - V_b \tag{1-3}$$

（3）电动势。

电动势是描述电源性质的重要物理量。电动势在数值上等于电源力把单位正电荷从电源的负极板 b 移到正极板 a 所做的功，用 $E$ 表示，即：

$$E = \frac{W_{ba}}{Q} \tag{1-4}$$

电动势只存在电源内部，数值上等于电源没有接入电路时两极间的电压，其方向是由电源负极指向正极，与电压方向相反，单位也是伏特（V），如图 1-2 所示。

#### 1.1.2.3 电功率与电能

（1）电功率。

单位时间电流所做的功称为电功率，用以表示电场力做功的快慢。用字母 $P$ 表示，单位为 W。

$$P = \frac{W}{t} = UI = I^2 R = \frac{U^2}{R} \tag{1-5}$$

式中，$P$、$W$、$t$ 的单位分别为 W、J、s。

在实际应用中，电功率的单位还有 kW，它和瓦（W）的换算关系为：

$$1\text{kW} = 10^3 \text{W}$$

【例 1-1】 一个 $100\Omega$ 的电阻流过 $50\text{mA}$ 的电流时，求电阻上的电压降和电阻消耗的功率；当电流通过时间为 $1\text{min}$ 时，电阻消耗的电能为多少？

**解**：由欧姆定律得电压降：

$$U = IR = 0.05 \times 100 = 5(\text{V})$$

消耗的功率：

$$P = UI = 5 \times 0.05 = 0.25(\text{W})$$

消耗的电能：

$$W = Pt = 0.25 \times 60 = 15(\text{J})$$

（2）电能。

电流所做的功，简称电功（即电能），用字母 $W$ 表示。如电流流过日光灯管时，日光灯发光；电流流过电阻时，电阻会发热。这说明电流流过用电设备时，用电设备将电源提供的电能转变成其他形式的能量，电流做功。

电流在一段电路上所做的功等于这段电路两端的电压 $U$、电路中的电流 $I$ 和通电时间 $t$ 三者的乘积，即：

$$W = UIt \tag{1-6}$$

式中，$W$、$U$、$I$、$t$ 的单位分别为 J、V、A、s。

在实际应用中,电能的另一个常用单位是千瓦时(kW·h),即通常所说的1度电,1度 = 1kW·h = $3.6 \times 10^6$ J。

(3)电流的热效应。

电流通过导体时使导体发热的现象称为电流的热效应。电流与它流过导体时所产生的热量之间的关系可用式(1-7)表示:

$$Q = I^2Rt \tag{1-7}$$

式中,$Q$ 的单位是J,这种热也称焦耳热。

当电阻元件通过电流时,由于电流的热效应,导体和周围空气的温度升高。但电流的热效应也有有害的一面。如电流通过输电线、电动机、变压器等时,会使元件本身线圈发热。不仅使能量浪费,还造成温度过高而烧毁设备。所以电气设备安全工作时所允许的最大电流、最大电压和最大功率分别称为它们的额定电流、额定电压和额定功率。如常见的灯泡上的220V 60W 或电阻上标出的100Ω 2W 等都是额定值。

### 1.1.3 直流电在城市轨道交通中的应用

在轨道交通供电系统中,直流牵引供电系统直接给列车提供动力,其好坏直接影响整个地铁供电系统质量的高低。如果牵引供电系统出现问题,小则影响某个变电站、几个供电区间的输送电,大则引起整个牵引供电系统崩溃,给地铁列车的安全、运营造成影响。图1-4所示为双机组双边供电方式,分别向上行、下行车辆进行主备供电,两个相邻的牵引变电站同时向站内同一馈电区间供电。

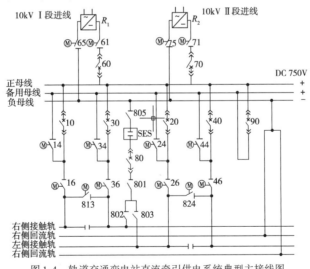

图1-4 轨道交通变电站直流牵引供电系统典型主接线图

##  1.2 电路元件及其伏安关系

### 1.2.1 电阻元件的欧姆定律

#### 1.2.1.1 部分电路欧姆定律

只含有负载而不包含电源的一段电路称为部分电路,如图1-5中虚线框中所示电路。

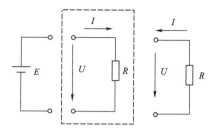

图 1-5 部分电路欧姆定律

通过试验可以知道,流过电阻的电流 $I$ 与电阻两端的电压 $U$ 成正比,与电阻成反比,这称之为部分电路欧姆定律,用公式(1-8)表示为:

$$I = \frac{U}{R} \quad 或 \quad U = IR \qquad (1\text{-}8)$$

从图 1-5 可以看出,电阻两端的电压方向是由高点位指向低点位,并且点位是逐点降低的。

【例 1-2】 某白炽灯接在 220V 电源上,正常工作时流过的电流为 273mA,试求此白炽灯的电阻。

解:

$$R = \frac{U}{I} = \frac{220}{273 \times 10^{-3}} = 805.9(\Omega)$$

如果以电流为横坐标,电压为纵坐标,可以画出电阻的电压与电流的关系曲线,称为此电阻的伏安特性曲线。如果伏安特性曲线是直线的电阻元件,称为线性电阻,如图 1-6 所示,其电阻值是不变的常数;否则,该电阻为非线性电阻,如图 1-7 所示。

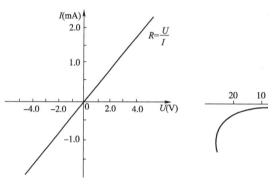

图 1-6 线性电阻的伏安特性曲线

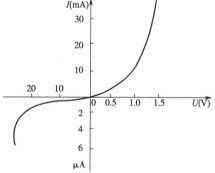

图 1-7 非线性电阻的伏安特性曲线

#### 1.2.1.2 全电路欧姆定律

全电路是指含有电源的闭合电路,如图 1-8 所示。电源内部的电路称为内电路(虚线框中为内电路)。电源内部一般都是有电阻的,这个电阻称为内电阻,简称内阻,用 $r$ 表示。电源外部的电路称为外电路,外电路中的电阻称为外电阻。

通过实验可以验证,在一个闭合电路中,电流 $I$ 与电源的电动势 $E$ 成正比,与电路中内电阻和外电阻之和成反比,这个规律称为全电路欧姆定律,用公式(1-9)表示为:

$$I = \frac{E}{R + r} \quad 或 \quad U = E - Ir \qquad (1\text{-}9)$$

【例 1-3】 有一电源电动势 $E = 6V$,内阻 $r = 0.8\Omega$,外接负载电阻 $R = 19.2\Omega$,求电源端电压和内压降。

解:

$$I = \frac{E}{r + R} = \frac{6}{0.8 + 19.2} = 0.3(A)$$

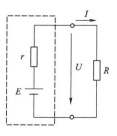

图 1-8 全电路

内压降：
$$U_r = Ir = 0.3 \times 0.8 = 0.24(V)$$
端电压：
$$U = IR = 0.3 \times 19.2 = 5.76(V)$$

#### 1.2.1.3 电阻的连接

(1)单口网络等效电路的概念。

等效电路也是单口网络的一种描述方式。如果一个单口网络 $N$ 的伏安关系和另一个单口网络 $N'$ 的伏安关系完全相同,则这两个单口网络 $N$ 和 $N'$ 便是等效的。尽管这两个单口网络可以具有完全不同的结构,但对任一外电路 $M$ 来说,它们却具有完全相同的影响,没有丝毫的区别。这样,使得在研究分析单口网络 $M$ 的性能时,可以用 $N'$ 来置换 $N$,即用 $N'$ 来等效,以达到简化电路结构、便于分析计算的目的。

最简单也是最基本的等效便是电阻的串联和电阻的并联等效,分别可以用与其具有相同伏安关系的单一电阻等效。

单口网络的等效电路注意事项如下：

①等效是指对任意的外电路等效,而不是指对某一特定的外电路等效。

②等效就是要求在外接任何电路时,都要求具有相同的端口电压和端口电流,即要求 $N'$ 与 $N$ 的电压、电流和电阻完全相同。

③运用等效的概念和方法,可以把一个结构复杂的单口网络用一个结构简单的单口网络去置换,从而简化了电流的分析计算。

(2)电阻的串联及分压。

把两个或两个以上的电阻,一个接一个地连成一串,使电流只有一条通路的连接方式为串联,如图1-9所示。

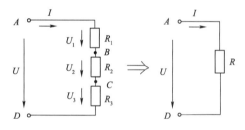

图1-9 电阻的串联及其等效电路

串联电路的特点如下：

①电路中流过每个电阻的电流都相等,即：
$$I = I_1 = I_2 = I_3 = \cdots = I_n \tag{1-10}$$

②电路两端的总电压等于各电阻两端的电压之和,即：
$$U = U_1 + U_2 + U_3 + \cdots + U_n \tag{1-11}$$

③电路的等效电阻(即总电阻)等于各串联电阻之和,即：
$$R = R_1 + R_2 + R_3 + \cdots + R_n \tag{1-12}$$

④电路中各电阻的电压与各电阻的阻值成正比,即：
$$\frac{U_n}{U} = \frac{R_n}{R} \tag{1-13}$$

【例1-4】 有一只万用表,表头等效内阻 $R_a = 10\text{k}\Omega$,满刻度电流(即允许通过的最大电流) $I_a = 50\mu\text{A}$,如改装成量程为10V的电压表,应串联多大的电阻？

解：按题意,当表头满刻度时,表头两端电压 $U_a$ 为：
$$U_a = I_a R_a = 50 \times 10^{-6} \times 10 \times 10^3 = 0.5(V)$$

设量程扩大到10V需要串入的电阻为$R_x$,则:

$$R_x = \frac{U_x}{I_a} = \frac{U - U_a}{I_a} = \frac{10 - 0.5}{50 \times 10^{-6}} = 190(\text{k}\Omega)$$

(3) 电阻的并联及分流。

把两个或两个以上的电阻并列连接在两点之间,使每一电阻两端都承受同一电压的连接方式称为并联,如图1-10所示。

并联电路的特点如下:

① 电路中各电阻两端的电压相等,并且等于电路两端的电压,即:

$$U = U_1 = U_2 = U_3 = \cdots = U_n \tag{1-14}$$

② 电路的总电流等于各电阻中的电流之和,即:

$$I = I_1 + I_2 + I_3 + \cdots + I_n \tag{1-15}$$

③ 电路的等效电阻(即总电阻)的倒数等于各并联电阻的倒数之和,即:

$$\frac{1}{R} = \frac{1}{R_1} + \frac{1}{R_2} + \frac{1}{R_3} + \cdots + \frac{1}{R_n} \tag{1-16}$$

④ 在电阻并联电路中,各支路分配的电流与支路的电阻值成反比,即:

$$\frac{I_n}{I} = \frac{R}{R_n} \tag{1-17}$$

(4) 混联电路等效电阻的计算。

电路中电阻元件既有串联又有并联的连接方式,称为混联。图1-11所示的电路就是一些电阻的混联电路。

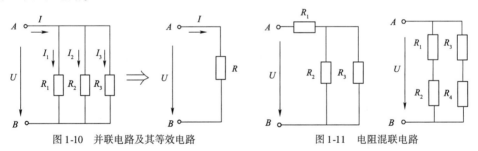

图1-10　并联电路及其等效电路　　　图1-11　电阻混联电路

对于电阻混联电路的计算,只需根据电阻串、并联的规律逐步求解即可,但对于某些较为复杂的电阻混联电路,比较有效的方法就是画出等效电路图,然后计算其等效电阻。

等效电路如何画出? 以下面具体的例子说明。

【例1-5】 电路如图1-12a)所示,求电路AB两点间的等效电阻$R_{AB}$,其中,$R_1 = R_2 = R_3 = 2\Omega$,$R_4 = R_5 = 4\Omega$。

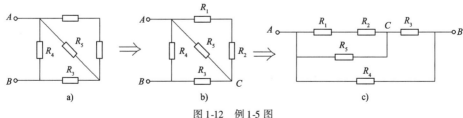

图1-12　例1-5图

**解**:(1)按要求在原电路中标出字母 $C$,如图 1-12b)所示。

(2)将 $A$、$B$、$C$ 各点沿水平方向排列,并将 $R_1 \sim R_5$ 依次填入相应的字母之间。$R_1$ 与 $R_2$ 串联在 $A$、$C$ 间,$R_3$ 在 $B$、$C$ 之间,$R_4$ 在 $A$、$B$ 之间,$R_5$ 在 $A$、$C$ 之间,即可画出等效电路图,如图 1-12c)所示。

(3)由等效电路可求出 $AB$ 间的等效电阻,即:

$$R_{12} = R_1 + R_2 = 2 + 2 = 4(\Omega)$$

$$R_{125} = \frac{R_{12} \times R_5}{R_{12} + R_5} = \frac{4 \times 4}{4 + 4} = 2(\Omega)$$

$$R_{1253} = R_{125} + R_3 = 2 + 2 = 4(\Omega)$$

$$R_{AB} = \frac{R_{125} \times R_4}{R_{125} + R_4} = \frac{4 \times 4}{4 + 4} = 2(\Omega)$$

以上介绍的等效变换方法并不是唯一求解等效电阻的方法。其他的方法还有如利用电流的流向及电流的分、合,画出等效电路图的方法;利用电路中各等电位点分析电路,画出等效电路等。无论哪一种方法,都是将不易看清串、并联关系的电路,等效为可直接看出串、并联关系的电路,然后求出其等效电阻。

在混联电路中,已知电路总电压,若求解各电阻上的电压、电流,其步骤一般如下:

①求出该电路的等效电阻;
②应用欧姆定律求出总电流;
③应用电流分流公式和电压分压公式,分别求出各电阻上的电压和电流。

**【例 1-6】** 灯泡 $A$ 的额定电压 $U_1 = 6V$,额定电流 $I_1 = 0.5A$;灯泡 $B$ 的额定电压 $U_2 = 5V$,额定电流 $I_2 = 1A$。现有的电源电压 $U = 12V$,如何接入电阻使两个灯泡都能正常工作?

**解**:利用电阻串联的分压特点,将两个灯泡分别串上 $R_3$ 与 $R_4$ 再予以并联,然后接上电源,如图 1-13 所示。

下面分别求出使两个灯泡正常工作时,$R_3$ 与 $R_4$ 的额定值。

(1)$R_3$ 两端电压为:

$$U_3 = U - U_1 = 12 - 6 = 6(V)$$

$R_3$ 的阻值为:

$$R_3 = \frac{U_3}{I_1} = \frac{6}{0.5} = 12(\Omega)$$

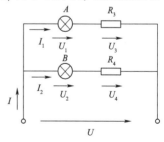

图 1-13 例 1-6 图

$R_3$ 的额定功率为:

$$P_3 = U_3 I_1 = 6 \times 0.5 = 3(W)$$

所以,$R_3$ 应选 $12\Omega/3W$ 的电阻。

(2)$R_4$ 两端电压为:

$$U_4 = U - U_2 = 12 - 5 = 7(V)$$

$R_4$ 的阻值为:

$$R_4 = \frac{U_4}{I_2} = \frac{7}{1} = 7(\Omega)$$

$R_4$ 的额定功率为：
$$P_4 = U_4 I_2 = 7 \times 1 = 7(\text{W})$$
所以，$R_4$ 应选 7Ω/7W 的电阻。

**想一想**

混联电路中，电路消耗的总功率与各元件消耗的功率存在什么样的关系？是否等于各电阻上的功率之和？

### 1.2.2 接地电阻测试仪的使用

接地电阻测试仪是摒弃了传统的人工手摇发电工作方式，采用先进的大规模集成电路，应用 DC/AC 变换技术将三端钮、四端钮测量方式合并为一种机型的新型数字接地电阻测试仪。适用于电力、邮电、铁路、通信、矿山等部门测量各种装置的接地电阻以及测量低电阻的导体电阻值；还可测量土壤电阻率及地电压。

**1.2.2.1 接地电阻**

保证住宅或是工厂电气安全的一个基本的先决条件就是提供一个接地电极。如果没有接地电极，人员将有生命危险，电气装置及其他财产也将受到损害。然而，一个单独的接地电极不能够完全保证安全。只有定期检查才能保证电气装置的正确操作。

**1.2.2.2 接地是必须的**

接地包括使用一条导线连接一个接地电极至金属底盘地线，可以将电气设备上因为绝缘故障而产生的电流导入大地中。使用这种方法，由于故障电流被导入了大地中，这样对人员就没有危险了。如果没有接地，任何接触的人员都可能触电，如果电流很大，就有可能致命。

**1.2.2.3 测量现有接地电阻的方法**

现有接地测量电阻的方法主要包括：单钳测量、两线法、三线法、四线法、双钳法。

(1)单钳测量(推荐设备型号：VICTOR64XX 系列)。

测量多点接地中的每个接地点的接地电阻，而且不能断开接地连接防止发生危险。

适用于：多点接地，不能断开连接，测量每个接地点的电阻。

(2)两线法(推荐设备型号：VICTOR4105 系列)。

条件：必须有已知接地良好的地，所测量的结果是被测地和已知地的电阻和。假如已知地远小于被测地的电阻，测量结果可以作为被测地的结果。

(3)三线法(推荐设备型号：VICTOR4105 系列)。

条件：必须有两个接地棒：一个辅助地和一个探测电极。各个接地电极间的间隔为 5～10m。原理是在辅助地和被测地之间加上电流，测量被测地和探测电极间的电压降，测量结果包括测量电缆本身的电阻。

(4)四线法(推荐设备型号：VICTOR4105 系列)。

基本上同三线法，在低接地电阻测量和消除测量电缆电阻对测量结果的影响时替换三线法。测量时 E 和 ES 必须单独直接连接到被测地。

(5)双钳法(推荐设备型号:VICTOR4105 系列)。

条件:多点接地,不打辅助地桩,测量单个接地。

接线:使用厂商指定的电流钳接到相应的插口上,将两钳卡在接地导体上,两钳间的间隔要大于 0.25m。

钳形接地电阻仪是传统接地电阻测量技术的重大突破,广泛应用于电力、电信、气象、油田、建筑及工业电气设备的接地电阻测量。钳形接地电阻仪在测量有回路的接地系统时,不需断开接地引下线,不需辅助电极,安全快速、使用简便。钳形接地电阻仪能测量出用传统方法无法测量的接地故障,能应用于传统方法无法测量的场合,因为钳形接地电阻仪测量的是接地体电阻和接地引线电阻的综合值。钳形接地电阻仪有长钳口及圆钳口之分。长钳口特别适宜于扁钢接地的场合。钳形接地电阻测试仪如图 1-14a)所示。

钳形接地电阻测试仪测量接地电阻的基本原理是测量回路电阻,如图 1-14b)所示。钳形接地电阻测试仪的钳口部分由电压线圈及电流线圈组成。电压线圈提供激励信号,并在被测回路上感应一个电势 $E$。在电势 $E$ 的作用下将在被测回路产生电流 $I$。钳形接地电阻测试仪对 $E$ 及 $I$ 进行测量,并通过公式 $R = E/I$,即可得到被测电阻 $R$。

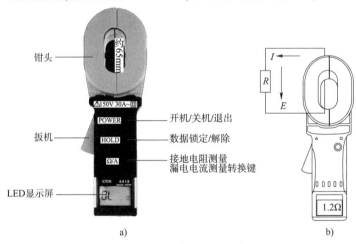

图 1-14 钳形接地电阻测试仪

#### 1.2.2.4 接地电阻测试仪的使用注意事项

(1)接地线路要与被保护设备断开,以保证测量结果的准确性。

(2)被测地极附近不能有杂散电流和已极化的土壤。

(3)下雨后和土壤吸收水分太多的时候,以及气候、温度、压力等急剧变化时不能测量。

(4)探测针应远离地下水管、电缆、铁路等较大金属体,其中电流极应远离 10m 以上,电压极应远离 50m 以上,如上述金属体与接地网没有连接时,可缩短距离 1/3~1/2。

(5)连接线应使用绝缘良好的导线,以免有漏电现象。

(6)注意电流极插入土壤的位置,应使接地棒处于零电位的状态。

(7)测试宜选择土壤电阻率大的时候进行,如初冬或夏季干燥季节时进行。

(8)测试现场不能有电解物质和腐烂尸体,以免造成错觉。

(9)当检流计灵敏度过高时,可将电位探针电压极插入土壤中浅一些,当检流计灵敏度过低时,可沿探针注水使其湿润。

### 1.2.3 电压源和电流源

#### 1.2.3.1 电压源

对外提供电压的电源称为电压源。电压源按其内阻是否考虑可分为两类,一类是忽略内阻或内阻为零的电压源,称为理想电压源,或称恒压源;另一类是考虑内阻,内阻不为零的电压源,称为实际电压源。

(1)理想电压源(恒压源)。

图 1-15a)所示为理想电压源 $U_S$ 与负载 $R_L$ 连接的电路,理想电压源对负载提供一个恒定的电压 $U_S$,其伏安特性如图 1-15b)所示。理想电压源具有端电压保持恒定不变,而输出电流大小由负载决定:

$$I = \frac{U_S}{R_0} \tag{1-18}$$

(2)实际电压源。

理想电压源实际上是不存在的。一个实际电源(如干电池)总是有内阻的,当电源通过电流时,存在着能量损耗。图 1-16a)所示为一个实际电压源与负载 $R_L$ 连接的电路。一个实际电压源可等效成一理想电压源 $U_S$ 与内阻 $R_0$ 串联的模型。电路中,负载 $R_L$ 上的电压与电流的关系为:

$$U = U_S - R_0 I \tag{1-19}$$

其伏安特性如图 1-16b)所示。图中 $U < U_S$,$I$ 越大,$U$ 越低。

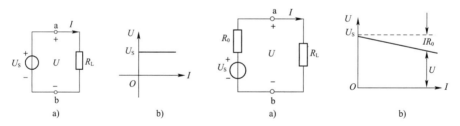

图 1-15 理想电压源及其伏安特性　　图 1-16 实际电压源及其伏安特性

#### 1.2.3.2 电流源

(1)理想电流源(恒流源)。

图 1-17a)所示为理想电流源 $I_S$ 与负载 $R_L$ 连接的电路。理想电流源对负载提供一个恒定的电流 $I_S$,其伏安特性如图 1-17b)所示。负载 $R_L$ 两端的电压为:

$$U = R_L I_S \tag{1-20}$$

(2)实际电流源。

理想电流源实际上是不存在的。如光电池,总有一部分能量被内阻 $R_0$ 消耗而没输送出去,可用理想电流源 $I_S$ 与内阻 $R_0$ 并联的模型来代替,其电路模型如图 1-18a)所示,其伏安特性如图 1-18b)所示。$R_L$ 上的电压与电流的关系为:

$$I = I_S - \frac{U_S}{R_0} \tag{1-21}$$

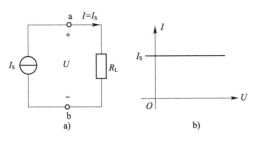
图1-17 理想电流源及其伏安特性

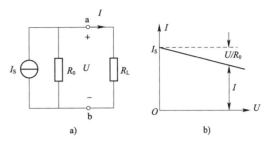
图1-18 实际电压源及其伏安特性

### 电压源和电流源的使用注意事项

①在使用中不能将理想电压源短路,且不能并联使用。

②在实验中,可以用一个小阻值的电阻与恒压源相串联来模拟一个实际电压源。

③恒流源在使用时应在规定的电流范围内,具有很大的内阻($r \approx \infty$),可以将它视为一个理想电流源。

④在使用中不能将理想电压源开路,且不能串联使用。

⑤在实验中,可以用一个大阻值的电阻与恒流源相并联来模拟一个实际电流源。

#### 1.2.3.3 实际电压源和实际电流源的等效互换

一个实际的电源,就其外部特征而言,既可以看成是一个电压源,又可以看成是一个电流源。若视为电压源,则可用一个电压源与一个电阻相串联来表示;若视为电流源,则可用一个电流源与一个电阻相并联来表示。若它们向同样大小的负载供出同样大小的电流和端电压,则称这两个电源是等效的,即具有相同的外特性。

### 实际电压源和实际电流源等效变换的条件

①取实际电压源与实际电流源的内阻均为$r$。

②已知实际电压源的参数为$U_S$和$r$,则实际电流源的参数为$I_S = \dfrac{U_S}{r}$和$r$。

若已知实际电压源的参数为$I_S$和$r$,则实际电流源的参数为$U_S = I_S r$和$r$,如图1-19所示。

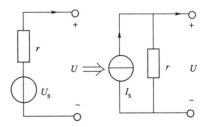

电压源与电流源等效变换的注意事项

图1-19 实际电压源和实际电流源的等效变换

①"等效"是指"对外"等效(等效互换前后对外伏安特性一致),内部不等效。

②理想电压源和理想电流源不能等效互换。

③电源等效互换时,恒压源$E$与电源内阻$r$串联,恒流源$I_S$与电源内阻$r$并联,并且转换前后$E$与$I_S$的方向保持不变。

④一个电动势为 $E$ 的理想电压源和某个电阻 $R$ 的串联电路,都可以化为一个电流为 $I_S$ 的理想电流源和这个电阻的并联电路。

【例 1-7】 将图 1-20a) 中的电压源转化为等效电流源,并画出等效电路图。

解:
$$I_S = \frac{U_S}{R_S} = \frac{100}{47} \approx 2.13(\text{A})$$

电路图如图 1-20b) 所示。

【例 1-8】 将图 1-21a) 中的电流源转化为等效电压源,并画出其等效电路图。

解:
$$U_S = I_S R_S = 10\text{mA} \times 1.0\text{k}\Omega = 10\text{V}$$

电路图如图 1-21b) 所示。

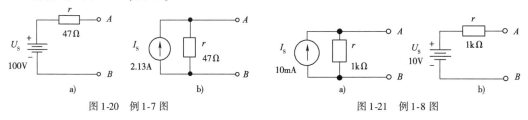

图 1-20 例 1-7 图　　　　图 1-21 例 1-8 图

【例 1-9】 用电源等效变换的方法求图 1-22a) 电路中的电流 $I_1$ 和 $I_2$。

解:(1) 将电压源等效为一个电流源和一个电阻的并联,电路如图 1-22b) 所示,求出 $I_2$。

(2) 将两个并联的电流源等效为一个电流源,电路如图 1-22c) 所示,求出 $I_1$。

$$I_2 = \frac{5}{10+5} \times 3 = 1(\text{A})$$

$$I_1 = I_2 - 2 = 1 - 2 = -1(\text{A})$$

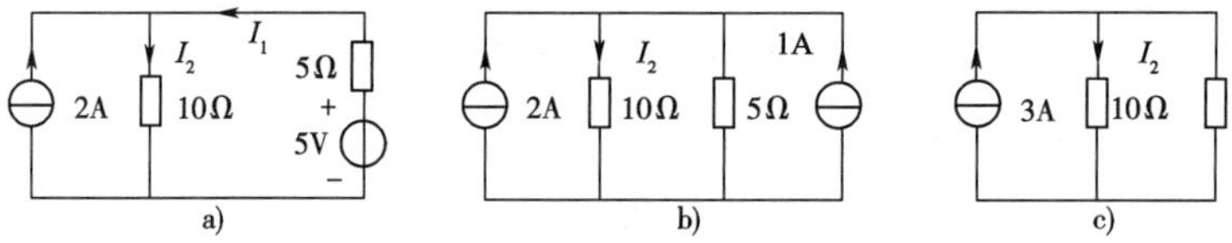

图 1-22 例 1-9 图

## 1.3　电路的三种状态

根据所接负载的情况,电路有三种工作状态:空载(开路)、短路、有载(通路),如图 1-23 所示。

### 1.3.1　空载(开路)

开路也称为断路,是指电源与负载之间未接成闭合回路。因为电路中某一处因中断,没有导体连接,电流无法通过,所以导致电路中电流消失,一般对电路无损害。

单元1 直流电路

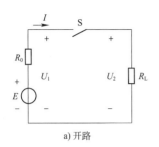
a) 开路

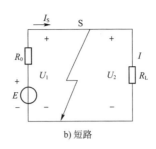
b) 短路

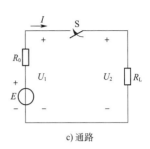
c) 通路

图1-23 电路的三种工作状态

### 1.3.2 短路

短路是指电源未经过任何负载而直接由导线接通成闭合回路。短路时，电路中电流比正常工作时大很多，易造成电路损坏、电源瞬间损坏，如温度过高烧坏导线、电源等，所以应避免短路的发生。

### 1.3.3 有载（通路）

有载工作状态，即通路，是指处处连通的电路，即电源与负载连成回路，电路中有电流存在。但要注意，处于通路状态的各种电气设备的电压、电流、功率等数值不能超过其额定值。

**想一想**

电路的三种工作状态有什么区别？哪一种工作状态最危险，是应该绝对避免的？

## 1.4 基尔霍夫定律

由若干电路元件按一定连接方式构成电路后，其电压、电流受到两类约束，一类是元件本身的伏安关系；另一类是电路结构的约束关系，这一类约束由基尔霍夫定律确定。基尔霍夫定律是电路中电压和电流必须遵守的基本定律，是分析电路的依据，它是由电流定律和电压定律组成的。

下面介绍几个名词。

支路：是由一个或几个元件首尾相连构成的一段无分支电路。可以从下列三个方面来说明：

（1）每个元件就是一条支路，如图1-24中 $ab$、$bd$。

（2）将串联的元件视为一条支路，如图1-24中 $aec$。

（3）流入等于流出的电流的支路。

节点：指三条或三条以上支路的连接点。如图1-24中 $a$、$b$、$c$、$d$ 点。

回路：电路中任意一个闭合路径称为回路，如图1-24中 $abda$、$bcdb$。

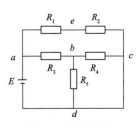

图1-24 简单电路

网孔：内部不含支路的回路，如图1-24中abcea。

**小贴士**

**网孔与回路的联系与区别**

网孔一定是回路，但回路不一定是网孔，如图1-24中abcda是回路，但不是网孔。因为abcda是回路含有支路bd。

### 1.4.1 基尔霍夫电流定律

基尔霍夫电流定律又称基尔霍夫第一定律（KCL）。其内容为：电路中任意一个节点上，流入节点的电流之和等于流出该节点的电流之和，即：

$$\sum I_{进} = \sum I_{出} \tag{1-22}$$

如图1-25所示，有六条支路汇于$O$点，其中，$I_1$、$I_2$和$I_6$流入节点，$I_3$、$I_4$和$I_5$流出该节点，则可得：

$$I_1 + I_2 + I_6 = I_3 + I_4 + I_5$$

或

$$I_1 + I_2 + I_6 - I_3 - I_4 - I_5 = 0$$

规定流入节点的电流为正，流出节点的电流为负，则基尔霍夫第一定律内容可以改为：电路中任意一个节点上，电流的代数和恒等于零，即：

$$\sum I = 0 \tag{1-23}$$

在应用基尔霍夫第一定律求解未知电流时，可先任意假设支路电流的参考方向，列出节点电流方程。通常可将流进节点的电流取正，流出节点的电流取负，再根据计算值的正负来确定未知电流的实际方向。有些支路的电流可能是负，这是由于所假设的电流方向与实际方向相反。

【**例1-10**】 如图1-26所示，两个电阻都为3Ω，电源为3V，求电流$I$的值。

**分析**：因为$A$点接地，所以$U_A = 0$，可根据KCL来求解。

**解**：先求得：

$$I_1 = 3/3 = 1(A) \quad I_2 = 3/3 = 1(A)$$

再由KCL得：

$$-I = I_1 + I_2 = 1 + 1 = 2(A)$$

则：

$$I = -2(A)$$

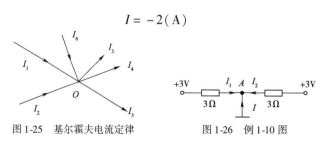

图1-25 基尔霍夫电流定律    图1-26 例1-10图

基尔霍夫电流定律规定了节点上支路电流的约束关系，而与支路上元件的性质无关，不论元件是线性的还是非线性的、含源的或无源的、时变的还是非时变的等，都是适用的。在解此类题目时，一定要注意流进等于流出和正负号问题。

## 想一想

如果电路中包含二极管或晶闸管,节点上的支路电流是否还满足基尔霍夫定律?

### 1.4.2 基尔霍夫电压定律

基尔霍夫电压定律又称基尔霍夫第二定律(KVL)。其内容为:对于电路中任意一回路,沿回路绕行方向的各段电压的代数和为零,即:

$$\sum U = 0 \tag{1-24}$$

此时,凡电流的参考方向与回路循环方向一致者,该电流在电阻上所产生的电压降取正,反之取负。电动势也作为电压来处理,即从电源的正极到负极电压取正,反之取负。

基尔霍夫第二定律也可以描述为:在任一回路循环方向上,回路中电动势的代数和恒等于电阻上电压降的代数和,即:

$$\sum E = \sum IR \tag{1-25}$$

此时,电阻上电压的规定与用式 $\sum U = 0$ 时相同,而电动势的正负号则恰好相反。

如图 1-27 所示,根据 KVL,则有:

$$U_1 + U_2 - U_3 - U_4 + U_5 = 0$$

【例 1-11】 图 1-28 所示某电路中的一个回路,部分元件参数及支路电流已在电路中标出,求未知参数 $R_3$ 及电压 $U_{BD}$。

**解**:图中有两个未知电流 $I_1$ 和 $I_2$,分别在 $C$ 点和 $D$ 点应用 KCL,可列出关系式:

$$I_1 = 2 + (-4) = -2(\text{A})$$
$$I_2 = I_1 + 1 = -2 + 1 = -1(\text{A})$$

回路的绕行方向如图 1-28 所示,应用 KVL 列出回路电压方程:

$$U_{AB} + U_{BC} + U_{CD} + U_{DA} = 0$$

将各数据代入方程为:

$$-5 \times (-2) + 12 + 2 \times 1 + I_1 \times R_3 + I_2 \times 1 + 8 = 0$$

整理得:

$$R_3 = 15.5 \ \Omega$$
$$U_{BD} = U_{BC} + U_{CD} = 12 + 2 \times 1 + (-2) \times 15.5 = -17(\text{V})$$

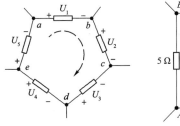

图 1-27 KVL 举例用

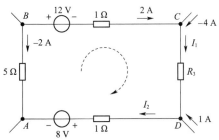

图 1-28 例 1-11 图

**小贴士**

**电压与路径的关系**

基尔霍夫电压定律是电压与路径无关的反映,只与电路的结构有关,而与支路中元件的性质无关,适用于任何情况。在列回路 KVL 方程时,应设定一个绕行方向,其电压参考方向与回路绕行方向相同的支路电压取正号,与绕行方向相反的支路电压取负号。

##  1.5 支路电流法

利用支路电流法解题的步骤如下:

(1)任意标定各支路电流的参考方向和网孔绕行方向。

(2)用基尔霍夫电流定律列出节点电流方程。有 $n$ 个节点,就可以列出 $n-1$ 个独立电流方程。

(3)用基尔霍夫电压定律列出 $L = m - (n-1)$ 个网孔方程。$L$ 指的是网孔数,$m$ 指支路数,$n$ 指节点数。

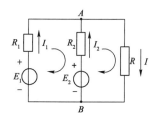

图1-29 例1-12图

(4)代入已知数据求解方程组,确定各支路电流及方向。

【**例1-12**】 试用支路电流法求图1-29 中的两台直流发电机并联电路中的负载电流 $I$ 及每台发电机的输出电流 $I_1$ 和 $I_2$。已知:$R_1 = 1\Omega, R_2 = 0.6\Omega, R = 24\Omega, E_1 = 130V, E_2 = 117V$。

**解:** (1)假设各支路电流的参考方向和网孔绕行方向如图1-28 所示。

(2)根据 KCL,列出节点电流方程。

该电路有 $A$、$B$ 两个节点,故只能列一个节点电流方程。对于节点 $A$,有:

$$I_1 + I_2 = I$$

(3)根据基尔霍夫第二定律,列出回路电压方程,列网孔电压方程。

该电路中共有两个网孔,故可以列出如下两个回路电压方程:

$$I_1 \times R_1 - I_2 \times R_2 + E_2 - E_1 = 0$$

$$I \times R + I_2 \times R_2 - E_2 = 0$$

(4)代入数据,整理得联立方程:

$$\begin{cases} -I_1 - I_2 + I = 0 \\ I_1 - 0.6 I_2 = 13 \\ 0.6 I_2 + 24 I = 117 \end{cases}$$

解得各支路电流为:

$$\begin{cases} I_1 = 10\text{A} \\ I_2 = -5\text{A} \\ I = 5\text{A} \end{cases}$$

从计算结果可以看出,发电机 $E_1$ 输出 10A 的电流,发电机 $E_2$ 输出 $-5\text{A}$ 的电流,负载电流为 5A。由此可以知道:两个电源并联时,并不都是向负载供给电流和功率的,当两电源的电动势相差较大时,就会发生某电源不但不输出功率,反而吸收功率成为负载。因此,在实际供电系统中,直流电源并联时,应使两电源的电动势相等,内阻应相近。所以,当具有并联电池的设备换电池的时候,要全部同时换新的,不能换成一新一旧。

## 1.6 叠加定理

在线性电路中,任一支路的电流(或电压)可以看成是电路中每一个独立电源单独作用于电路时,在该支路产生的电流(或电压)的代数和,这就是叠加定理。其反映了线性电路的基本性质。

例如两个电源共同作用的图 1-30a)可以分解为两个单元单独作用下的图 1-30b)和图 1-30c)。则电路中的 $I_1 = I'_1 + I''_1$,$I_2 = I'_2 + I''_2$,$U_1 = U'_1 + U''_1$,$U_2 = U'_2 + U''_2$。

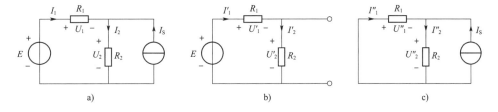

图 1-30 叠加定理示意图

当应用叠加定理考虑某一电源单独作用时,应保持电路结构不变,将电路中其他理想电源视为零值,即理想电压源短路,电动势为零,$E=0$;理想电流源开路,电流为零,$I_S=0$。

下面通过例题来介绍叠加定理解题的步骤。

【例 1-13】 如图 1-31a)所示电路,已知 $E_1 = 42\text{V}$,$E_2 = 21\text{V}$,$R_1 = 12\Omega$,$R_2 = 3\Omega$,$R_3 = 6\Omega$,试应用叠加定理求各支路电流 $I_1$、$I_2$、$I_3$。

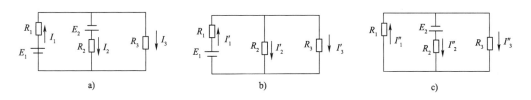

图 1-31 例 1-13 图

**解**:(1)当电源 $E_1$ 单独作用时,将 $E_2$ 视为短路,画出等效电路图,如图 1-31b)所示。

$$R' = R_1 + \frac{R_2 \times R_3}{R_2 + R_3} = 12 + \frac{3 \times 6}{3 + 6} = 14(\Omega)$$

$$I'_1 = \frac{E_1}{R'} = \frac{42}{14} = 3(\text{A})$$

$$I'_2 = \frac{R_3}{R_2 + R_3} I'_1 = \frac{6}{3+6} \times 3 = 2(\text{A})$$

$$I'_3 = \frac{R_2}{R_2 + R_3} I'_1 = \frac{3}{3+6} \times 3 = 1(\text{A})$$

(2)当电源 $E_2$ 单独作用时,将 $E_1$ 视为短路,画出等效电路图如图 1-31c)所示。

$$R'' = R_2 + \frac{R_1 \times R_3}{R_1 + R_3} = 3 + \frac{12 \times 6}{12 + 6} = 7(\Omega)$$

$$I''_2 = \frac{E_2}{R''} = \frac{21}{7} = 3(\text{A})$$

$$I''_1 = \frac{R_3}{R_1 + R_3} I''_2 = \frac{6}{12 + 6} \times 3 = 1(\text{A})$$

$$I''_3 = -\frac{R_1}{R_1 + R_3} I''_2 = -\frac{12}{12 + 6} \times 3 = -2(\text{A})$$

(3)当电源 $E_1$、$E_2$ 共同作用时(叠加),若各电流分量与原电路电流参考方向相同,则在电流分量前面选取"+"号,反之,则选取"-"号。

$$I_1 = I'_1 + I''_1 = 3 + 1 = 4(\text{A})$$

$$I_2 = I'_2 + I''_2 = 2 + 3 = 5(\text{A})$$

$$I_3 = I'_3 + I''_3 = 1 - 2 = -1(\text{A})$$

**小贴士**

### 叠加定理运用注意事项

①叠加定理适用于线性电路,不适用于非线性电路。

②叠加的各分电路中,不作用的电源置零。电路中的所有线性元件(包括电阻、电感和电容)都不予变动,受控源则保留在各分电路中。

③叠加时各分电路的电压和电流的参考方向可以取与原电路中的相同。取和时,应该注意各分量前的"+""-"号。

④原电路的功率不等于按各分电路计算所得功率的叠加。因为功率与电压或电流是平方关系,而不是线性关系。

⑤电压源不作用时短路,电流源不作用时断路。

 **1.7 戴维南定理**

在电路分析计算中,往往只需计算电路中有一支路的电流、电压及功率。对所研究支路而言,电路的其余部分便成为一个二端网络。任何一个具有两个端点与外部相连接的电路,均为二端网络。如果二端网络中含有电流源或电压源,则被称为有源二端网络,不含电源的则被称为无源二端网络,如图1-32所示。为了化简电路,方便计算,可以把有源二端网络等效为一个电压源模型即戴维南定理。

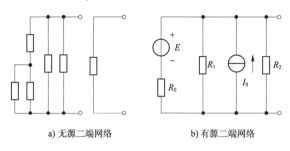

a) 无源二端网络　　　　b) 有源二端网络

图1-32　二端网络

戴维南定理又称等效电压源定律,是由法国科学家戴维南于1883年提出的一个电学定理。其内容是:任一线性有源二端网络都可用一个电压源与一个电阻的串联支路来等效地加以置换,此电压源的电压等于有源二端网络的开路电压,此电阻等于有源二端网络内全部独立电源置零(将理想电压源短路、理想电流源开路)后的等效电阻。

在图1-33a)中,$R_L$中的$I$实际上是由两个实际电压源(理想电压源和内阻串联)共同作用的结果,可将此两个实际电压源用一个实际电压源来等效为图1-33b)所示电路,则计算$I$就方便多了。即用戴维南定理进行等效。

$$I = \frac{U_S}{R_0 + R_L}$$

其中$U_S$是图1-33a)电路中$R_L$断开时两个实际电压源共同作用在a、b两端的电压$U_{ab0}$,$R_0$是将$U_{S1}=0$、$U_{S2}=0$后求得的等效电阻。

【例1-14】 图1-34a)中,已知$R_1 = R_2 = 1\Omega$,$R_L = 4\Omega$,$U_{S1} = 12V$,$U_{S2} = 6V$,用戴维南定理求$I$。

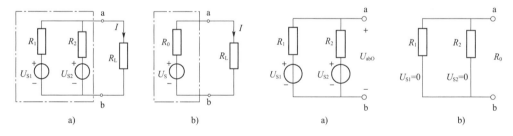

图1-33　戴维南定理　　　　　　　图1-34　例1-14图

**解**:①$U_S$即为图1-34a)电路中a、b两端的开路电压$U_{ab0}$,由图得:

$$U_S = U_{ab0} = R_2 I_2 + U_{S2} = R_2 \frac{U_{S1} - U_{S2}}{R_1 + R_2} + U_{S2} = 1 \times \frac{12 - 6}{1 + 1} + 6 = 9(V)$$

②$R_0$为图1-34b)电路中a、b两端的等效电阻,求得:

$$R_0 = \frac{R_1 R_2}{R_1 + R_2} = 0.5\Omega$$

③按照图1-34b)所示电路,应用全电路欧姆定律,求得:

$$I = \frac{U_S}{R_0 + R_L} = \frac{9}{0.5 + 4} = 2(\text{A})$$

**【例1-15】** 如图1-35所示,计算AB端口的等效电压。

解:

$$U_{AB} = \frac{R_2 + R_3}{(R_2 + R_3) + R_4} U_1 = \frac{1+1}{(1+1)+2} \times 15 = 7.5(\text{V})$$

$$R_{AB} = R_1 + \frac{R_2 + R_3}{R_4} = 1 + \frac{1+1}{2} = 2(\text{k}\Omega)$$

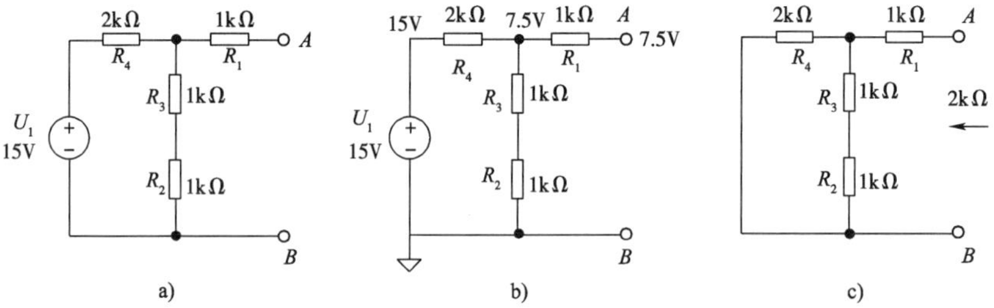

图1-35 例题1-15图

### 等效电路计算时的注意事项

①计算输出电压时,应将端口看作短路,没有外出电流存在,即端口之间电阻无穷大。

②计算输出电流时,应将原始电路系统中的电压源以短路取代,电流源以开路取代。

③若电路中存在没有任何电流流过的电阻,即该电阻上没有电压降,所以在计算中并不将该电阻列入计算其等效电阻。

1. 若一直流电源为12V,当外部电路不接任何负载时,其电源端电压为多少伏?
2. 电路如图1-36所示,已知$E = 110\text{V}$,$r = 10\Omega$,负载$R = 100\Omega$,求:①电路电流;②负载上的电压降;③电源内阻上的电压降。

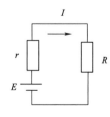

图1-36 第2题图

3. 一只"220V 60W"的灯泡正常发光时,通过的电流$I$为多少?灯泡电阻$R$为多大?若灯泡每天使用5h,以一个月30d计算,一个月用多少度电?

4. 把220V 40W灯泡接在110V电压上,功率还是40W吗?

5. 已知:电阻$R_1 = R_2 = 100\Omega$,$R_3 = 200\Omega$,串联后接在$U = 8\text{V}$的直流电源上,试求:①电路中的电流;②各电阻上的电压;③各个电阻消耗的功率。

6. 列电流源等效为电压源或将电压源等效为电流源,电路如

图 1-37 所示。

7. 已知电路如图 1-38 所示,试用电源模型等效变换方法求图 1-38a) 中的电压 $U$ 及图 1-38b) 中的电流 $I$。

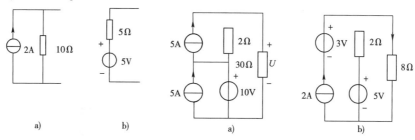

图 1-37　第 6 题图　　　　　　图 1-38　第 7 题图

8. 试利用分流原理,将一个 5mA 的电流表量程扩大 10 倍,已知电流表的内阻 $R_g = 1kΩ$,求分流电阻的阻值。

9. 给内阻为 9kΩ、量程为 1V 的电压表串联电阻后,量程扩大为 10V,则串联电阻为多少?

10. 试利用分压原理,将一个电阻 $R_g = 1kΩ$、满偏电流 $I_g = 1mA$ 的电流计,改装成量程为 3V 的电压表。

11. 电路如图 1-39 所示,$U_{ab} = 30V$,总电流 $I = 75mA$,$R_1 = 1.2kΩ$。试求:①通过 $R_1$、$R_2$ 的电流 $I_1$、$I_2$ 的值;②电阻 $R_2$ 为多少?

12. 电路如图 1-40 所示:$E = 8V$,$R_1 = 1.6Ω$,$R_2 = 4Ω$,$R_3 = 6Ω$,求每个电阻中流过的电流。

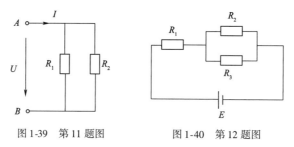

图 1-39　第 11 题图　　　　　　图 1-40　第 12 题图

13. 电路如图 1-41 所示,已知 $R_1 = R_2 = R_3 = 18Ω$,求 AB 两点之间的总电阻 $R_总$ 为多少?

14. 电路如图 1-42 所示,求电路中 $E$ 的大小。

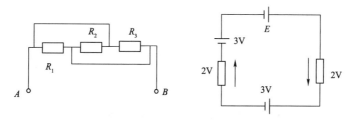

图 1-41　第 13 题图　　　　　　图 1-42　第 14 题图

15. 电路如图 1-43 所示,其节点数、支路数、回路数及网孔数各为多少?

16. 电路如图 1-44 所示,已知:$R_1 = 2\Omega, R_2 = 1.2\Omega, R = 48\Omega, E_1 = 65V, E_2 = 58.5V$。试用支路电流法求解各支路的电流。

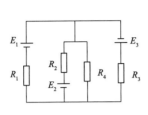
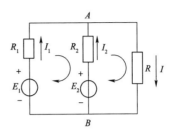

图 1-43　第 15 题图　　　　　图 1-44　第 16 题图

17. 电路如图 1-45 所示,已知:$E_1 = 40V, E_2 = 5V, E_3 = 25V, R_1 = 5\Omega, R_2 = R_3 = 10\Omega$,试用支路电流法求解各支路的电流。

18. 电路如图 1-46 所示。①说明电路的独立节点数和独立回路数;②选出一组独立节点和独立回路,列出 $\sum I = 0$ 和 $\sum U = 0$ 的方程。

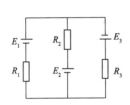
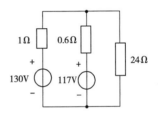

图 1-45　第 17 题图　　　　　图 1-46　第 18 题图

19. 在图 1-47 中,当选 $c$ 为参考点时,已知:$U_a = -5V, U_b = -3V, U_d = -2V, U_e = -4V$,求 $U_{ab}$、$U_{cd}$、$U_{de}$ 的电压各是多少?若选 $d$ 为参考点,则各点电位是多少?

20. 试用叠加定理计算图 1-48 所示电路中的各支路电流,已知:$E_1 = 12V, R_1 = 3\Omega, E_2 = 3V, R_2 = 1\Omega, R_3 = 68\Omega$。

21. 已知电路如图 1-49 所示,试用叠加定理求解电流源两端的电压 $U$。

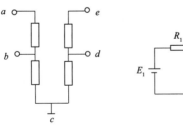
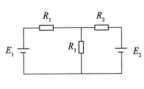
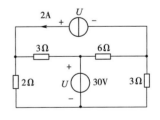

图 1-47　第 19 题图　　　图 1-48　第 20 题图　　　图 1-49　第 21 题图

22. 求解图 1-50 所示电路中有源二端网络的等效电压源。

23. 电路如图 1-51 所示,已知 $E_1 = 12V, E_2 = 15V$,电源内阻忽略不计,$R_1 = 6\Omega, R_2 = 3\Omega, R_3 = 2\Omega$。试用戴维南定理求流过 $R_3$ 的电流 $I_3$ 及 $R_3$ 两端的电压 $U_3$。

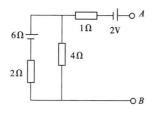
图 1-50　第 22 题图

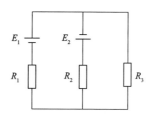
图 1-51　第 23 题图

# 单元 2 正弦交流电路

**教学目标**

1. 掌握正弦交流电的三要素以及相位差的概念；
2. 掌握电阻、电感、电容元件的电压-电流关系的相量表示及基尔霍夫定律的相量形式；
3. 掌握阻抗的基本概念及其应用；
4. 了解正弦交流电路中的功率及能量转换；
5. 了解正弦交流电路中谐振的基本概念；
6. 掌握三相电源的概念；
7. 掌握交流电的测量方法。

**建议学时**

18 学时

## 2.1 正弦交流电的基本概念

### 2.1.1 交流电与交流电路

电路中输送电能和传递电信号的电流、电压，就其对时间的变化规律来看，主要分为两大类，一类是直流电量，另一类是交流电量，如图 2-1 所示。

大小和方向随时间作周期性变化的电动势、电压和电流分别称为交变电动势、交变电压和交变电流，统称为交流电。在交流电作用下的电路称为交流电路。

常用的交流电是随时间作正弦规律变化的，称为正弦交流电。本单元仅讨论正弦交流电，以下所称的交流电均指正弦交流电而言。

正弦交流电广泛应用在日常生产和生活中，主要是因为：第一，交流电易于产生、传输和转换，从而具有成本低廉的优势；第二，就用电设备看，由三相交流电源供电的三相异步电动机其结构简单、价格便宜、使用维护方便，是使用最多的动力设备；第三，在需要使用直流电的地方，利用整流设备可以方便地将交流电转换为直流电。

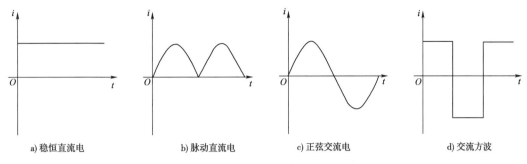

a) 稳恒直流电　　　b) 脉动直流电　　　c) 正弦交流电　　　d) 交流方波

图 2-1　直流电和交流电的波形图

在城市轨道交通中,电能是城市轨道车辆电力牵引系统必需的能源,电动车辆以及为轨道交通运营服务的机电设备也都依赖并消耗电能。

想一想

① 城市轨道交通供电电源一般取自哪里？
② 城市轨道交通用电使用的是什么形式的电能？是交流电？还是直流电？

### 2.1.2　正弦交流电的瞬时值表示

正弦电量在任一瞬时的值称为瞬时值,用小写字母 $u$、$i$、$e$ 分别表示正弦电压、电流、电动势的瞬时值。图 2-2 所示为一个正弦电流 $i$ 的波形图,其对应的数学表达式为:

$$i = I_m \sin(\omega t + \varphi_i) \quad (2-1)$$

#### 2.1.2.1　正弦交流电的三要素

公式(2-1)就是正弦电流的瞬时值表示式,该式表明一个正弦电量随时间变化的特征是由三个物理量决定的:最大值($I_m$)、角频率($\omega$)和初相位($\varphi_i$)。这三个物理量通常又被称为正弦电量的三要素。

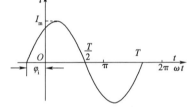

图 2-2　正弦电流波形图

(1)最大值。

正弦电量瞬时值中的最大数值称为最大值,又称峰值、振幅值等,用带 m 下标的大写字母 $I_m$、$U_m$、$E_m$ 等表示。对于一个确定的正弦电量,其最大值是常数,表示正弦电量数值大小的特征。

(2)周期、频率和角频率。

正弦交流电循环变化一周的时间称为周期,用 $T$ 表示,单位为秒(s)。单位时间(1s)内包含的周期数称为频率,用 $f$ 表示,单位为赫兹(Hz)。频率和周期互为倒数。即:

$$f = \frac{1}{T} \quad (2-2)$$

我国电网交流电的频率是 50Hz,称为工业标准频率,简称工频,其周期为 0.02s。

角频率 $\omega$ 表示在单位时间内正弦量所经历的电角度($\alpha$)。即:

$$\omega = \frac{\alpha}{t} \tag{2-3}$$

式中：$\omega$——角频率，rad/s。

在一个周期 $T$ 内正弦量经历的电角度为 $2\pi$ 弧度，即：

$$\omega = 2\pi f = \frac{2\pi}{T} \tag{2-4}$$

(3) 初相位。

在公式(2-1)中，$(\omega t + \varphi_i)$ 是正弦函数随时间变化的角度，称为相位角，简称相位。相位表示正弦量在某一时刻所处状态的物理量。对于某一给定的时间 $t$，就有一对应的相位。把 $t=0$ 时的相位角称为初相位角，简称初相位，用 $\varphi_i$ 表示。

**【例 2-1】** 正弦电压 $u = 150.12\sin(314t + 60°)$ V，试求：

(1) 最大值、频率和初相位；

(2) 当 $t = 0$ 时，电压 $u$ 的瞬时值是多少？

**解**：(1) 根据瞬时值表示式可知：

最大值：

$$U_m = 150.12 \text{ V}$$

角频率：

$$\omega = 314 \text{ rad/s}$$

频率：

$$f = \frac{\omega}{2\pi} = 50 \text{ Hz}$$

初相位：

$$\varphi_u = 60°$$

(2) 当 $t = 0$ 时：

$$u = 150.12\sin(314t + 60°) = 150.12\sin 60° \approx 130 \text{ (V)}$$

#### 2.1.2.2 相位差

为了比较两个同频率正弦交流电在变化过程中的相位关系和先后顺序，引入相位差的概念。所谓相位差，就是指两个同频率正弦交流电的相位之差，用字母 $\Delta\varphi$ 表示。例如：

正弦电压：

$$u = U_m \sin(\omega t + \varphi_u)$$

正弦电流：

$$i = I_m \sin(\omega t + \varphi_i)$$

同频率正弦电压 $u$、电流 $i$ 之间的相位差为：

$$\Delta\varphi = (\omega t + \varphi_u) - (\omega t + \varphi_i) = \varphi_u - \varphi_i \tag{2-5}$$

即两个同频率正弦量的相位差等于它们的初相位之差。如果 $\Delta\varphi = 0$，即两者初相位相同，则称它们同相，如图 2-3a)所示；如果 $\Delta\varphi = 180°$，则称它们的相位相反，简称反相，如图 2-3b)所示；如果 $\Delta\varphi > 0$，$u$ 比 $i$ 先达到最大值，称 $u$ 超前 $i$，或 $i$ 滞后 $u$，如图 2-3c)所示。

#### 2.1.2.3 有效值

交流电是在不断变化的，瞬时值和最大值均不能反映交流电实际做功的效果。因此，工程上常用有效值来衡量做功能力的大小。有效值是按照周期变化的交流电与某个直流电热效应相等的观点来定义的，即把热效应相等的直流电流(或电压、电动势)定义为交流电流

(或电压、电动势)的有效值。交流电流、电压和电动势有效值的符号分别是 $I$、$U$ 和 $E$。

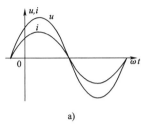 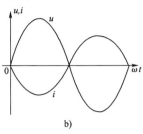 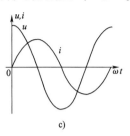

a)    　　　　　　　b)    　　　　　　　c)

图 2-3　同频率正弦量的相位及其关系

可以证明,正弦交流电的有效值和最大值之间有以下关系:

$$\left.\begin{array}{l}I=\dfrac{I_\mathrm{m}}{\sqrt{2}}\approx 0.707I_\mathrm{m}\\[4pt] U=\dfrac{U_\mathrm{m}}{\sqrt{2}}\approx 0.707U_\mathrm{m}\\[4pt] E=\dfrac{E_\mathrm{m}}{\sqrt{2}}\approx 0.707E_\mathrm{m}\end{array}\right\} \qquad (2\text{-}6)$$

**小贴士**

### 电路中的有效值

在交流电路中,一般所讲的电压或电流的大小都是指有效值。一般交流电压表和电流表的读数也是被测电量的有效值。输电、配电导线截面的大小也应按工作电流的有效值查表选用。

**【例 2-2】** 照明电源的额定电压为 220V,动力电源的额定电压为 380V,问它们的最大值各为多少?

**解:** 额定电压均为有效值,根据式(2-6),可得:

$$U_\mathrm{m}=\sqrt{2}\,U$$

故照明电的最大值为:

$$U_\mathrm{m}=\sqrt{2}\times 220\approx 311(\mathrm{V})$$

动力电的最大值为:

$$U_\mathrm{m}=\sqrt{2}\times 380\approx 537(\mathrm{V})$$

### 2.1.3　正弦交流电的相量表示

瞬时值表示式(三角函数式)和波形图是表示正弦电量随时间变化规律的基本形式,但是用这两种形式进行正弦电路的分析、计算则比较烦琐。而正弦交流电的相量表示法,可以大大地简化电路的分析与计算。

相量表示法就是用复数表示正弦电量,并以此为基础,产生了在电路理论中被广泛应用的相量计算法。

#### 2.1.3.1 相量

设有一正弦电量 $i = I_m\sin(\omega t + \varphi_i)$，正弦电量可以用直角坐标平面上的一个旋转矢量表示。取该旋转矢量的模等于正弦电压的最大值 $I_m$，与横轴的夹角等于正弦电压的初相角 $\varphi_i$，令其逆时针方向旋转,旋转的角速度就是该正弦电压的电角频率 $\omega$，该旋转矢量在任意瞬时 $t$ 的辐角是 $(\omega t + \varphi_i)$。满足以上条件后,该正弦电压在任意瞬时的数值 $i$ 就等于旋转矢量在纵轴上的投影,如图 2-4 所示。

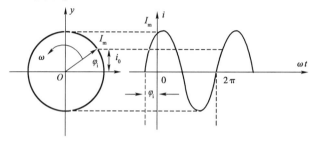

图 2-4 正弦交流电的相量表示法

求解一个正弦量必须求得它的三要素。但在分析正弦交流电路时,由于电路中所有的电压、电流都是同一频率的正弦量,而且它们的频率与正弦电源的频率相同,往往是已知的,因此,只要分析另两个要素——幅值(或有效值)及初相位就可以了。

图 2-4 中,$t = 0$ 时,对应静止矢量的复数表示式为：

$$\dot{I}_m = I_m e^{j\varphi_i} = I_m \angle \varphi_i \tag{2-7}$$

由于在工程实践中大多使用有效值表示正弦电量的大小,为此取复数的模等于正弦电量的有效值,即：

$$\dot{I} = I e^{j\varphi_i} = I \angle \varphi_i \tag{2-8}$$

把这种表示正弦电量有效值和初相的复数称为相量,并在电量的大写字母上加"·",以便与普通复数加以区别。而式(2-7)所表示的称为最大值相量。

 **小贴士**

**正弦电量瞬时值表达式与相量表达式的关系**

正弦电量与表示它的相量之间有单一的对应关系,但两者并不相等。

$$i = I_m\sin(\omega t + \varphi_i) \Leftrightarrow \dot{I} = I \angle \varphi_i$$

#### 2.1.3.2 相量图

相量在复数平面上的几何图形表示就是相量图。
已知正弦电压：

$$u = 100\sqrt{2}\sin(\omega t + 60°) \Leftrightarrow \dot{U} = 100\angle 60°(\text{V})$$

已知正弦电流：

$$i = 40\sqrt{2}\sin(\omega t - 45°) \Leftrightarrow \dot{I} = 40\angle 45°(\text{A})$$

电压相量和电流相量的模可按照各自确定的比例选取,相量图如图 2-5 所示。

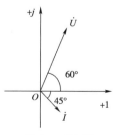

图 2-5 相量图

> **小贴士** 相量图表示正弦电量的注意事项
>
> ①只有正弦周期量才能用相量表示;
> ②只有同频率的正弦量才能画在同一相量图上;
> ③有时可不必画出复平面上的实轴和虚轴。

#### 2.1.3.3 相量计算法

相量计算法是分析计算交流电路的工具,可避免烦琐的三角函数运算。

多个同频率正弦电量进行加、减运算,其运算结果仍是同频率的正弦电量。运算过程可表示为:

已知 $i_1$、$i_2 \rightarrow \dot{I}_1$、$\dot{I}_2$(相量表示)$\rightarrow \dot{I}_1 + \dot{I}_2 = \dot{I}$(相量求和)$\rightarrow i$($\omega$ 不变)。

【例2-3】 已知 $i_1 = 15\sqrt{2}\sin(314t + 45°)$ A,$i_2 = 10\sqrt{2}\sin(314t - 30°)$ A,求 $i_1 + i_2$ 的值,并画相量图。

**解**:首先将 $i_1$ 和 $i_2$ 转换为相量形式:

$$\dot{I}_1 = 15\angle 45° = 15(\cos 45° + j\sin 45°) = 10.61 + j10.61 \text{ (A)}$$

$$\dot{I}_2 = 10\angle -30° = 10[\cos(-30°) + j\sin(-30°)] = 8.66 - j5 \text{ (A)}$$

总电流量为:

$$\dot{I}_1 + \dot{I}_2 = (10.61 + j10.61) + (8.66 - j5)$$
$$= 19.27 + j5.61 = 20.07\angle 16.23° \text{ (A)}$$

最后将总电流的相量形式变换成正弦函数表达式:

$$i = 20.07\sqrt{2}\sin(314t + 16.23°) \text{ A}$$

相量图如图2-6所示。

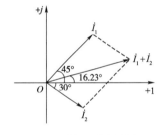

图2-6 例2-3 的相量图

### 2.1.4 正弦交流电信号的观察与测量

学习过正弦交流电信号的表示方法后,再来了解一下在工程检测、试验中如何观测正弦交流电信号。

#### 2.1.4.1 函数信号发生器

正弦交流信号可由函数信号发生器提供。UTG7122B型数字函数信号发生器,如图2-7所示,使用DDS直接数字频率合成技术,可生成高精度、稳定、纯净、低失真的信号,输出波形有正弦波、方波、斜波、脉冲波、谐波、噪声、直流、表达式、任意波形。信号频率可调范围为 $1\mu \sim 120\text{MHz}$。内置7位高精度、宽频带频率计、频率范围:$100\text{m} \sim 200\text{MHz}$;信号输出幅值(高阻):$2\text{m} \sim 23\text{V}_{pp}$ 之间连续可调。

(1)面板和按键介绍:
①USB接口;
②开/关机键;

③显示屏；
④菜单操作软键；
⑤菜单键；
⑥功能菜单软键；
⑦辅助功能与系统设置按键；
⑧数字键盘；
⑨手动触发按键；
⑩同步输出端；
⑪多功能旋钮/按键；
⑫方向键；
⑬CH1 控制/输出端；
⑭CH2 控制/输出端。

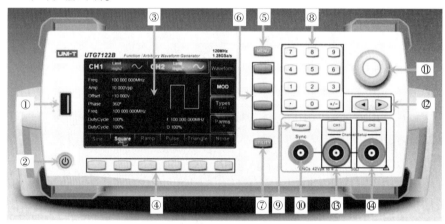

图 2-7　UTG7122B 型数字函数信号发生器

(2)功能界面,如图 2-8 所示。

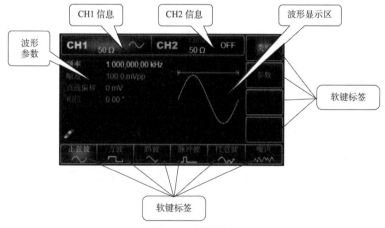

图 2-8　功能界面

(3)输出基本波形。

UTG7000B 系列函数/任意波形发生器可从单通道或同时从双通道输出基本波形,包括正弦波、方波、斜波、脉冲、噪声和表达式。开机时,仪器默认输出一个频率为 1kHz,幅度为 100mV$_{pp}$ 的正弦波。本节介绍如何配置仪器输出正弦波形。本节内容如下:

①设置输出频率。

②设置输出幅度。

(4) 设置输出频率(图 2-9)。

在接通电源时,波形默认配置为一个频率为 1kHz,幅度为 100mV$_{pp}$(峰峰值)的正弦波(以 50Ω 端接)。将频率改为 2.5MHz 的具体步骤如下:

①依次按 Menu→波形→参数→频率(如果按参数软键后没有在屏幕下方弹出频率标签,则需要再次按参数软键进行下一屏子标签显示)。在更改频率时,若当前频率值是有效的,则使用同一频率。要改为设置波形周期,请再次按频率软键切换到周期,频率和周期可以相互切换。

②使用数字键盘输入所需数字 2.5。

③选择所需单位。按对应于所需单位的软键。在您选择单位时,波形发生器以显示的频率输出波形(如果输出已启用)。在本例中,按 MHz。

注意:多功能旋钮和方向键的配合也可进行此参数设置。

(5) 设置输出幅度(图 2-10)。

在接通电源时,波形默认配置为一个幅度为 100mV$_{pp}$(峰峰值)的正弦波(以 50Ω 端接)。将幅度改为 300mV$_{pp}$ 的具体步骤如下:

①依次按 Menu→波形→参数→幅度(如果按参数软键后没有在屏幕下方弹出幅度标签,则需要再次按参数软键进行下一屏子标签显示)。在更改幅度时,若当前幅度值是有效的,则使用同一幅度值。再次按幅度软键可进行单位的快速切换(在 V$_{pp}$、Vrms、dBm 之间切换)。

②使用数字键盘输入所需数字 300。

③选择所需单位。按对应于所需单位的软键。在您选择单位时,波形发生器以显示的幅度输出波形(如果输出已启用)。在本例中,按 mV$_{pp}$。

注意:多功能旋钮和方向键的配合也可进行此参数设置。

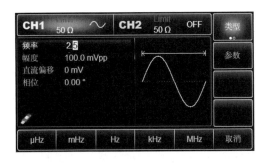

图 2-9 设置输出幅度

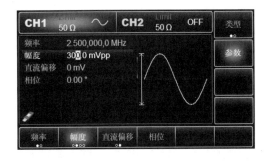

图 2-10 设置输出幅度

#### 2.1.4.2 交流毫伏表

UT8630 双通道数显交流毫伏表分为 UT8631、UT8632N(带数据传输)两种型号,此系列毫伏表具有测量电压频率范围宽,输入阻抗高(≥10MΩ),电压测量范围宽,分辨率高

(1μV)且测量精度高的优点。

UT8630系列是独立双通道,具有测量交流电压、电平测试、监视输出等三大功能。测量电压范围:400μ～400V,分辨率1μV,四位LCD数显,最大显示4040。分六个量程:4mV、40mV、400mV、4V、40V、400V。最高频率响应2MHz,是一款高精度经济型数字交流毫伏表,适合于教育及生产自动化测试领域。

(1)面板操作说明,如图2-11所示。

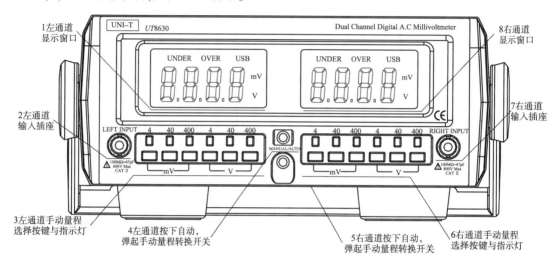

图2-11 面板操作说明

做一做

接通信号发生器的电源,选择正弦波输出。通过相应调节,使输出频率分别调为50Hz、1.5kHz、20kHz;再使输出幅值分别调为有效值0.1V、1V、3V(由交流毫伏表读得)。

(2)基本操作方法。

①打开电源开关前,首先检查输入的电源电压,然后将电源线插入后面板上的电源插座。

②电源线接入后,按电源开关以接通电源,并预热15min。

③使用手动量程时,先选择最大量程"400V"指示灯亮。

④将输入信号由输入端口送入交流毫伏表。

⑤选择相应的量程,使LCD数字表正确显示输入信号的电压值。数据显示在满量程的10%～100%为最佳。

### 2.1.4.3 示波器

UTD2000/3000系列数字存储示波器是小型、轻便的台式数字存储示波器。UTD2000/3000系列数字存储示波器向用户提供简单而功能明晰的前面板,以进行所有的基本操作。面板上包括旋钮和功能按键,旋钮的功能与其他数字存储示波器类似。显示屏右侧的一列5个按键为菜单操作键(自上而下定义为1键至5键)。通过它们,您可以设置当前菜单的不同选项;其他按键为功能键,您可以进入不同的功能菜单或直接获得特定的功能应用。

除易于使用之外,UTD2000/3000 系列数字存储示波器还具有更快完成测量任务所需要的高性能指标和强大功能。通过 500MS/s(或 1GS/s)的实时采样和 25MS/s(或 50 GS/s)的等效采样,可在 UTD2000/3000 数字存储示波器上观察更快的信号。强大的触发和分析能力使其易于捕获和分析波形。

(1)前面板操作说明,如图 2-12、图 2-13 所示。

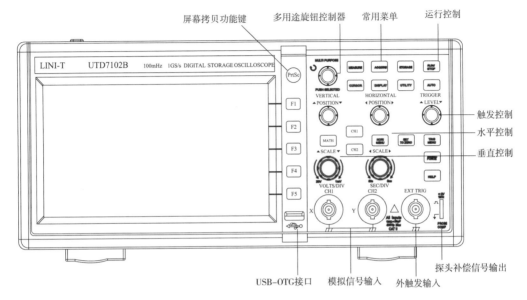

图 2-12　面板操作说明(一)

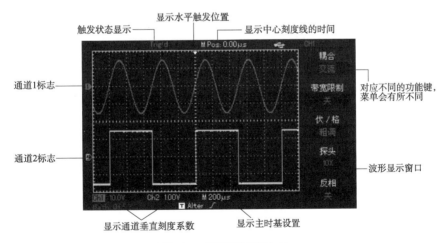

图 2-13　面板操作说明(二)

(2)基本操作方法。

您可将本机接通电源,电源的供电电压为交流 100~240V,频率为 45~440Hz。接通电源后,为了让数字存储示波器工作在最佳状态,可在热机 30min 后,按"UTILITY"菜单,按"F1"执行自校正;然后进入下一页按"F1",调出出厂设置。UTD2000/3000 系列数字存储示波器为双通道输入,另有一个外触发输入通道。请按照如下步骤接入信号。

①将数字存储示波器探头连接到 1 输入端,并将探头上的衰减倍率开关设定为 10×。

②在数字存储示波器上需要设置探头衰减系数。衰减系数改变仪器的垂直挡位倍率,从而使得测量结果正确反映被测信号的幅值。设置探头衰减系数的方法如下:按"F4"使菜单显示 10×。

③把探头的探针和接地夹连接到探头补偿信号的相应连接端上。按"AUTO"按钮。几秒内,可见到方波显示(1kHz,约 3V,峰峰值),如图 2-14 所示。以同样的方法检查 CH2,按"OFF"功能按钮以关闭 CH1,按"CH2"功能按钮以打开 CH2,重复步骤②和步骤③。

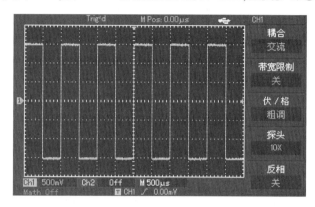

图 2-14 探头补偿信号

(3)波形显示的自动设置。

UTD2000/3000 系列数字存储示波器具有自动设置的功能。根据输入的信号,可自动调整垂直偏转系数、扫描时基以及触发方式直至最合适的波形显示。应用自动设置要求被测信号的频率大于或等于 50Hz,占空比大于 1%。

操作步骤:

①将被测信号连接到信号输入通道。

②按下"AUTO"按钮。数字存储示波器将自动设置垂直偏转系数、扫描时基以及触发方式。如果需要进一步仔细观察,在自动设置完成后可再进行调整,直至使波形显示达到需要的最佳效果。

做一做

使函数信号发生器向外输出幅值为 1V、频率为 50Hz,幅值为 3V、频率为 1500Hz 的正弦交流电,调节示波器至合适的位置,从荧光屏上读得幅值及周期。

##  2.2 单一参数的正弦交流电路

在正弦交流电路中,由电阻、电感和电容中任一个元件组成的电路,称为单一参数正弦交流电路。单一参数的电压、电流关系是分析交流电路的基础。

为方便起见,在讨论正弦交流电路时,可以在几个同频率正弦量中,令其中某一个正弦量的初相位为零,这个正弦量称为参考正弦量,它的相量称为参考相量。选定参考正弦量后,并不改变各正弦量之间的相互联系,因此,不会影响电路分析的结果。

### 2.2.1 电阻电路

生活中使用的电灯、电炉、电热器、电烙铁等都属于电阻性负载,它们与交流电源连接构成纯电阻电路。

#### 2.2.1.1 电压与电流关系

在交流电路中,通过电阻元件的电流与其两端的电压,在任何瞬时都遵循欧姆定律,如图 2-15 所示。在 $u$、$i$ 参考方向一致时,两者的关系为:

$$i = \frac{u}{R}$$

设电流为参考正弦量,即:

$$i = I\sqrt{2}\sin\omega t \rightarrow \dot{I} = I\angle 0°$$

则电阻元件的电压为:

$$u = Ri = RI\sqrt{2}\sin\omega t = U\sqrt{2}\sin\omega t \rightarrow \dot{U} = U\angle 0°$$

此时电流、电压的波形图和相量图如图 2-16 所示。

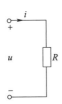
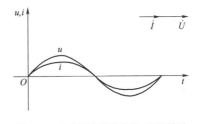

图 2-15 电阻元件电路    图 2-16 纯电阻电路的电压、电流关系

---

**小贴士**

### 纯电阻电路的电压、电流关系

①电压、电流同频、同相;
②电阻元件电压、电流的有效值关系及相量关系仍遵从欧姆定律,即:

$$\left.\begin{matrix} U = RI \\ \dot{U} = R\dot{I} \end{matrix}\right\} \quad (2-9)$$

---

#### 2.2.1.2 功率

电阻元件的瞬时功率为瞬时电压与瞬时电流的乘积。即:

$$\begin{aligned} p = ui &= I\sqrt{2}\sin\omega t \cdot U\sqrt{2}\sin\omega t = 2UI\sin^2\omega t \\ &= UI - UI\cos2\omega t \end{aligned} \quad (2\text{-}10)$$

电阻功率波形图如图 2-17 所示。

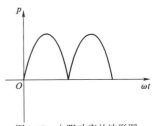

图 2-17 电阻功率的波形图

由此可见,瞬时功率 $p$ 的频率是 $i$、$u$ 频率的两倍,且功率虽然随时间变化,但其始终为正。为了可以计量,将瞬时功率在它的一个周期内的平均值称为平均功率,即:

$$P = \frac{1}{2}U_m I_m = UI = \frac{U^2}{R} = I^2 R \tag{2-11}$$

电阻是耗能元件,且其消耗电能的过程是不可逆的能量转换过程。

### 2.2.2 电感电路

#### 2.2.2.1 电感元件

在导线中有电流通过时,其周围就存在磁场。为了增强磁场,满足工程实际需要,用导线紧密地绕成线圈,称为电感线圈,如图2-18所示。生活中常见的电感有荧光灯电路中的镇流器、电子电路中的扼流圈等。

电感线圈的原理示意如图2-19a)所示。若线圈的匝数是 $N$,通过的电流是 $i$,则将在电感线圈内集中建立磁场。设穿过每匝线圈的磁通为 $\Phi$,这个磁通与 $N$ 匝线圈交链,乘积 $\psi = N\Phi$ 称为线圈的磁链。忽略极小的导线电阻和匝间电容,就可以认为该电感线圈是一个理想电感元件,它只具有储存磁场能的功能。理想电感元件的图形符号及有关电量的正方向如图2-19b)所示。

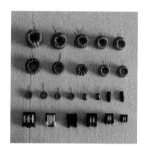
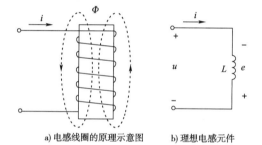

a) 电感线圈的原理示意图　　b) 理想电感元件

图2-18　常见的电感线圈　　图2-19　电感线圈和理想电感元件

如果电感线圈周围的介质是非铁磁物质,那么磁链 $\psi$ 会与电流 $i$ 成正比,比例系数用 $L$ 表示,它是一个常数,称为电感。即:

$$\psi = Li \tag{2-12}$$

这样的电感元件称为线性电感元件,$L$ 是它的参数。在国际单位制中,磁链 $\psi$ 的单位是韦[伯](Wb),电流 $i$ 的单位是安培(A),电感 $L$ 的单位是亨[利](H)。在本书的电路基础部分只涉及线性电感元件。

通过电感元件的电流是交变的,磁通和磁链也相应发生变化。根据电磁感应定律,电感元件内就会产生感应电动势 $e$,$e$ 的大小正比于磁通对时间的变化率,在规定的正方向下[图2-19b)]有:

$$e = -\frac{d\psi}{dt} \tag{2-13}$$

线性电感元件的 $\psi = Li$,代入式(2-13)得:

$$e = -L\frac{di}{dt} \tag{2-14}$$

根据基尔霍夫电压定律有：
$$u = -e = L\frac{di}{dt} \tag{2-15}$$

**小贴士**

### 电感的特性

①电感两端的电压与通过该电感中电流的变化率成正比；

②对于直流电路，由于 $i$ 为常数，$\frac{di}{dt}=0$，则 $u=0$，即电感元件在直流电路中相当于一条无阻导线。

#### 2.2.2.2 电压与电流关系

实际的电感线圈都是用导线绕制而成的，因此线圈总会有一定的电阻。但当电阻很小，小到其数值可以忽略不计时，电感线圈可以近似看作纯电感元件。由交流电源和纯电感元件组成的电路称为纯电感电路。

设电流为参考正弦量，即：
$$i = I\sqrt{2}\sin\omega t \rightarrow \dot{I} = I\angle 0°$$
则电感元件的电压为：
$$u = L\frac{di}{dt} = L\frac{d(I\sqrt{2}\sin\omega t)}{dt} = \omega LI\sqrt{2}\cos\omega t$$
$$= \omega LI\sqrt{2}\sin(\omega t + 90°) = U\sqrt{2}\sin(\omega t + 90°)$$
此时：
$$u = U\sqrt{2}\sin(\omega t + 90°) \rightarrow \dot{U} = U\angle 90°$$
此时电流、电压的波形图和相量图如图2-20所示。

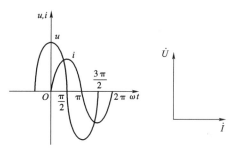

图 2-20 纯电感电路的电压、电流关系

**小贴士**

### 电感电路的电压、电流关系

①电压、电流同频，不同相，电压超前电流 90°；

②电感元件电压、电流的有效值关系及相量关系为：
$$\left.\begin{array}{l}U = \omega LI = X_L I \\ \dot{U} = j\omega L\dot{I} = jX_L\dot{I}\end{array}\right\} \tag{2-16}$$

式中，$X_L = \omega L = 2\pi f L$，称为感抗，单位是欧[姆]。

引入感抗这一概念后，电感元件的端电压与电流的有效值之间就具有欧姆定律的形式。当电压的有效值 $U$ 一定，$X_L$ 越大，电流的有效值 $I$ 越小。可以认为，感抗也是表征电感元件对电流呈现阻力大小的物理量。

感抗 $X_L$ 与电源频率 $f$ 成正比。$L$ 不变,频率越高,感抗越大,对电流的阻碍作用越大。在极端情况下,如果频率非常高且 $f \to \infty$ 时,则 $X_L \to \infty$,此时电感相当于开路。如果 $f = 0$,即直流时,则 $X_L = 0$,此时电感相当于短路。电感元件这种"通直流、阻交流;通低频,阻高频"的性质,在电路中主要用于耦合、滤波、缓冲、反馈、阻抗匹配、振荡、定时、移相等。

**知识链接**

### 无互感电感的连接

① 如图 2-21a)所示,多个电感串联,其等效电感等于各个串联电感之和;
② 如图 2-21b)所示,多个电感并联,其等效电感的倒数等于各并联电感倒数之和。

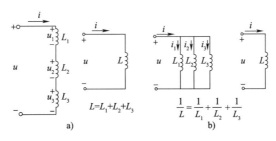

图 2-21 电感串联、并联电路

#### 2.2.2.3 功率

电感元件的瞬时功率为瞬时电压与瞬时电流的乘积。即:

$$p = ui = 2UI\sin(\omega t + 90°) \cdot \sin\omega t = UI\sin 2\omega t \tag{2-17}$$

电感功率波形图如图 2-22 所示。

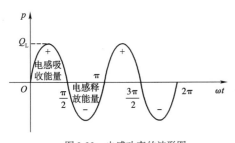

图 2-22 电感功率的波形图

由此可见,电感元件的瞬时功率 $p$ 的频率是 $i$、$u$ 频率的两倍,按正弦规律变化,最大值为 $UI$,如图 2-22 所示。电感放出的能量等于电感吸收的能量,这说明电感只与外电路进行能量交换,其本身并不消耗能量,故它是储能元件。储能元件在一周期内的平均功率为零,因此引入无功功率来衡量电感元件与外界交换能量的规模,即:

$$Q_L = UI = I^2 X_L = \frac{U^2}{X_L} \tag{2-18}$$

无功功率的单位是乏[尔](var)或千乏[尔](kvar)。与无功功率相对应,工程上还常把平均功率称为有功功率。

电感元件是表示电流建立磁场、储存磁场能这一电磁现象的理想电路元件。

【例 2-4】 电感元件的电感 $L = 19.1\text{mH}$,接在 $u = 220\sqrt{2}\sin(314t + 30°)\text{V}$ 的电源端。计算:

(1) 电感元件的感抗 $X_L$、电流 $i$ 和无功功率 $Q$；
(2) 如果电源的频率增加为原来频率的 2000 倍，重新计算(1)。

**解**：(1) 电感元件的感抗：
$$X_L = \omega L = 314 \times 19.1 \times 10^{-3} \approx 6(\Omega)$$
电源电压：
$$\dot{U} = 220 \angle 30° \text{V}$$
电感元件的电流：
$$\dot{I} = \frac{\dot{U}}{jX_L} = \frac{220 \angle 30°}{6 \angle 90°} = 36.67 \angle -60°(\text{A})$$
瞬时值表示式：
$$i = 36.67\sqrt{2}\sin(314t - 60°)\text{A}$$
无功功率：
$$Q = UI = 220 \times 36.67 \approx 8.07(\text{kvar})$$
(2) 电源频率增加为原来频率的 2000 倍时：
电感元件的感抗：
$$X'_L = 2000\omega L = 2000 \times 6 = 12(\text{k}\Omega)$$
电感元件的电流：
$$\dot{I}' = \frac{\dot{U}}{jX'_L} = \frac{220 \angle 30°}{12 \times 10^3 \angle 90°} = 0.018 \angle -60°(\text{A})$$
瞬时值表示式：
$$i' = 0.018\sqrt{2}\sin(314 \times 2000t - 60°)\text{A}$$
无功功率：
$$Q' = UI' = 220 \times 0.018 = 3.96(\text{var})$$

由此可见，交流电流的频率越高，电感元件的感抗越大。在电压有效值一定的条件下，电流的有效值便越小。因此，电感线圈具有阻止高频电流通过的作用。

### 2.2.3 电容电路

#### 2.2.3.1 电容元件

电容器(简称电容)由两个导体中间隔以纸、云母、陶瓷等绝缘材料构成，如图 2-23 所示。

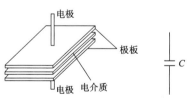

a) 电容的组成　　b) 符号　　c) 常见的电容

图 2-23　电容

当电路中有电容存在时，电容极板(由绝缘材料隔开的两个金属导体)上会聚集起等量异号电荷。电压 $u$ 越高，聚集的电荷 $q$ 就越多，产生的电场越强，储存的电场能就越多。定

义 $q$ 与 $u$ 的比值为电容 $C$，即：

$$C = \frac{q}{u} \tag{2-19}$$

式中，$q$ 的单位为库［仑］（C）；$u$ 的单位为伏［特］（V）；$C$ 的单位为法［拉］（F）。由于法［拉］的单位太大，工程上多用微法（μF）或皮法（pF），它们的换算关系为：

$$1\mathrm{F} = 10^{6}\mu\mathrm{F} = 10^{12}\mathrm{pF}$$

当极板上的电荷量 $q$ 或电压 $u$ 发生变化时，在电路中就要引起电流流过。在 $u$ 和 $i$ 的参考方向相同的情况下，其大小为：

$$i = \frac{\mathrm{d}q}{\mathrm{d}t} = C\frac{\mathrm{d}u}{\mathrm{d}t} \tag{2-20}$$

**小贴士**

**电容的特性**

①电容电流与电容两端电压的变化率成正比；

②对于直流电路，由于 $u$ 为常数，$\frac{\mathrm{d}u}{\mathrm{d}t}=0$，则 $i=0$，即电容元件在直流电路中相当于开路。

#### 2.2.3.2 电压与电流关系

对于实际的电容，由于其介质不能完全绝缘，在电压的作用下总有一些漏电流，即它仍有一些电阻成分，会消耗一些能量，使电容发热。由介质漏电及其他原因产生的能量消耗，称为电容的损耗。一般电容能量损耗很小，小到可以忽略不计时，电容可以近似看作纯电容元件。由交流电源和纯电容元件组成的电路，称为纯电容电路。

如图2-24所示，设电容元件的电压的初相位为 $-90°$，即：

$$u = U\sqrt{2}\sin(\omega t - 90°) \rightarrow \dot{U} = U\angle -90°$$

则电容元件的电流为：

$$i = \frac{\mathrm{d}q}{\mathrm{d}t} = C\frac{\mathrm{d}U\sqrt{2}\sin(\omega t - 90°)}{\mathrm{d}t} = \omega C U\sqrt{2}\cos(\omega t - 90°) = I\sqrt{2}\sin\omega t$$

此时：

$$i = I\sqrt{2}\sin\omega t \rightarrow \dot{I} = I\angle 0°$$

绘出电流、电压的波形图和相量图，如图2-25所示。

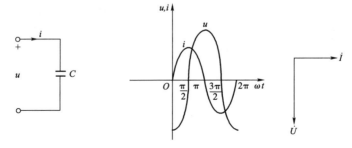

图2-24　电容元件电路　　　　图2-25　电容电路的电压、电流关系

**小贴士**

**电容电路的电压、电流关系**

①电压、电流同频,不同相,电压滞后电流90°;
②电容元件电压、电流的有效值关系及相量关系为:

$$\left. \begin{array}{l} U = \dfrac{1}{\omega C}I = X_C I \\ \dot{U} = -j\dfrac{1}{\omega C}\dot{I} = -jX_C \dot{I} \end{array} \right\} \quad (2\text{-}21)$$

式中,$X_C = \dfrac{1}{\omega C} = \dfrac{1}{2\pi f C}$,称为容抗,单位为欧[姆]。

容抗 $X_C$ 与电源频率 $f$ 成反比。在 $C$ 不变的条件下,频率越高,容抗越小,对电流的阻碍作用越小。在极端情况下,如果 $f \to \infty$,则 $X_C = 0$,此时电容相当于短路。如果直流 $f = 0$,$X_C \to \infty$,此时电容相当于开路。电容元件这种"通交流、隔直流;通高频,阻低频"的性质,在电子技术中被广泛应用于旁路、隔直、滤波等方面。

**知识链接**

**电容的连接**

在实际使用中,往往会遇到电容的电容量不合适,或者耐压不符合要求的情况,这时,可以将若干个电容作适当连接,以满足实际电路的需要。

①如图2-26a)所示,多个电容并联,其等效电容等于各个并联电容之和。
②如图2-26b)所示,多个电容串联,其等效电容的倒数等于各串联电容倒数之和。

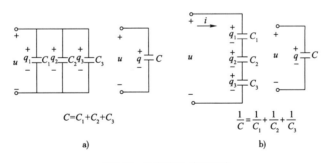

图2-26 电容并联、串联电路

#### 2.2.3.3 功率

电容元件的瞬时功率为瞬时电压与瞬时电流的乘积。即:

$$p = ui = 2UI\sin(\omega t - 90°) \cdot \sin\omega t = -UI\sin 2\omega t \quad (2\text{-}22)$$

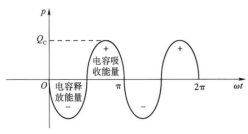

图 2-27 电容功率的波形图

电容功率波形图如图 2-27 所示。

由此可见，电容元件的瞬时功率 $p$ 的频率是 $i$、$u$ 频率的两倍，按正弦规律变化，最大值为 $UI$。如图 2-27 所示，电容吸收的能量等于电容释放的能量，这说明电容只与外电路进行能量交换，其本身并不消耗能量，故它是储能元件。同理，电容的平均功率为零，其无功功率为：

$$Q_C = UI = I^2 X_C = \frac{U^2}{X_C} \tag{2-23}$$

电容是储存电场能量和电荷的元件。

 **想一想**

① 利用电容的储能功能解释一下照相机的闪光灯的工作原理。
② 在使用电容的过程中需要注意什么？如果使用不当，是否会造成人身伤害？

【例 2-5】 电容元件的电容量 $C = 10\mu F$，接在频率 $f = 50Hz$、$U = 22V$ 的正弦交流电源上。计算：

(1) 电容的容抗 $X_C$、电流 $I$ 和无功功率 $Q$；
(2) 如果电源的频率增加为 $f = 1000Hz$，电源电压 $U$ 不变，重新计算 (1)。

**解**：(1) 当频率 $f = 50Hz$ 时：

电容的容抗：

$$X_C = \frac{1}{\omega C} = \frac{1}{2\pi \times 50 \times 10 \times 10^{-6}} \approx 318.3(\Omega)$$

电容的电流：

$$I = \frac{U}{X_C} = \frac{22}{318.3} \approx 0.069(A)$$

无功功率：

$$Q = UI = 22 \times 0.069 = 1.52(\text{var})$$

(2) 当频率 $f = 1000Hz$ 时：

电容的容抗：

$$X'_C = \frac{1}{\omega' C} = \frac{1}{2\pi \times 1000 \times 10 \times 10^{-6}} \approx 15.92(\Omega)$$

电容的电流：

$$I' = \frac{U}{X'_C} = \frac{22}{15.92} \approx 1.38(A)$$

无功功率：

$$Q' = UI' = 22 \times 1.38 = 30.36(\text{var})$$

【例 2-6】 一个额定工作电压是 250V 的电容，能否用在电压 $U = 220V$ 的交流电路中？

**解**：交流电压的有效值 $U = 220V$，其最大值是：

$$U_m = \sqrt{2} U = \sqrt{2} \times 220 \approx 311(V)$$

此电压已超过电容的额定工作电压,所以该电容不能用在电压 $U = 220\text{V}$ 的交流电路中。

**想一想**

为什么在电感元件和电容元件的交流电路中,瞬时功率不为零而平均功率却为零?无功功率的意义是什么?无功功率的单位是什么?

## 2.3 典型正弦交流电路的分析

前一节讨论了单一参数电路元件的正弦交流电路,但工程实际电路模型往往是几种理想元件的组合。本节讨论电阻、电感和电容元件串、并联电路的电压、电流关系及功率特性。

### 2.3.1 电阻、电感和电容元件(RLC)串联交流电路

#### 2.3.1.1 RLC串联交流电路的电压电流关系

电阻、电感和电容串联电路如图2-28a)所示,设电流 $i = I_\text{m}\sin\omega t$ 为参考正弦量,由上一节结论可知:

$$u_\text{R} = U_\text{Rm}\sin\omega t$$

$$u_\text{L} = U_\text{Lm}\sin(\omega t + 90°)$$

$$u_\text{C} = U_\text{Cm}\sin(\omega t - 90°)$$

根据基尔霍夫电压定律,总电压为:

$$u = u_\text{R} + u_\text{L} + u_\text{C}$$

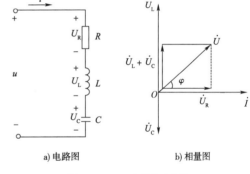

图 2-28  RLC 串联交流电路

对应的相量式为:

$$\dot{U} = \dot{U}_\text{R} + \dot{U}_\text{L} + \dot{U}_\text{C}$$

上式称为基尔霍夫电压定律的相量形式。由于单一参数的电流电压关系为:

$$\dot{U}_\text{R} = R\dot{I} \quad \dot{U}_\text{L} = jX_\text{L}\dot{I} \quad \dot{U}_\text{C} = -jX_\text{C}\dot{I}$$

如图2-28b)中相量图,利用相量求和求得相量 $\dot{U}$。

图2-28b)中,电压相量 $\dot{U}$ 与相量 $\dot{U}_\text{R}$、$\dot{U}_\text{L} + \dot{U}_\text{C}$ 构成了直角三角形,称为电压三角形。

所以,总电压为:

$$\dot{U} = [R + j(X_\text{L} - X_\text{C})]\dot{I} = Z\dot{I}$$

式中:$Z = |Z|\angle\varphi$——阻抗;

$|Z|$——复阻抗的阻抗值;

$\varphi$——阻抗角。

阻抗是对电路中电阻和电抗共同作用的描述,阻抗可以反映交流电路中的电压电流关系。

阻抗定义为电压相量与电流相量之比,即:

$$Z = \frac{\dot{U}}{\dot{I}} = \frac{U}{I} \angle \psi_u - \psi_i$$

其中
$$\left.\begin{array}{r} |Z| = \dfrac{U}{I} \\ \varphi = \psi_u - \psi_i \end{array}\right\} \quad (2\text{-}24)$$

而
$$Z = R + j(X_L - X_C) = R + jX$$

其中
$$\left.\begin{array}{r} |Z| = \sqrt{R^2 + X^2} \\ \varphi = \angle \arctan \dfrac{X}{R} \end{array}\right\} \quad (2\text{-}25)$$

式(2-25)中的 $R$ 是电阻,$X = X_L - X_C$ 是电抗。电阻、电抗及阻抗的单位均为欧[姆]($\Omega$)。

$R$、$X$、$|Z|$ 和 $\varphi$ 四个量之间的关系可以用一个直角三角形表示,这个直角三角形称为阻抗三角形,如图2-29所示。

值得一提的是,阻抗角 $\varphi$ 是判断电路性质的重要元素。当 $\varphi > 0$ 时,电路电压超前电流,电路呈电感性;当 $\varphi < 0$ 时,电路电压滞后电流,电路呈电容性;当 $\varphi = 0$ 时,电路电压与电流同相,电路呈电阻性,该电路发生谐振。图2-30a)、b)和c)分别绘出了电路呈电感性、电容性和电阻性时的相量图。

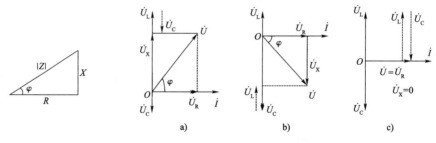

图2-29 阻抗三角形　　　　图2-30 RLC串联电路相量图

### 2.3.1.2 RLC串联电路的功率关系

如图2-28所示RLC串联交流电路为例,已知输入端电压和电流分别是:

$$u = U_m \sin(\omega t + \psi_u) \quad i = I_m \sin(\omega t + \psi_i)$$

(1)平均功率(有功功率)。

电路取用的瞬时功率为:

$$p = ui = UI\cos\varphi - UI\cos(2\omega t + \psi_u + \psi_i)$$

其中,$\varphi = \psi_u - \psi_i$。

则电路的平均功率(有功功率)为:

$$P = \frac{1}{T}\int_0^T p\,dt = UI\cos\varphi \tag{2-26}$$

式中：$\varphi$——电压、电流的相位差角(阻抗角)；

$\cos\varphi$——功率因数。

平均功率 $P$ 表示的是电路的实际耗能效果。由于电感、电容元件的平均功率为零,所以,整个电路的平均功率 $P$ 就等于所有电阻元件消耗的功率之和。

(2)无功功率。

在 RLC 串联的正弦交流电路中,电感元件的瞬时功率为 $p_L = u_L i$,电容元件的瞬时功率为 $p_C = u_C i$。由于电压 $u_L$、$u_C$ 反相,因此,$p_L$ 与 $p_C$ 反相,即电感元件吸收电能量时,电容元件正在释放能量,反之亦然。因而 RLC 串联电路与电源之间的能量交换的瞬时功率幅值,即无功功率为：

$$Q = Q_L - Q_C = U_L I - U_C I = (U_L - U_C)I$$

由电压三角形可知：

$$U_L - U_C = U\sin\varphi$$

因此电路的无功功率为：

$$Q = UI\sin\varphi \tag{2-27}$$

(3)视在功率。

在正弦交流电路中,把电压电流有效值的乘积定义为视在功率,用 $S$ 表示,即：

$$S = UI \tag{2-28}$$

视在功率的单位为伏安(V·A)。

由式(2-26)～式(2-28)可知,存在如下关系：

$$S = \sqrt{P^2 + Q^2} \tag{2-29}$$

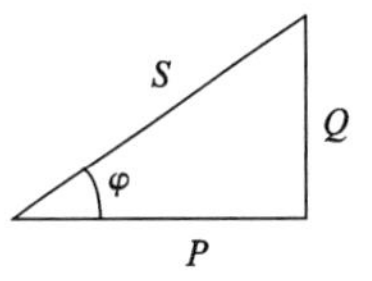

即 $S$、$P$、$Q$ 之间的关系可以用直角三角形表示,并称为功率三角形,如图 2-31 所示。

图 2-31　功率三角形

【例 2-7】　在电阻、电感和电容相串联的电路中,已知 $R = 30\Omega$,$L = 127\text{mH}$,$C = 40\mu\text{F}$,电源电压 $u = 220\sqrt{2}\sin(314t - 10°)$V,试求：①电路的复阻抗 $Z$；②电流 $i$；③$u_R$、$u_L$、$u_C$；④作出相量图；⑤有功功率 $P$、无功功率 $Q$、视在功率 $S$。

**解**：①感抗及容抗为：

$$X_L = \omega L = 314 \times 127 \times 10^{-3} \approx 40(\Omega)$$

$$X_C = \frac{1}{\omega C} = \frac{1}{314 \times 40 \times 10^{-6}} \approx 80(\Omega)$$

电路的复阻抗为：

$$Z = R + j(X_L - X_C) = 30 + j(40 - 80) = 50\angle -53.1°(\Omega)$$

②因为电压

$$\dot{U} = 220\angle -10°\text{V}$$

而

$$\dot{I} = \frac{\dot{U}}{Z} = \frac{220\angle -10°}{50\angle -53.1°} = 4.4\angle 43.1°(\text{A})$$

所以电流

$$i = 4.4\sqrt{2}\sin(314t + 43.1°)\text{ A}$$

③各元件上的电压为：

$$\dot{U}_R = R\dot{I} = 4.4\angle 43.1° \times 30 = 132\angle 43.1°(\text{V})$$

$$\dot{U}_L = jX_L\dot{I} = 4.4\angle 43.1° \times 40\angle 90° = 176\angle 133.1°(\text{V})$$

$$\dot{U}_C = -jX_C\dot{I} = 4.4\angle 43.1° \times 80\angle -90° = 352\angle -46.9°(\text{V})$$

电阻、电感、电容元件上的电压瞬时值表达式分别为：

$$u_R = 132\sqrt{2}\sin(314t + 43.1°)\text{ V}$$

$$u_L = 176\sqrt{2}\sin(314t + 133.1°)\text{ V}$$

$$u_C = 352\sqrt{2}\sin(314t - 46.9°)\text{ V}$$

④以电流为参考相量，绘出相量图如图 2-32 所示。

⑤有功功率：

$$P = UI\cos\varphi = 220 \times 4.4 \times \cos(-53.1°) = 580.9(\text{W})$$

无功功率：

$$Q = UI\sin\varphi = 220 \times 4.4 \times \sin(-53.1°) = 774.1(\text{var})$$

视在功率：

$$S = UI = 220 \times 4.4 = 968(\text{V} \cdot \text{A})$$

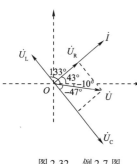

图 2-32　例 2-7 图

### 2.3.2　正弦交流电路的相量分析法

综上所述，只要把正弦交流电路用相量模型表示，就可像分析计算直流电路那样来分析计算正弦交流电路，这种方法称为相量法。其一般步骤为：

(1) 作出相量模型图，将电路中的电压、电流都写成相量形式，每个元件或无源二端网络都用复阻抗表示（多个复阻抗连接时，等效复阻抗的运算类似于等效电阻的运算）。

(2) 应用相量形式的欧姆定律 $\dot{U} = Z\dot{I}$ 和基尔霍夫定律、分析方法进行计算，得出正弦量的相量值。

(3) 根据需要，写出正弦量的瞬时值表达式或计算出其他量。

#### 2.3.2.1　阻抗串联的正弦交流电路

图 2-33a) 所示为两个阻抗串联的电路，按图示的参考方向，应用相量形式的基尔霍夫电压定律，有：

$$\dot{U} = \dot{U}_1 + \dot{U}_2$$

由相量形式的欧姆定律得：

$$\dot{U}_1 = Z_1\dot{I} \quad \dot{U}_2 = Z_2\dot{I}$$

因此

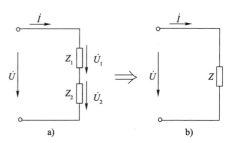

图 2-33　阻抗的串联

$$\dot{U} = \dot{U}_1 + \dot{U}_2 = Z_1\dot{I} + Z_2\dot{I} = (Z_1 + Z_2)\dot{I}$$

如果已知电压 $\dot{U}$ 和阻抗 $Z_1$、$Z_2$，则可计算电路中的电流为：

$$\dot{I} = \frac{\dot{U}}{Z_1 + Z_2} \tag{2-30}$$

有时为了简化电路，可用等效阻抗 $Z$ 替代两个串联的阻抗。对于图 2-33b) 所示电路，有：

$$\dot{I} = \frac{\dot{U}}{Z} \tag{2-31}$$

**小贴士**

### 阻抗串联的特性

①阻抗串联其等效阻抗等于各个串联阻抗之和。对于图 2-33，有：

$$Z = Z_1 + Z_2 \tag{2-32}$$

②阻抗串联有分压作用。对于图 2-33，有如下分压公式：

$$\left. \begin{array}{l} \dot{U}_1 = \dfrac{Z_1}{Z_1 + Z_2}\dot{U} \\ \dot{U}_2 = \dfrac{Z_2}{Z_1 + Z_2}\dot{U} \end{array} \right\} \tag{2-33}$$

#### 2.3.2.2 阻抗并联的正弦交流电路

图 2-34a) 所示为两个阻抗并联的电路，按图示的参考方向，应用相量形式的基尔霍夫电压定律，有：

$$\dot{I} = \dot{I}_1 + \dot{I}_2$$

由相量形式的欧姆定律得：

$$\dot{I}_1 = \frac{\dot{U}}{Z_1}$$

$$\dot{I}_2 = \frac{\dot{U}}{Z_2}$$

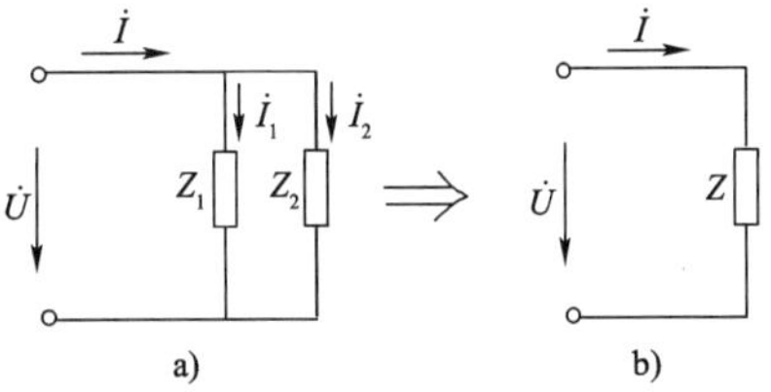

图 2-34　阻抗的并联

因此

$$\dot{I} = \dot{I}_1 + \dot{I}_2 = \frac{\dot{U}}{Z_1} + \frac{\dot{U}}{Z_2} = \left(\frac{1}{Z_1} + \frac{1}{Z_2}\right)\dot{U} \tag{2-34}$$

有时为了简化电路，可用等效阻抗 $Z$ 替代两个并联的阻抗。对于图 2-34b) 所示电路，有：

$$\dot{I} = \frac{\dot{U}}{Z} \tag{2-35}$$

### 阻抗并联的特性

① 阻抗并联其等效阻抗的倒数等于各个并联阻抗倒数之和。对于图2-34，有：

$$\frac{1}{Z} = \frac{1}{Z_1} + \frac{1}{Z_2} \tag{2-36}$$

② 阻抗并联有分流作用。对于图2-34，有如下分流公式：

$$\dot{I}_1 = \frac{Z_2}{Z_1 + Z_2}\dot{I}$$

$$\dot{I}_2 = \frac{Z_1}{Z_1 + Z_2}\dot{I} \tag{2-37}$$

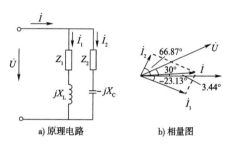

图2-35 例2-8的电路图和相量图

【例2-8】 并联交流电路如图2-35a)所示，已知电源电压 $u = 220\sqrt{2}\sin(314t + 30°)$ V, $R_1 = 30\Omega$, $L = 127$mH, $R_2 = 80\Omega$, $C = 53\mu$F。计算：

(1) 并联电路的阻抗 $Z$、电流 $\dot{I}_1$、$\dot{I}_2$ 和 $\dot{I}$；

(2) 电路的平均功率 $P$ 和无功功率 $Q$；

(3) 画相量图。

**解**：(1) 支路的阻抗分别为：

$$Z_1 = R_1 + jX_L = 30 + j314 \times 0.127$$
$$= 30 + j40 = 50\angle 53.1°(\Omega)$$

$$Z_2 = R_2 - jX_C = 80 - j\frac{1}{314 \times 53 \times 10^{-6}} = 80 - j60 = 100\angle -36.86°(\Omega)$$

并联电路的阻抗：

$$Z = \frac{Z_1 Z_2}{Z_1 + Z_2} = \frac{50\angle 53.1° \times 100\angle -36.86°}{30 + j40 + 80 - j60} = \frac{5000\angle 16.26°}{111.8\angle -10.3°} = 44.7\angle 26.56°(\Omega)$$

电流相量：

$$\dot{I} = \frac{\dot{U}}{Z} = \frac{220\angle 30°}{44.7\angle 26.56°} = 4.92\angle 3.44°(A)$$

$$\dot{I}_1 = \frac{\dot{U}}{Z_1} = \frac{220\angle 30°}{50\angle 53.13°} = 4.4\angle -23.13°(A)$$

$$\dot{I}_2 = \frac{\dot{U}}{Z_2} = \frac{220\angle 30°}{100\angle -36.87°} = 2.2\angle 66.87°(A)$$

(2) 功率因数角：

$$\varphi = \psi_u - \psi_i = 26.56°$$

平均功率：

$$P = UI\cos\varphi = 220 \times 4.92 \times \cos 26.56° \approx 968(W)$$

电路的平均功率就是电路内所有电阻吸收电功率的总和。所以：

$$P = I_1^2 R_1 + I_2^2 R_2 = (4.4^2 \times 30 + 2.2^2 \times 80) = 968(\text{W})$$

两种计算方法得出的结果相同。

无功功率：

$$Q = UI\sin\varphi = 220 \times 4.92 \times \sin 26.56° = 483.98(\text{var})$$

（3）相量图如图 2-35b）所示。

### 2.3.3 提高功率因数

在交流电路中，功率因数定义为：

$$\lambda = \cos\varphi = \frac{P}{S} \tag{2-38}$$

纯电阻负载的功率因数为 1，感性负载的功率因数介于 0 和 1 之间。而在实际生产和生活中使用的电气设备多属于感性负载，例如大量使用的三相异步电动机、照明荧光灯、接触器等。因此，整个供电系统是电感性电路，功率因数小于 1。

#### 2.3.3.1 负载功率因数低而产生的问题

负载功率因数低会产生如下两个问题。

（1）发电设备的容量未能充分利用。

发电设备的容量 $S_N = U_N I_N$。显然，若功率因数 $\cos\varphi = 1$，则平均功率 $P = U_N I_N \cos\varphi = S_N$，发电设备得到了最充分的利用。若功率因数 $\cos\varphi < 1$，则平均功率 $P = U_N I_N \cos\varphi < S_N$，这说明发电设备已经处于额定工作状态，但它所发出的电能并不能全部转换为负载的平均功率。$\cos\varphi$ 越小，$P$ 就越小，发电设备也就越不能被充分利用。

（2）增大线路的功率损失，降低电网输电效率。

对于电力系统中的输电部分，输电线上的损耗为 $\Delta P = I^2 R$，负载吸收的平均功率为 $P = UI\cos\varphi$，则 $I = \dfrac{P}{U\cos\varphi}$，所以 $\Delta P = \left(\dfrac{P}{U\cos\varphi}\right)^2 R$（$U$ 是负载端电压的有效值）。由上式可以看出，在 $U$ 和 $P$ 都不变的情况下，功率因数 $\cos\varphi$ 越小，输电线上的功率损耗 $\Delta P$ 就越大。

供电系统功率因数低的原因是电感性负载与电源之间存在无功功率的往返交换，这种无功功率的往返交换当然要占用一部分电流。因此，要提高供电系统的功率因数就是要减小负载与电源之间的无功功率交换。同时，既要提高功率因数，又不能影响负载的正常工作。

#### 2.3.3.2 提高功率因数的方法

提高功率因数常用的方法是在感性负载上并联电容，如图 2-36 所示。

在图 2-36 中，$RL$ 串联部分代表一个电感性负载，它的电流 $\dot{I}_1$ 滞后于电源电压 $\dot{U}$ 的相位为 $\varphi_1$，在电源电压不变的情况下，并入电容 $C$，并不会影响负载电流的大小和相位，但总电流由原来的 $\dot{I}_1$ 变成了 $\dot{I}$，即 $\dot{I} = \dot{I}_1 + \dot{I}_C$，且 $\dot{I}$ 与电源电压相位差由原来的 $\varphi_1$ 减小为 $\varphi$，所以 $\cos\varphi$ 大于 $\cos\varphi_1$，功率因数提高了。

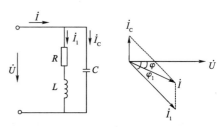

图 2-36 电感性负载并联电容提高功率因数

并联电容前电感性负载的无功功率为：

$$Q_L = P\tan\varphi_1$$

补偿后的无功功率为：

$$Q = P\tan\varphi$$

所需电容的无功功率为 $Q_C$，则有

$$Q_C = Q_L - Q = P\tan\varphi_1 - P\tan\varphi$$

而

$$Q_C = X_C I_C^2 = \frac{U^2}{X_C} = \omega C U^2$$

据此，可导出所需并联电容 $C$ 的计算公式为：

$$C = \frac{P}{\omega U^2}(\tan\varphi_1 - \tan\varphi) \tag{2-39}$$

这里所讨论的提高功率因数是指提高电源或电网的功率因数，而某个电感性负载的功率因数并没有变。在感性负载上并联电容后，能量的交换现在主要或完全发生在电感性负载与电容之间；电路有功功率未改变，因为电容是不消耗电能的，负载的工作状态不受影响。

> **想一想**
>
> ① 提高线路功率因数为什么采用并联电容法，而不用串联法？所并联的电容是否越大越好？
>
> ② 为了改善电路的功率因数，常在感性负载上并联电容，此时增加了一条电流支路，试问电路的总电流是增大还是减小，此时感性元件上的电流和功率是否改变？

**【例 2-9】** 一电感性负载与 220V、50Hz 的电源相接，其功率因数为 0.7，消耗功率为 4kW，若要把功率因数提高到 0.9，应加接什么元件？其元件值为多少？

**解**：应并联电容，如图 2-36 所示。并联电容前电感性负载的功率因数为 $\cos\varphi_1 = 0.7$，并联电容后电路的功率因数为 $\cos\varphi = 0.9$。由式（2-39）得：

$$C = \frac{P}{\omega U^2}(\tan\varphi_1 - \tan\varphi) = \frac{4 \times 10^3}{314 \times 220^2}(1.02 - 0.484) \approx 141(\mu F)$$

#### 2.3.3.3 功率因数的提高验证

(1) 目的。

① 加深对提高功率因数意义的认识。

② 了解提高功率因数的原理及方法。

(2) 原理。

一般的用电设备多属于感性负载，且功率因数 $\cos\varphi$ 较小，如异步电动机、变压器、荧光灯等。由式 $P = UI\cos\varphi$ 可知，当负载功率和电压一定时，其功率因数越低，则要求供电电流越大。这将导致电源的利用率不高及增加输电线路上的损耗。为提高功率因数，可在感性负载的两端并联电容 $C$，如图 2-37 所示。其原理可用相量图（图 3-38）说明。

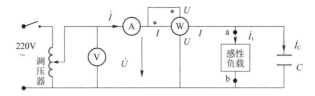

图 2-37　在感性负载两端并联电容

在并入电容 $C$ 之前,总电流 $I = I_1$,$U$ 与 $I$ 的相位差 $\varphi$ 由感性负载的阻抗角决定。并入电容 $C$ 之后,由于 $U$ 保持不变,故 $I_1$ 不变,但 $I = I_1 + I_C$,由图 2-38a)可见,总电流 $I$ 以及 $U$ 与 $I$ 的相位差 $\varphi'$ 均变小了,即提高了功率因数 $\cos\varphi'$。

若加大电容值,且选择恰当,则可使 $U$ 与 $I$ 相同,如图 2-38b)所示,这时 $\varphi' = 0$,$\cos\varphi' = 1$,总电流降至最小值。若继续加大电容值,$I_C$ 将会更大,如图 2-38c)所示,这时电流 $I$ 超前于电压 $U$,电路变为容性,$\cos\varphi'$ 反而降低,总电流 $I$ 变大。

最后顺便指出,由于在试验过程中,始终保持端电压不变,而感性负载支路的阻抗值也不变,因此,其吸收的功率 $P$ 不改变,也就是说,功率表的读数始终不会改变。不过,试验中所并联的电容 $C$ 并非理想元件,它多少有点能量损耗,但因其损耗值甚微,故一般忽略不计。

(3)内容。

①按图 2-37 接线,图中感性负载为图 2-39 所示。其中 $R$ 取值 200Ω（200Ω/8W）的电阻;电感线圈用互感线圈经顺接串联得到,其参数大约为 $r = 57\Omega$、$L = 0.6H$;$C$ 为元件箱。

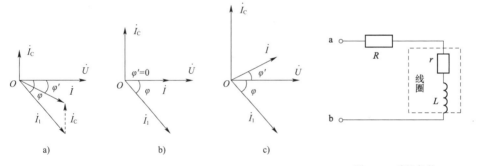

图 2-38　相量图　　　　　　　　　　图 2-39　感性负载

②调节调压器使电压表读数为 30V,且始终保持此电压值不变。将电容值在 0 ~ 10.17μF 之间改变,按表格中的电容值取各个点,记录 $I$、$P$、$\cos\varphi$ 于表 2-1 中。

$I$、$P$、$\cos\varphi$ 记录表　　　　　　　　表 2-1

| 负载为电阻和电感线圈 | | | | |
|---|---|---|---|---|
| $C(\mu F)$ | $I(mA)$ | $\varphi$ | $\cos\varphi(\lambda)$ | $P(W)$ |
| | | | | |
| | | | | |
| | | | | |
| | | | | |
| | | | | |
| | | | | |

(4)数据处理分析。

(5)根据以上数据,分别完成电容 $C$ 与电流 $I$、功率因数 $\cos\varphi$、$\varphi$ 图表的绘制。

## 案例分析

荧光灯又称日光灯,由于它的发光效率比普通的白炽灯要高出3倍以上,是最经济的照明灯具之一。同时它发出的光具有光色柔和、接近自然光等优点,而成为一种常用的照明灯具。

荧光灯是一种低压汞放电灯具,通常由灯管、镇流器和启辉器等组成。普通荧光灯线路如图2-40所示。荧光灯两端各有一灯丝,灯管内充有微量的氩和稀薄的汞蒸气,灯管内壁上涂有荧光粉,两个灯丝之间的气体导电时发出紫外线,使荧光粉发出柔和的可见光。镇流器是一个缠绕在硅钢片铁芯上的电感线圈,有两个作用:第一,与启辉器配合,在通电启动瞬间产生高电压,使灯管放电。第二,荧光灯启动后正常工作时,镇流器与灯管串联起分压、限流作用。启辉器在电路中起开关作用,它由一个氖气放电管与一个电容并联而成,电容的作用为消除对电源的电磁干扰并与镇流器形成振荡回路,增加启动脉冲电压幅度。放电管中一个电极用双金属片组成,利用氖泡放电加热,使双金属片在开闭时,引起电感镇流器电流突变并产生高压脉冲加到灯管两端。

荧光灯的工作原理是:当开关S闭合,电源接通后,灯管尚未放电,电源电压通过灯丝全部加在启辉器内两个双金属触片上,启辉器两个电极间开始辉光放电,使双金属片受热膨胀而与静触极接触,于是电源、镇流器、灯丝和启辉器构成一个闭合回路,电流使灯丝预热,当受热 $1\sim3s$ 后,启辉器的两个电极间的辉光放电熄灭,随之双金属片冷却而与静触极断开。当两个电极断开的瞬间,电路中的电流突然消失,于是镇流器产生一个高压脉冲,它与电源叠加后,加到灯管两端,使灯管内的惰性气体电离而引起弧光放电,使荧光灯点亮。

在对荧光灯电路进行分析计算时,可近似将灯管用电阻元件 $R$ 表示,镇流器用电感元件 $L$ 和电阻 $R_L$ 的串联组合表示,荧光灯电路模型如图2-41所示。由于荧光灯电路是感性电路,为了提高功率因数,应与其并联一个容量合适的电容。

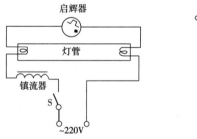
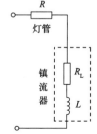

图2-40 荧光灯接线图　　图2-41 荧光灯电路模型

普通荧光灯由于采用了铁芯线圈式的镇流器,致使能耗加大,并产生噪声。为了克服这些缺点,产生了采用电子镇流器的节能型荧光灯。这种荧光灯耗能低、启辉迅速、无频闪现象,工作时对外呈电容性,有利于改善电网的功率因数。

> **想一想**
>
> 在日常生活中,当荧光灯上缺少了启辉器时,人们常用一根导线将启辉器的两端短接一下,然后迅速断开,使荧光灯点亮或用一只启辉器去点亮多只同类型的荧光灯,这是为什么?

## 2.4 交流电路中的谐振

谐振是正弦交流电路中存在的一种特殊的物理现象。按照电路连接方式的不同,谐振分为串联谐振和并联谐振。

### 2.4.1 串联谐振

在 RLC 串联电路中,当电路总电压与电流同相时,电路总电阻呈阻性,电路的这种状态称为串联谐振电路。典型电路如图 2-42 所示。

#### 2.4.1.1 谐振条件

当电路发生谐振时,$U_L = U_C$ 或者 $X_L = X_C$,即:

$$2\pi f L = \frac{1}{2\pi f C} \tag{2-40}$$

可得到谐振频率 $f_0$ 为:

$$f_0 = \frac{1}{2\pi \sqrt{LC}} \tag{2-41}$$

或谐振角频率为:

$$\omega_0 = 2\pi f_0 = \frac{1}{\sqrt{LC}} \tag{2-42}$$

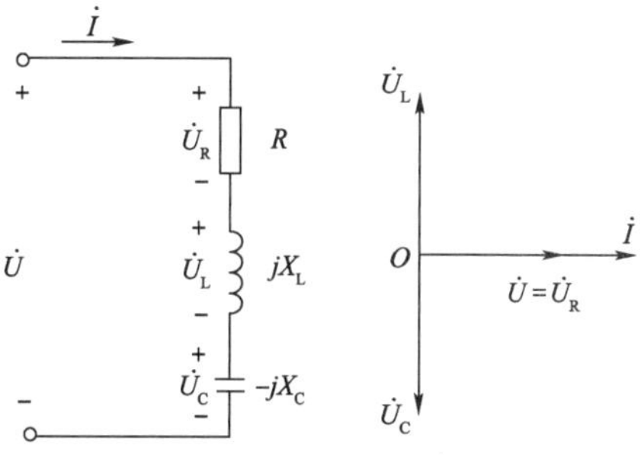

图 2-42 串联谐振电路和相量图

当电路参数 $L$、$C$ 一定时,改变电源频率 $f$,可以达到上述关系时,电路就会发生谐振。如果电源频率 $f$ 一定时,也可通过调整电路参数 $L$ 或 $C$ 的大小,来达到电路谐振。日常生活中收音机的输入回路,就是通过改变电容 $C$ 的大小来选择不同电台频率的串联谐振电路。使电容满足:

$$C = \frac{1}{\omega_0^2 L} = \frac{1}{(2\pi f_0)^2 L} \tag{2-43}$$

此时,电路发生谐振。

#### 2.4.1.2 串联谐振的特点

(1) 串联谐振时,电路阻抗最小,且呈纯阻性。

$$Z = \sqrt{R^2 + (X_L - X_C)^2} = R$$

(2) 电路中电流最大,并与电压同相,$\varphi = 0$。谐振电流为:

$$I = I_0 = \frac{U}{Z} = \frac{U}{R}$$

(3) 电阻两端电压等于总电压,电感与电容两端的电压相等,相位相反。

$$U = U_R = IR$$
$$U_L = I_0 X_L = \frac{U}{R} X_L$$
$$U_C = I_0 X_C = \frac{U}{R} X_C$$

如果发生谐振时,$X_L = X_C \gg R$,则 $U_L = U_C \gg U$,即电感和电容元件的端电压有效值大于外加电源电压的有效值,这种现象称为过电压。因此,串联谐振有时又称电压谐振。

为了定量描述过电压现象,引入了品质因数 $Q$。$Q$ 等于谐振时电感或电容元件端电压的有效值与电源电压有效值之比。即:

$$Q = \frac{U_L}{U} = \frac{U_C}{U} = \frac{\omega_0 L}{R} = \frac{1}{\omega_0 CR} = \frac{1}{2\pi f_0 CR} \tag{2-44}$$

品质因数 $Q$ 也是衡量电路中谐振剧烈程度的一个物理量。

在广播、通信技术中,利用过电压现象来选择所需要的电信号。而在电力系统中,出现在电感线圈或电容器两端的高电压也可能会造成设备事故甚至人身事故。

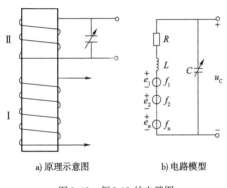

a) 原理示意图　　b) 电路模型

图 2-43　例 2-10 的电路图

【例 2-10】　收音机的磁性天线如图 2-43a) 所示,各种频率的广播信号被收音机的磁性天线线圈 Ⅰ 接收后,在线圈 Ⅱ 内感应出微弱的不同频率的信号电动势 $e_1$、$e_2$ …,图 2-43b) 是线圈 Ⅱ 电路的电路模型。改变可调电容器 $C$ 的电容量,就能够使电路对所需广播信号发生串联谐振。现已知 $R = 15\Omega$,$L = 300\mu H$,欲接收 $f_0 = 828 kHz$ 的广播信号。计算:

(1) 可调电容器的电容量 $C$;
(2) 谐振电路的品质因数 $Q$;
(3) 如果该频率信号的电压有效值 $U = 12\mu V$,计算电路中的电流 $I$ 及电容器两端的电压 $U_C$。

**解:**(1) 据式 (2-43) 可得电容的电容量为:

$$C = \frac{1}{(2\pi f_0)^2 L} = \frac{1}{(2\pi \times 828 \times 10^3)^2 \times 300 \times 10^{-6}} \approx 123(pF)$$

(2) 据式 (2-44) 计算电路的品质因数为:

$$Q = \frac{\omega_0 L}{R} = \frac{2\pi \times 828 \times 10^{-3} \times 300 \times 10^{-6}}{15} \approx 104$$

(3) 谐振电流:

$$I = \frac{U}{R} = \frac{12 \times 10^{-6}}{15} = 0.8(\mu A)$$

电容两端的电压:

$$U_C = QU = 104 \times 12 \times 10^{-6} \approx 1.25(mV)$$

> **知识链接**
>
> **串联谐振回路的应用**
>
> 串联谐振回路在电子技术中有着广泛的应用,如收音机、电视机、手机等电子设备经常用到谐振电路来选择信号,但是在电力系统中却常要加以防止。

### 2.4.2 并联谐振

为了提高谐振电路的选择性,常常需要提高品质因数 $Q$ 值。当信号源内阻较小时,可采用串联谐振电路。然而如果信号源内阻很大,采用串联谐振,$Q$ 值很小,选择性会明显变坏。在这种情况下,可以采用并联谐振电路。

发生在并联电路中的谐振现象称为并联谐振。典型应用电路是电感线圈 $RL$ 与电容器 $C$ 并联,电路模型如图 2-44a)所示。

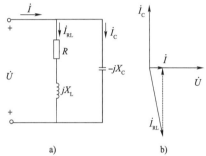

图 2-44 并联谐振电路和相量图

#### 2.4.2.1 并联谐振的条件

设外加电压是 $\dot{U}$,则总电流为:

$$\dot{I} = \dot{I}_{RL} + \dot{I}_C = \frac{\dot{U}}{R+j\omega L} + \frac{\dot{U}}{-j\frac{1}{\omega C}}$$

$$= \left[\frac{R}{R^2+\omega^2 L^2} + j\left(\omega C - \frac{\omega L}{R^2+\omega^2 L^2}\right)\right]\dot{U}$$

并联谐振时,电压 $\dot{U}$ 与电流 $\dot{I}$ 同相位,电路呈现纯电阻性。据此,以上电流表示式中的虚部应该是零。谐振条件为:

$$\omega C - \frac{\omega L}{R^2+\omega^2 L^2} = 0$$

根据以上谐振条件,可以推导出谐振角频率为:

$$\omega_0 = \frac{1}{\sqrt{LC}}\sqrt{1-\frac{R^2 C}{L}} \tag{2-45}$$

电感线圈的电阻 $R$ 的阻值一般都很小,可近似视其为零。则谐振角频率为:

$$\omega_0 \approx \frac{1}{\sqrt{LC}} \tag{2-46}$$

谐振频率为:

$$f_0 \approx \frac{1}{2\pi\sqrt{LC}} \tag{2-47}$$

在略去了电感线圈极小的电阻 $R$ 之后,谐振频率的计算公式与 RLC 串联电路的谐振频率计算公式相同。

#### 2.4.2.2 并联谐振电路的特点

(1)电路的总阻抗最大,总电流最小。

由谐振条件的公式推导,可得并联电路的阻抗为:

$$Z = \frac{\dot{U}}{\dot{I}} = \frac{1}{\frac{R}{R^2 + \omega^2 L^2} + j\left(\omega C - \frac{\omega L}{R^2 + \omega^2 L^2}\right)}$$

发生谐振时,上式分母中虚部是零,以满足谐振条件,从而使阻抗 $Z$ 接近最大值(因为分母中实部也与频率有关,$Z$ 最大值在稍稍偏离谐振点处)。

$$Z = \frac{R^2 + \omega_0^2 L^2}{R} = R + \frac{\omega_0^2 L^2}{R} \approx \frac{\omega_0^2 L^2}{R}$$

将式(2-46)代入上式,可得:

$$Z = \frac{L}{RC} \tag{2-48}$$

由此,谐振电路总电流接近最小值:

$$I_0 = \frac{U}{Z} = \frac{U}{\frac{L}{RC}} = \frac{URC}{L} \tag{2-49}$$

(2)谐振时两支路可能产生过电流。

发生并联谐振时的电压、电流相量图如图 2-44b)所示,支路电流 $\dot{I}_{RL}$ 与 $\dot{I}_C$ 近似反相、数值相等。

$$I_{RL} = \frac{U}{\sqrt{R^2 + \omega_0^2 L^2}} \approx \frac{U}{\omega_0 L}$$

$$I_C = U\omega_0 C$$

谐振时,$\omega_0 L \approx \frac{1}{\omega_0 C}$,故 $I_{RL} \approx I_C$。且

$$\frac{I_{RL}}{I_0} \approx \frac{I_C}{I_0} = \frac{U\omega_0 C}{URL/C} = \frac{\omega_0 L}{R}$$

当 $\omega_0 L \approx \frac{1}{\omega_0 C} \gg R$ 时,$I_{RL} \approx I_C \gg I_0$。

综上所述,并联谐振电路相当于是一个高阻值的电阻。利用这个特点,可在电子振荡器中用作选频电路,在电力系统中作为高频阻波器等。

### 2.4.3 城市轨道交通牵引变电所整流机组谐波谐振的影响

城市轨道交通牵引供电系统采用整流机组供电,由于整流机组中整流变压器及各种非线性元件的存在,不可避免地会产生谐波。高次谐波会增加变压器的热损耗,加速绝缘老化,引起振动并发出噪声,长时间的振动会造成金属疲劳和机械损坏。对于电力电容器,电容器的电容和电网的电感形成并联谐振回路,当高次谐波频率与谐振频率接近时就会产生

并联谐振,从而使谐波电流被放大,对电容器造成损坏。因此,抑制地铁牵引变电所整流机组谐波谐振十分重要。

**知识链接**
城市轨道交通牵引供电系统中抑制谐波的方法

①增加整流变压器二次侧的相数;
②装设分流滤波器;
③采用有源滤波装置;
④装静止无功补偿装置;
⑤对于三相桥式整流,在电容器回路串联4.5%~6%的电抗器;对于十二相整流,选择串联1%的电抗器;而二十四相整流则采用0.1%~1%的电抗器。

 **2.5 三相交流电路**

三相交流电是目前世界上使用最为广泛的交流电。由三相电源、三相负载和三相输电线按某种方式连接而成的电路,称为三相电路。

### 2.5.1 三相交流电源

三相交流电应用广泛,日常生产和生活用电几乎都来自电力部门提供的三相交流电源。对称三相电源是三相交流发电机产生的,它是指三个频率相同、幅值相等、相位互差120°的一组正弦电压源。一般令 $U$ 相初相为零,$V$ 相滞后 $U$ 相120°,$W$ 相滞后 $V$ 相120°。其表达式为:

$$\left.\begin{aligned}u_\mathrm{U} &= U\sqrt{2}\sin\omega t \\ u_\mathrm{V} &= U\sqrt{2}\sin(\omega t - 120°) \\ u_\mathrm{W} &= U\sqrt{2}\sin(\omega t + 120°)\end{aligned}\right\} \tag{2-50}$$

用相量式表示为:

$$\left.\begin{aligned}\dot{U}_\mathrm{U} &= U\angle 0° \\ \dot{U}_\mathrm{V} &= U\angle -120° \\ \dot{U}_\mathrm{W} &= U\angle +120°\end{aligned}\right\} \tag{2-51}$$

图2-45所示是上述对称三相正弦电压的波形图与相量图。

三相电压源的始端称为相头,标以 $U_1$、$V_1$、$W_1$;末端称为相尾,标以 $U_2$、$V_2$、$W_2$。规定参考正极性标在相头,负极性标在相尾。

从计时起点开始,三相交流电依次出现正幅值(或零值)的顺序称为相序。图2-45所示的三相交流电的相序是 $U—V—W—U$,称为正序,如果相序为 $U—W—V—U$,则称为逆序。电力系统一般采用正序。

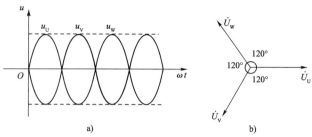

图 2-45 三相对称电压波形图及相量图

三相电源有两种连接方式,一种是星形(Y形),另一种是三角形(△形)。

### 2.5.1.1 三相电源的星形(Y形)连接

将三个末端接在一起,从始端引出三根导线,这种连接方法称为星形连接,如图 2-46 所示。末端的连接点称为中性点,用 $N$ 表示,从中性点引出的导线称为中性线,从始端 $U$、$V$、$W$ 引出的三根导线称为相线,俗称火线。

两根相线之间的电压称为线电压,如 $u_{UV}$、$u_{VW}$、$u_{WU}$;相线与中性线之间的电压称为相电压,如 $u_{UN}$、$u_{VN}$、$u_{WN}$,有时也可简写为 $u_U$、$u_V$、$u_W$。图 2-46 中,用相量表示的线电压为 $\dot{U}_{UV}$、$\dot{U}_{VW}$、$\dot{U}_{WU}$,相电压为 $\dot{U}_{UN}$、$\dot{U}_{VN}$、$\dot{U}_{WN}$,也可简写为 $\dot{U}_U$、$\dot{U}_V$、$\dot{U}_W$。因此,电源为星形连接时,相电压和线电压瞬时值关系为:

$$\left.\begin{array}{l} u_{UV} = u_U - u_V \\ u_{VW} = u_V - u_W \\ u_{WU} = u_W - u_U \end{array}\right\} \tag{2-52}$$

相电压和线电压相量关系为:

$$\left.\begin{array}{l} \dot{U}_{UV} = \dot{U}_U - \dot{U}_V \\ \dot{U}_{VW} = \dot{U}_V - \dot{U}_W \\ \dot{U}_{WU} = \dot{U}_W - \dot{U}_U \end{array}\right\} \tag{2-53}$$

若是对称三相电源,则有 $U_U = U_V = U_W = U_P$,图 2-47 中取 $U$ 相进行计算,得 $\dot{U}_{UV} = \dot{U}_U - \dot{U}_V = \sqrt{3}\dot{U}_U \angle 30°$,其余两个线电压也可推出类似结果,即:

$$\left.\begin{array}{l} \dot{U}_{UV} = \sqrt{3}\dot{U}_U \angle 30° \\ \dot{U}_{VW} = \sqrt{3}\dot{U}_V \angle 30° \\ \dot{U}_{WU} = \sqrt{3}\dot{U}_W \angle 30° \end{array}\right\}$$

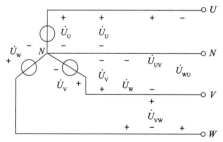

图 2-46 三相电源星形连接

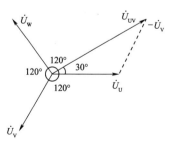

图 2-47 线、相电压关系

星形连接时,数值上线电压 $U_L$ 是相电压 $U_P$ 的 $\sqrt{3}$ 倍,即 $U_L=\sqrt{3}U_P$,相位上线电压比相应的相电压超前30°。

**知识链接**

## 供电方式

星形连接时,三相电源可引出四根线与负载相接,在电力系统中称这种供电方式为三相四线制;如果三相电源只引出三根线与负载相接,则称为三相三线制供电方式。目前我国低压供电标准采用频率50Hz,电压380/220V和三相四线制的供电方式,即相电压为220V,线电压为380V。

**想一想**

某三相发电机绕组作星形连接,每相额定电压为220V,投入运行时测得相电压 $U_A=U_B=U_C=220V$,但线电压只有 $U_{AB}=380V$,而 $U_{BC}=U_{CA}=220V$,试问是何原因?

#### 2.5.1.2 三相电源的三角形(△形)连接

把三相电源的始端与末端依次连成一个闭合回路,再从两两的连接点引出端线,这种连接方法称为三角形连接,如图2-48所示。

当电源为三角形连接时,线电压就是相电压。如图2-48所示,对称三相电源三角形连接时,线、相电压相等且为 $\dot{U}_{XL}=\dot{U}_{XP}$。

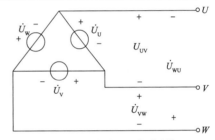

图2-48 三相电源三角形连接

**想一想**

三角形连接时,不能将某相接反,否则三相电源回路内的电压达到相电压的2倍,导致电流过大,烧坏电源绕组。因此,三角形连接时,预留一个开口用电压表测量开口电压,如果电压近于零或很小,再闭合开口,否则要查找哪一相接反了。

### 2.5.2 三相负载的连接

三相负载也有星形连接与三角形连接两种连接方式。

#### 2.5.2.1 三相负载的星形连接

负载星形连接的三相四线制电路一般可用图2-49所示的电路表示,每相负载的阻抗为 $Z_U$、$Z_V$、$Z_W$。三相电路中,流过每根相线的电流称为线电流,分别用 $i_U$、$i_V$、$i_W$ 表示;流过每相负载的电流称为相电流,分别用 $i_{U'N'}$、$i_{V'N'}$、$i_{W'N'}$ 表示;流过中性线的电流称为中性线电流,用 $i_{N'N}$ 表示。

在图2-49所示的电流参考方向下,显然,三相负载星形连接时,线电流与相应相电流相

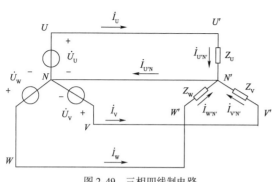

图 2-49 三相四线制电路

等,即:

$$i_U = i_{U'N'} \quad i_V = i_{V'N'} \quad i_W = i_{W'N'}$$
(2-54)

用相量表示为:

$$\dot{I}_U = \dot{I}_{U'N'} \quad \dot{I}_V = \dot{I}_{V'N'} \quad \dot{I}_W = \dot{I}_{W'N'}$$
(2-55)

由于三相电源电压对称,有 $\dot{U}'_U = \dot{U}_U$、$\dot{U}'_V = \dot{U}_V$、$\dot{U}'_W = \dot{U}_W$,则各相电流为:

$$\dot{I}_U = \frac{\dot{U}_U}{Z_U} \quad \dot{I}_V = \frac{\dot{U}_V}{Z_V} \quad \dot{I}_W = \frac{\dot{U}_W}{Z_W}$$
(2-56)

当负载相电压对称时,即 $Z_U = Z_V = Z_W = Z$,则相电流也对称。有:

$$I_L = I_P = \frac{U_P}{|Z|}$$
(2-57)

对于对称三相电路,只需取一相计算,其余两相的电压(电流)可以根据对称性得出。

根据基尔霍夫定律,上述电路中,$\dot{I}_N = \dot{I}_U + \dot{I}_V + \dot{I}_W$。若三相负载电路对称,电流对称使中性线电流等于零,即 $\dot{I}_N = \dot{I}_U + \dot{I}_V + \dot{I}_W = 0$

由于中性线电流等于零,有无中性线并不影响电路,去掉中性线,电路成为三相三线制。一般以 $Y_0$ 表示星形带中性线的三相四线制电路,以 Y 表示星形不带中性线的三相三线制电路。生产上最常用的三相电动机,就是以三相三线制供电的。

 **知识链接**

### 中性线的作用

在低压配电系统中,均采用三相四线制,这里的中性线是不能随意取掉的,而且规定中性线不能装开关和熔断器。这是因为在低压配电系统中,有大量单相负载存在,使得三相负载总是不对称。如果没有中性线,三相负载的相电压也就高低不同,使得各相负载无法正常工作,严重时还会烧毁负载。可见,在三相四线制中的中性线的作用是非常重要的。

【例 2-11】 现有白炽灯 60 盏,每盏灯的额定电压 $U_N = 220V$,额定功率 $P_N = 100W$。电源是三相四线制供电系统,电压 220V/380V。

(1) 60 盏白炽灯如何接入三相电源?

(2) 白炽灯全部点亮时,计算负载的相电流 $\dot{I}_U$、$\dot{I}_V$、$\dot{I}_W$。

**解**:(1) 白炽灯的额定电压与电源的相电压相等,又按照三相负载应尽可能平均、对称分布的要求,应将 60 盏白炽灯平均地接在 U、V 和 W 三条相线与中性线之间,每一相 20 盏。此时,三相负载星形连接,电路如图 2-50 所示。

(2) 每盏白炽灯的电阻为:

$$R = \frac{U_N^2}{P_N} = \frac{220^2}{100} = 484(\Omega)$$

20 盏白炽灯全部点亮时,并联等效电阻为:

$$R_P = \frac{R}{20} = \frac{484}{20} = 24.2(\Omega)$$

取 $\dot{U}_U$ 为参考相量,$\dot{U}_U = 220\angle 0°\mathrm{V}$,则 U 相负载的相电流为:

$$\dot{I}_U = \frac{\dot{U}_U}{R_P} = \frac{220\angle 0°}{24.2} = 9.09\angle 0°(\mathrm{A})$$

由于负载对称,另两相负载的相电流可依据对称原则直接写出,不需计算。即:

$$\dot{I}_V = 9.09\angle -120°\mathrm{A} \quad \dot{I}_W = 9.09\angle 120°\mathrm{A}$$

每一相 20 盏白炽灯全部点亮,负载对称,中性线电流等于零。

### 2.5.2.2 三相负载的三角形连接

负载三角形连接的三相电路一般可用图 2-51 表示,每相负载的阻抗分别为 $Z_{UV}$、$Z_{VW}$、$Z_{WU}$,电压和电流方向如图 2-51 所示。

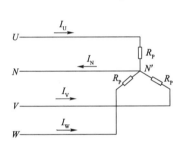
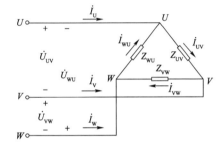

图 2-50 例 2-11 的电路图　　图 2-51 三角形连接的三相电路

如果不考虑线路损耗,三角形连接负载的相电压与电源的线电压相等。由于电源总是对称,所以不论负载对称与否,其相电压总是对称的,有:

$$U_{UV} = U_{VW} = U_{WU} = U_L = U_P$$

但三角形连接时,相电流与线电流不同,应用基尔霍夫电流定律于图 2-51,负载的线电流为:

$$\dot{I}_U = \dot{I}_{UV} - \dot{I}_{WU} \quad \dot{I}_V = \dot{I}_{VW} - \dot{I}_{UV} \quad \dot{I}_W = \dot{I}_{WU} - \dot{I}_{VW} \quad (2\text{-}58)$$

而各相负载的相电流为:

$$\dot{I}_{UV} = \frac{\dot{U}_{UV}}{Z_{UV}} \quad \dot{I}_{VW} = \frac{\dot{U}_{VW}}{Z_{VW}} \quad \dot{I}_{WU} = \frac{\dot{U}_{WU}}{Z_{WU}} \quad (2\text{-}59)$$

如果负载对称,$Z_{UV} = Z_{VW} = Z_{WU} = Z$,则相电流也对称,可以推出在数值上线电流是相电流的 $\sqrt{3}$ 倍,线电流的相位滞后于相应的相电流 30°,即:

$$\left.\begin{array}{l}\dot{I}_U = \sqrt{3}\dot{I}_{UV}\angle -30°\\ \dot{I}_V = \sqrt{3}\dot{I}_{VW}\angle -30°\\ \dot{I}_W = \sqrt{3}\dot{I}_{WU}\angle -30°\end{array}\right\} \quad (2\text{-}60)$$

对称负载三角形连接时的电流相量图如图 2-52 所示。

可见,对于对称三相电路,只要计算一相电流,其余相电流、线电流可以根据对称性推出。

### 小贴士

#### 三相交流电动机的连接方式与供电电压的关系

三相交流电动机的绕组可以是星形连接,也可以是三角形连接,在电动机铭牌上都有标示,如 380V △ 接法或者 380V Y 接法。Y/△380/220,表示该电动机在电源线电压为 380V 时,作 Y 接法;当电源线电压为 220V 时,作 △ 接法。可见该电动机额定相电压是 220V。

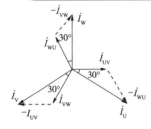

图 2-52 电流相量图

【例 2-12】 对称三相电源的线电压 $u_{UV} = 380\sqrt{2}\sin\omega t$ V,对称三相负载的额定电压是 380V,$Z_{UV} = Z_{VW} = Z_{WU} = 30 + j40\Omega$。

(1) 三相负载如何接入三相电源?

(2) 计算负载的相电流和线电流。

**解**:(1) 负载的额定电压与电源的线电压相等,故三相负载应接在三条相线之间,是三角形连接,电路如图 2-51 所示。

(2) 已知线电压 $\dot{U}_{UV} = 380\angle 0°$V,则负载的相电流为:

$$\dot{I}_{UV} = \frac{\dot{U}_{UV}}{Z_{UV}} = \frac{380\angle 0°}{30 + j40} = \frac{380\angle 0°}{50\angle 53.13°} = 7.6\angle -53.13°(A)$$

依据对称关系有:

$$\dot{I}_{VW} = 7.6\angle -53.13° - 120° = 7.6\angle -173.13°(A)$$

$$\dot{I}_{WU} = 7.6\angle -53.13 + 120° = 7.6\angle 66.87°(A)$$

线电流可按式(2-60)计算,为:

$$\dot{I}_U = \sqrt{3}\dot{I}_{UV}\angle -30° = 7.6\sqrt{3}\angle -53.13° - 30° = 13.16\angle -83.13°(A)$$

依据对称关系有:

$$\dot{I}_V = 13.16\angle -83.13° - 120° = 13.16\angle 156.87°(A)$$

$$\dot{I}_W = 13.16\angle -83.13° + 120° = 13.16\angle 36.87°(A)$$

### 想一想

三个阻抗相同的负载,先后接成星形和三角形,并由同一对称三相电源供电,试问哪种连接方式的线电流大? 大多少倍?

#### 2.5.3 三相电路的功率

不论负载是星形连接还是三角形连接,总的有功功率等于各相有功功率之和。即:

$$P = P_U + P_V + P_W$$

当负载对称时,每相有功功率是相等的,因此三相总功率为:

$$P = 3P_P = 3U_P I_P \cos\varphi \tag{2-61}$$

当对称负载是三角形连接时:

$$U_L = U_P \quad I_L = \sqrt{3} I_P$$

当对称负载是星形连接时:

$$U_L = \sqrt{3} U_P \quad I_L = I_P$$

不论对称负载为哪种连接,将上述关系式代入式(2-61),均得:

$$P = \sqrt{3} U_L I_L \cos\varphi \tag{2-62}$$

式(2-61)、式(2-62)可用来计算对称三相电路有功功率,两式中的 $\varphi$ 是相电压与相电流的相位差。

工程上多采用式(2-62),因为线电压及线电流容易测得,而且三相设备铭牌标的也是线电压和线电流。

同理可得出对称三相电路无功功率及视在功率:

$$Q = 3U_P I_P \sin\varphi = \sqrt{3} U_L I_L \sin\varphi \tag{2-63}$$

$$S = \sqrt{P^2 + Q^2} = \sqrt{3} U_L I_L \tag{2-64}$$

**【例2-13】** 计算[例2-12]对称三相电路的平均功率、无功功率和视在功率。

**解**:前面已计算得出对称三相电路的线电流 $I_L = 13.16\text{A}$、线电压 $U_L = 380\text{V}$、负载的阻抗角 $\varphi = 53.13°$,于是可算出对称三相电路的功率分别为:

平均功率:

$$P = \sqrt{3} U_L I_L \cos\varphi = \sqrt{3} \times 380 \times 13.16 \times \cos 53.13° = 5.2(\text{kW})$$

无功功率:

$$Q = \sqrt{3} U_L I_L \sin\varphi = \sqrt{3} \times 380 \times 13.16 \times \sin 53.13° = 6.93(\text{kvar})$$

视在功率:

$$S = \sqrt{3} U_L I_L = \sqrt{3} \times 380 \times 13.16 = 8.66(\text{kV·A})$$

# 2.6 三相交流电路的测量

## 2.6.1 三相交流电路电流、电压的测量

### 2.6.1.1 电磁式仪表

测量交流电流和交流电压常用电磁式仪表。

电磁式仪表的指针驱动部分主要由固定线圈、固定铁片和可动铁片等组成,基本结构如图2-53所示,其中固定线圈固定在仪表座上;固定铁片则固定放置在线圈内壁上;可动铁片装在仪表的转轴上,可绕轴转动。其工作原理是当被测电量的电流流过固定线圈后,产生磁场,使固定铁片和可动铁片同时被磁化。由于两铁片同一端的极性相同,因此两者相斥,致使可动铁片受到转动力矩的作用,从而通过转轴带动指针偏转。当转动力矩与游丝的反抗力矩相平衡时,指针便停止偏转。

电磁式仪表可以测量交流电量,也可以测量直流电量,因此使用电磁式仪表可以做成

交、直流两用电表。电磁式仪表标尺上的刻度是不均匀的。

#### 2.6.1.2 交流电压和电流的测量方法

电磁式交流电流表和电磁式交流电压表的连接方法、量程选择、读数等均与直流电流表、直流电压表对应相同,读数一般都是交流电流或交流电压的有效值。

### 2.6.2 三相交流电路功率的测量

交流电路的功率可以用功率表(又称瓦特表)直接测量出来,目前使用最多的是电动式功率表。

#### 2.6.2.1 电动式仪表

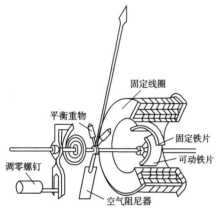

图 2-53 电磁式仪表结构示意

电动式仪表是利用两个通电线圈之间产生作用力的原理制成的,其结构示意图如图 2-54 所示。电动式仪表有两个线圈:固定线圈和可动线圈。可动线圈与转轴连成一体,转轴上还附有指针和螺旋弹簧。可动线圈的电流可由两个螺旋弹簧引入。当固定线圈通过电流 $I_1$,可动线圈通过电流 $I_2$ 时,固定线圈产生磁场,可动线圈和该磁场作用下产生转动力矩,带动转轴上的指针发生偏转。与此同时,固定在转轴上的弹簧被扭紧,产生反作用力矩,最后使指针达到平衡位置。

电动式仪表可以做成电压表和电流表,而且能交、直流两用,还可以做成电动式功率表测量电路中的功率。

#### 2.6.2.2 功率表的使用

(1)功率表。

单相交流电路功率的计算公式是 $P = UI\cos\varphi$。因此,功率表必须有两个线圈分别反映被测电路电压、电流的大小。电动式仪表就满足了这个要求,其固定线圈导线粗、匝数少,用作电流线圈,串入被测电路。可动线圈导线细、匝数多,用作电压线圈,它与一定阻值的分压电阻串联后,与被测电路并联。功率表外形与接线如图 2-55 所示。

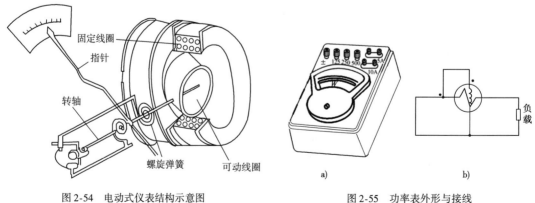

图 2-54 电动式仪表结构示意图

图 2-55 功率表外形与接线

单元2 正弦交流电路

**小贴士**

### 功率表的使用方法

① 正确选择功率表的量程。

功率表的量程包括电流线圈量程和电压线圈量程,并应以此为准选择功率表的量程。即被测电路的电流不得超过电流线圈量程,被测电路的电压不得超过电压线圈量程。

② 功率表的正确接线。

电流线圈和电压线圈各有一个接线端钮标有"＊"或"±",称为同名端。接线时应该使这两端接到被测电路的同一点处,如图2-55b)中所示。否则,将会造成功率表指针的反向偏转。

③ 正确读出功率表的示数。

常用功率表都是多量程的。改变与电压线圈串联的分压电阻的数值可改变电压量程;改变电流线圈的接法(使两段固定线圈分别串联或并联)可改变电流量程。

功率表的刻度盘上一般只标出分度格数。电压量程(单位是V)与电流量程(单位是A)的乘积就是该功率表的量程。该乘积被总分度格数除,就是每格刻度所对应的功率数。据此即可读出被测功率的数值。

**【例2-14】** 某功率表的电压线圈量程是300V,电流线圈量程是0.5A,表盘刻度共有100格。现指针偏转至80格处,被测功率是多少?

**解:** 功率表的量程:

$$300 \times 0.5 = 150(\text{W})$$

功率表的每格刻度所对应的功率数:

$$\frac{150}{100} = 1.5(\text{W/格})$$

被测功率:

$$1.5 \times 80 = 120(\text{W})$$

(2)三相电路功率的测量方法。

三相电路功率的测量方法见表2-2。

三相电路功率的测量方法  表2-2

| 方法 | 应用电路 | 测量电路 | 电路总功率 |
|---|---|---|---|
| 一表法 | 对称的三相交流电路 | a)   b) | $3P$ |

续上表

| 方法 | 应用电路 | 测量电路 | 电路总功率 |
|---|---|---|---|
| 二表法 | 三相三线制电路,不论其对称与否 | 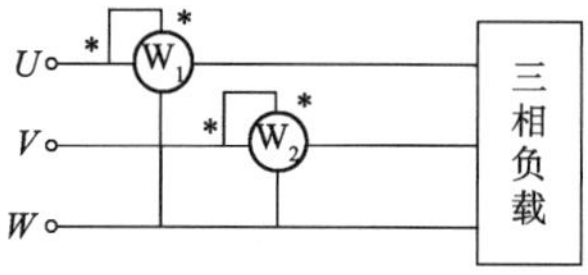 (图) | $P_1 + P_2$ |
| 三表法 | 三相四线制电路,负载一般不对称 | 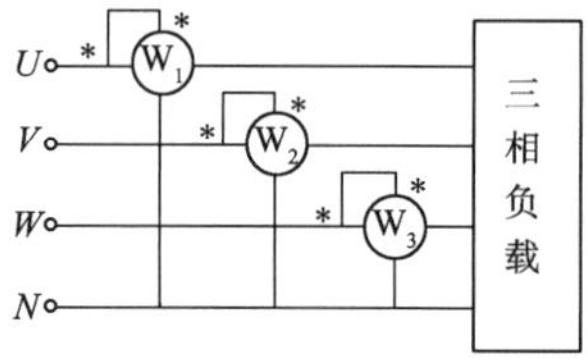 (图) | $P_1 + P_2 + P_3$ |

**想一想**

如何正确选择功率表的量程？今有两块功率表,电压线圈和电流线圈的量程分别是:甲表300V、5A;乙表300V、2.5A。它们的功率量程各是多少？如果被测量电路的端电压是220V、电流是3.0A,应选择哪块功率表？

### 2.6.3 数字万用表的使用

万用表又称复用表、多用表、三用表等,是电力电子等部门不可缺少的测量仪表,一般以测量电压、电流和电阻为主要目的。万用表按显示方式分为指针万用表和数字万用表,是一种多功能、多量程的测量仪表,一般万用表可测量直流电流、直流电压、交流电流、交流电压、电阻和音频电平等,有的还可测交流电流、电容量、电感量及半导体的一些参数(如$\beta$)等,数字万用表是实验室及电气工程技术人员经常使用的电工仪表。

#### 2.6.3.1 认识数字万用表的面板结构(型号VC9801A)

VC9801A型数字万用表的面板结构如图2-56所示。

(1)液晶显示器:显示仪表测量的数值;

(2)POWER电源开关:开启及关电源;

(3)B/L背光开关,开启背光灯,约10s后自动关闭;

(4)三极管测试插座;

(5)HOLD保持开关:按下此功能键,仪表当前所测数值保持在液晶显示器上并出现"HOLD"符号,再次按下,"HOLD"符号消失,退出保持功能状态;

(6)旋转开关:用于改变测量功能及量程;

(7)电压、电阻及频率插座;
(8)公共地;
(9)小于200mA的电流测试插座;
(10)20A电流测试插座。

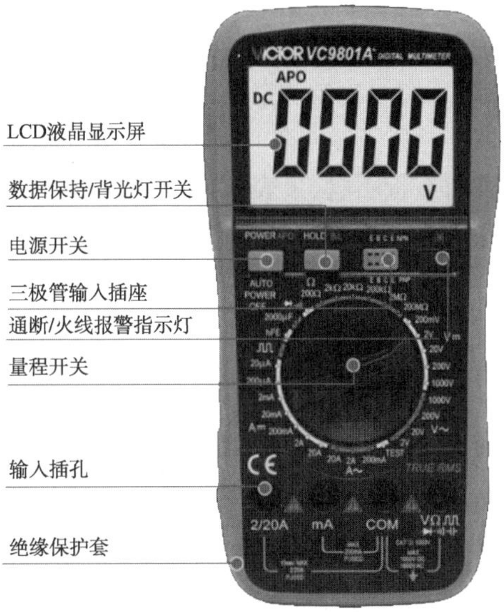

#### 2.6.3.2 万用表的使用方法

(1)直流电压测量。

将黑表笔插入COM插孔,红表笔插入"VΩ"插孔;将功能开关置于直流电压挡V-量程范围,并将测试表笔连接到待测电源(测开路电压)或负载上(测负载电压降),红表笔所接端的极性将同时显示于显示器上。

**注意:**

①如果不知被测电压范围,将功能开关置于最大量程并逐渐下降;

②如果显示器只显示"1",表示过量程,功能开关应置于更高量程;

图2-56 数字万用表面板结构

③不要测量高于1000V的电压,显示更高的电压值是可能的,但有损坏内部线路的危险;

④当测量高电压时,要格外注意避免触电。

(2)交流电压测量。

数字万用表测量220V家电方法:万用表黑表笔插入万用表"COM"孔,红表笔插入"VΩ"孔;万用表挡位选择"V~"范围中的1000V挡;将黑色和红色表笔分别插入电源插座的零线和相线插孔,表笔不分正负;数字表显示屏显示的数字即为所测电压读数。测试电压时,注意挡位不能选择为电阻Ω挡或电流挡,否则会烧毁数字万用表。

(3)直流电流测量。

将黑表笔插入COM插孔,当测量最大值为200mA的电流时,红表笔插入mA插孔,当测量最大值为20A的电流时,红表笔插入20A插孔。将功能开关置于直流电流挡A-合适量程。将测试表笔串联接入到待测负载上,保持稳定,即可读数。若显示为"1.",那么就要加大量程,如果在数值左边出现"-",则表明电流从黑表笔流进万用表。

(4)交流电流测量。

交流电流的测量,测量方法与直流相同,不过挡位应该打到交流挡位A~,电流测量完毕后应将红笔插回"VΩ"孔,若忘记这一步而直接测电压,表或电源会报废,请慎重操作!

(5)电阻测量。

选择电阻挡;将黑表笔插入"COM"插孔。红表笔插入电阻测试插孔;将表笔探头跨接到被测元件或电路的两端;察看读数,并注意单位是欧姆(Ω)、千欧(kΩ),还是兆欧(MΩ)。

(6)电容测量。

电容两端短接,对电容进行放电,确保数字万用表的安全;将功能旋钮开关打至电容挡

"2000μF";将黑表笔插入COM插孔,红表笔插入电阻测试插孔;将电容两端分别接红黑表笔,待数值稳定后,读出显示屏上数字。

(7)三极管测量(HFE)。

首先假设待测三极管的其中一脚为B极,将数字万用表调到三极管挡,用红表笔接触假设的B极引脚,黑表笔分别接触另两脚,如果两次测得的电压值都较小,则先前假设的引脚就是实际的B极,且此管为NPN型三极管。反之用数字万用表黑表笔接触假设的B极,红表笔接触另两脚,如果两次测得的电压值均较小,则先前假设的引脚就是实际的B极,此管为PNP型三极管。

发射极E和集电极C的判断,利用万用表测量$\beta$(HFE)值的挡位,判断发射极E和集电极C。将挡位旋至HFE挡位,基极B插入所对应三极管类型的孔中,把其余管脚分别插入C、E孔观察数据,再将C、E孔中的管脚对调再看数据,数值大的说明管脚插的正确。

(8)二极管及通断测试。

把数字万用表调至检验二极管挡位,用红表笔接二极管的阳极,黑表笔接二极管的阴极,若显示器上显示二极管的压降(一般硅管0.5,锗管0.2)则表明二极管一切正常,对换表笔,若显示器显示1则一切正常。LED二极管检测若看见它发光则表明一切正常,否则已损坏。

#### 2.6.3.3 万用表使用注意事项

(1)无法预知被测电压或电流的大小时,应先拨至最高量程挡测量一次,再视情况逐渐把量程减小到合适位置。测量完毕,要将量程开关旋到最高电压挡,并关闭电源。

(2)严禁在测高压或大电流时旋动量程开关,以防止产生电弧、烧毁开关触点,测量较高电压时应单手操作,即先把黑表笔固定在被测电路的公共端,然后手持红表笔去接触测试点,以保证安全。

(3)当屏幕出现电池符号时,说明电量不足,应更换电池。在每次测量结束后,应把仪表关掉。

(4)测试前,功能开关应放置于所需量程上,如果显示器只显示"1",表示过量程,功能开关应置于更高量程。

①用万用表分别测量100Ω、100kΩ、47kΩ的电阻,请问分别选择万用表电阻挡量程为多少?实测阻值为多少?

②用万用表分别测量三极管9013、发光二极管,写出测试方法,记录相应的测试数据。

1.指出下列各正弦量的幅值、频率、初相角,并画出它们的波形图[以$\omega t$为横坐标,单位为弧度(rad)]。

①$i = 10\sqrt{2}\sin(6280t + 45°)$ mA

②$u = 220\sin(314t - 120°)$ V

2. 分别写出每组电量的相量式,画相量图,说明每组内两个电量的相位关系。

①$i_1 = 10\sin(314t + 45°)$ A

　$i_2 = 8\sin(314t - 15°)$ A

②$u_1 = 8\sin(1000t - 120°)$ V

　$i_2 = 2.5\sin(1000t - 60°)$ A

3. 正弦电流 $i_1 = 8\sqrt{2}\sin\omega t$ A、$i_2 = 6\sqrt{2}\sin(\omega t - 60°)$ A。计算 $i_1 + i_2$,并画相量图。

4. 有一电感线圈,电阻可以忽略不计。把它接在 $u = 220\sqrt{2}\sin(2\pi \times 5000t + 90°)$ V 的电源上,用电流表测知 $I = 1.4$ A。写出电流瞬时值表示式,计算线圈的感抗 $X_L$、电感 $L$ 和无功功率 $Q$。

5. 电容元件 $C$ 两端的电压 $u = 220\sqrt{2}\sin(314t + 40°)$ V,电流 $I_C = 5$ A。计算电容量 $C$、电流的初相角 $\varphi_i$ 和无功功率 $Q$。

6. 电路如图 2-57 所示,已知 $i = 10\sin(314t - 30°)$ A、$R = 30\Omega$、$C = 80\mu F$。计算:①$\dot{U}_R$、$\dot{U}_C$ 和 $\dot{U}$;②电路的阻抗 $Z$;③电路的平均功率 $P$ 和无功功率 $Q$;④画相量图。

7. RLC 串联交流电路如图 2-58 所示,已知 $R = 30\Omega$、$L = 127$mH、$C = 40\mu F$,电源电压 $u = 220\sqrt{2}\sin(314t + 45°)$ V。计算:①阻抗 $Z$;②电流 $i$、电压 $u_R$、$u_L$ 和 $u_C$;③画相量图。

8. 串联交流电路如图 2-59 所示,已知电源电压 $\dot{U} = 220\angle 30°$V,阻抗 $Z_1 = 3.2 + j8\Omega$、$Z_2 = 2.4 + j4.2\Omega$、$Z_3 = 2.6 - j2.8\Omega$。计算:①电路的总阻抗 $Z$、电流 $\dot{I}$ 和电压 $\dot{U}_1$、$\dot{U}_2$、$\dot{U}_3$;②电路的平均功率 $P$、无功功率 $Q$ 和视在功率 $S$。

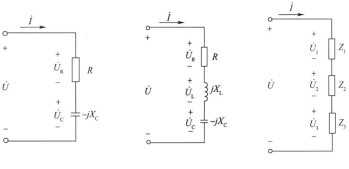

图 2-57　第 6 题图　　图 2-58　第 7 题图　　图 2-59　第 8 题图

9. 测量电感线圈参数的电路如图 2-60 所示。已知电源频率 $f = 50$Hz,电压表读数为 152V,电流表读数为 1.2A,功率表读数为 28.8W。计算线圈的电感 $L$ 和电阻 $R$。

10. 荧光灯电路如图 2-61 所示。电源电压为 220V、频率为 50Hz。灯管的等效电阻 $R = 276\Omega$,镇流器的电感 $L = 1.59$H、电阻 $R_L = 13.6\Omega$。①计算灯管的电流 $I_{RL}$、电压 $U_R$、镇流器的电压 $U_{RL}$、灯管的平均功率和 $P_R$、整个荧光灯电路的平均功率 $P$ 及功率因数 $\cos\varphi_1$;②为了提高电路的功率因数,与荧光灯电路并联电容 $C = 4.75\mu F$。计算电源提供的电流和提高后的功率因数 $\cos\varphi_2$。

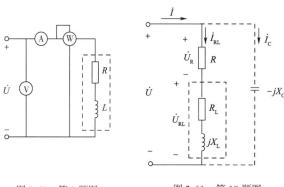

图 2-60　第 9 题图　　　　图 2-61　第 10 题图

11. 在 RLC 串联交流电路中发生谐振的条件是什么?串联谐振有哪些特点?在发生串联谐振时,为什么会产生过电压现象?

12. 一个电感线圈,其电阻 $R = 6\Omega$,电感 $L = 0.2mH$,与一个电容 $C$ 串联,$C = 200pF$。计算串联电路的谐振频率 $f_0$、谐振式的阻抗 $Z_0$ 及电路的品质因数 $Q$。

13. 电感线圈的电感 $L = 10mH$、电阻 $R = 4\Omega$,与一个电容串联,电路的谐振角频率 $\omega_0 = 10^4 rad/s$。①计算电容的电容量 $C$;②电源电压 $U = 20V$。若电容的耐压值是 500V,问电路发生谐振时,电容能否正常工作?

14. 星形连接的对称三相负载,每相阻抗为 $Z = 16 + j12\Omega$,接线电压 $U_l = 380V$ 的对称三相电源,试求线电流 $I_l$、有功功率 $P$、无功功率 $Q$ 和视在功率 $S$。

15. 对称三相电阻炉作三角形连接,每相电阻为 $R = 38\Omega$,接线电压 $U_l = 380V$ 的对称三相电源,试求负载相电流 $I_p$、线电流 $I_l$ 和三相功率 $P$,并以 $\dot{U}_{AB}$ 为参考相量画出各电压电流相量图。

16. 一块功率表,电压线圈量程是 600V、电流线圈量程是 2.5A,表盘刻度共 250 格。用该表测量功率时,指针偏转了 200 格,计算被测功率是多少瓦?

# 单元 3 磁路与变压器

**教学目标**

1. 掌握磁场的基本物理量；
2. 了解铁磁材料的性质；
3. 掌握磁路的欧姆定律；
4. 了解交流铁芯线圈的电磁性质；
5. 掌握变压器的结构、工作原理和应用。

**建议学时**

6 学时

## 3.1 磁路的基本概念

### 3.1.1 磁场的基本物理量

除了在天然磁体和人造磁铁中存在磁场外，通电导体也可产生磁场。如图 3-1 所示。磁场线是闭合的曲线，磁场线上任意点切线的方向就是该点磁场的方向，磁场线的疏密程度则表示该点磁场的强弱。

#### 3.1.1.1 磁感应强度 $B$

磁感应强度 $B$ 表示磁场内某点磁场强弱和方向的物理量。它是一个矢量，其方向与该点磁力线的切线方向一致，与产生该磁场的电流之间的方向关系符合右手螺旋法则。在国际单位制中，磁感应强度的单位是特[斯拉]（T）。

若磁场内各点的磁感应强度大小相等、方向相同，则为均匀磁场。

#### 3.1.1.2 磁通 $\Phi$

通过与磁场线方向垂直的某一截面内磁场线的总数称为磁通 $\Phi$。有：

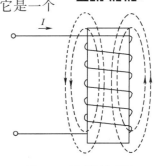

图 3-1 通电线圈的磁场

$$\Phi = B \cdot S \quad \text{或} \quad B = \frac{\Phi}{S} \tag{3-1}$$

在国际单位制中，$\Phi$ 的单位是韦[伯]（Wb），它的电磁单位是麦克斯韦（Mx），换算关系是 $1\text{Wb} = 10^8 \text{Mx}$。

#### 3.1.1.3 磁导率 $\mu$

磁导率是表示介质导磁能力的物理量。在国际单位制中，$\mu$ 的单位是亨[利]每米（H/m）。真空的磁导率是恒定的，用 $\mu_0$ 表示，$\mu_0 = 4\pi \times 10^{-7} \text{H/m}$。任何一种介质的磁导率 $\mu$ 与真空磁导率 $\mu_0$ 的比值称为该介质的相对磁导率，用 $\mu_r$ 表示。即：

$$\mu_r = \frac{\mu}{\mu_0} \tag{3-2}$$

#### 3.1.1.4 磁场强度 $H$

磁场强度 $H$ 是进行磁场计算时引用的一个物理量，也是矢量，它与磁感应强度的关系是：

$$H = \frac{B}{\mu} \quad \text{或} \quad B = \mu H \tag{3-3}$$

磁场强度只与产生磁场的电流以及这些电流的分布情况有关，而与磁介质的磁导率无关，它的单位是安/米（A/m）。

### 3.1.2 铁磁材料的性质

铁磁性材料包括铁、钢、镍、钴及其合金以及铁氧体等材料，它们的磁导率很高，$\mu_r \gg 1$，是制造变压器、电动机、电器等各种电工设备的主要材料。

#### 3.1.2.1 高导磁性

在磁性材料内部，已经由分子电流自发形成一个个具有磁化性质的小区，称为磁畴。每一个磁畴就相当于一个小磁铁，在没有外磁场作用时，各个磁畴取向不同，排列杂乱无章，对外界的作用相互抵消，不显示宏观磁性。其示意图如图3-2a)所示。当把磁性材料置于外磁场中，在外磁场作用下，各磁畴就沿外磁场的方向取向，产生了附加磁场，并大大加强了外磁场，表明磁性材料被强烈地磁化了，如图3-2b)所示。因此，磁性材料的磁导率 $\mu \gg \mu_0$，呈现出高导磁性。

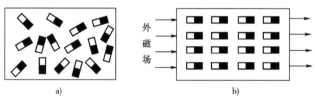

图3-2 磁性材料的磁化

利用磁性材料的这种高导磁性，能够用较小的励磁电流产生足够强的磁场，使磁感应强度 $B$ 足够大。因此，磁性材料是构成变压器、电动机等电工设备中磁路的主要材料。

#### 3.1.2.2 磁饱和性

磁性材料由于磁化所产生的附加磁场不会随外加磁场的加强而无限制地增加，其磁化过程可以用它的磁感应强度 $B$ 与磁场强度 $H$ 的关系曲线 $B = f(H)$ 表示，这条曲线称为磁化曲线。

铁磁性材料的磁化曲线如图3-3中①所示，它不是直线。在 $Oa$ 段，$B$ 随 $H$ 线性增大；在

$ab$ 段，$B$ 增大缓慢，开始进入饱和；$b$ 点以后，$B$ 基本不变，为饱和状态。由图 3-3 可见，铁磁性材料的 $\mu$ 不是常数，如图 3-3 中②所示，其 $B$ 和 $H$ 的关系是非线性的。非磁性材料的磁化曲线是通过坐标原点的直线，如图 3-3 中③所示。

#### 3.1.2.3 磁滞性

磁滞性表现在铁磁性材料在交变磁场中反复磁化时，磁感应强度 $B$ 的变化滞后于磁场强度 $H$ 的变化的特性，其磁化回线如图 3-4 所示。由图 3-4 可见，当 $H$ 减小时，$B$ 也随之减小；但当 $H=0$ 时，$B$ 并未回到零值，而是 $B=B_r$，$B_r$ 称为剩磁感应强度，简称剩磁。若要使 $B=0$，则应使铁磁材料反向磁化，即使磁场强度为 $(-H_c)$，$H_c$ 称为矫顽磁力。图 3-4 所示 $B=f(H)$ 回线表现了铁磁材料的磁滞性，故称为磁滞回线。

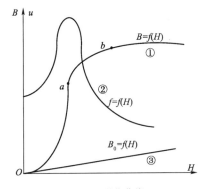

图 3-3 磁化曲线

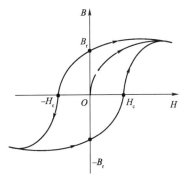

图 3-4 铁磁性材料的磁滞回线

**知识链接**

### 磁性材料的类型

按磁性物质的磁性能，磁性材料可分为以下三种类型。

①软磁材料。

软磁材料的剩磁及矫顽磁力小，磁滞回线窄，它所包围的面积小，比较容易磁化。撤掉外磁场后磁性基本消失，如图 3-5a)所示。这类材料主要有硅钢、铁镍合金、铸铁和铁氧体等。一般用来制造电动机、电器及变压器的铁芯，铁氧体也可做计算机的磁芯、磁鼓以及录音机的磁带、磁头。

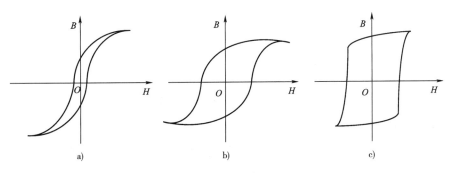

图 3-5 不同磁性材料的磁滞回线

② 硬磁材料。

硬磁材料的剩磁及矫顽磁力大,磁滞回线较宽,所包围的面积大,它需有较强的外磁场才能磁化。但去掉外磁场后,磁性不易消失,如图 3-5b)所示。常用的材料有钨钢、铬钢、钴钢和钡铁氧体等。适用于制造永久磁铁、电信仪表、永磁式扬声器及小型直流电动机中的永磁铁芯等。

③ 矩磁材料。

矩磁性材料的磁滞回线接近于矩形,如图 3-5c)所示,具有较大矫顽磁力和较大的剩磁。它的特点是只需很小的外加磁场就能使之达到磁饱和。撤去外磁场时,磁感应强度与饱和时一样。计算机中的存储元件就用到矩磁性材料。常用的材料有锰镁铁氧体和锂锰铁氧体等。

变压器、电动机等电工设备的磁路(铁芯)为什么都选用磁性材料制成?

### 3.1.3 磁路定律

#### 3.1.3.1 磁路

对于变压器、电动机等电工设备,为了用较小的励磁电流产生足够强的磁场(磁通 $\Phi$ ),并使磁场线能够按照确定的、电工设备所需要的路径集中通过,通常都用磁性材料做成一定形状的铁芯,作为导磁路径。铁芯的磁导率比周围的空气或其他非磁性材料的磁导率高得多,因此,铁芯线圈产生的磁通绝大部分经过铁芯而闭合,形成磁路,如图 3-6 所示。

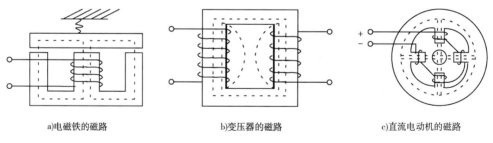

a)电磁铁的磁路　　　b)变压器的磁路　　　c)直流电动机的磁路

图 3-6　磁路举例

#### 3.1.3.2 全电流定律

磁场中磁场轻度与励磁电流的关系,遵循物理学中学过的安培环路定律,又称全电流定律,即在磁场中沿任何闭合曲线,磁场强度矢量 $H$ 的线积分等于穿过该闭合曲线所谓曲面的电流的代数和,有:

$$\oint H \cdot dl = \Sigma I \tag{3-4}$$

计算电流 $\Sigma I$ 时,以预先任取的闭合曲线绕行的方向为准,凡参考方向符合右手螺旋法则的电流为正,反之为负。

### 3.1.3.3 磁路的欧姆定律

一个环形铁芯磁路如图 3-7 所示。铁芯用同一种磁性材料制成,其截面积 $S$ 处处相等。励磁线圈有 $N$ 匝,均匀缠绕在铁芯上,通入励磁电流 $I$。这时磁场线沿铁芯呈同心圆形状分布,因环内各点对称,所以同一磁场线上各点 $H$ 大小相等。现取线积分方向与磁场线方向一致,则根据安培环路定律可得:

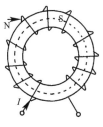

图 3-7 环形铁芯磁路

$$\oint H \cdot \mathrm{d}l = H\oint \mathrm{d}l = Hl = \sum I = NI \quad 或 \quad H = \frac{NI}{l} \tag{3-5}$$

式中:$NI$——磁动势,令 $F_\mathrm{m} = NI$,单位为安培。

因为 $\Phi = BS$,$B = \mu H$,则 $\Phi = \mu HS$。

将式(3-5)代入上式可得:

$$\Phi = \mu \frac{NI}{l} S = \frac{NI}{\dfrac{l}{\mu S}} = \frac{F_\mathrm{m}}{\dfrac{l}{\mu S}}$$

令 $R_\mathrm{m} = \dfrac{l}{\mu S}$,则:

$$\Phi = \frac{F_\mathrm{m}}{R_\mathrm{m}} \tag{3-6}$$

式中:$R_\mathrm{m} = \dfrac{l}{\mu S}$——反映磁路导磁性能的强弱,称为磁阻。

式(3-6)在形式上与电路中的欧姆定律 $\left(I = \dfrac{E}{R}\right)$ 相似,称为磁路的欧姆定律。式(3-6)主要用来定性分析磁路,一般不能直接用于磁路计算。

## 3.2 交流铁芯线圈及变压器

### 3.2.1 交流铁芯线圈

将线圈绕制在铁芯上便构成了铁芯线圈。根据线圈所接电源的不同,铁芯线圈分为直流铁芯线圈和交流铁芯线圈,它的磁路即为直流磁路和交流磁路。直流磁路中的磁通恒定不变,不会在线圈内产生感应电动势。因此,线圈内的电压、电流关系及功率损耗与一般的直流电路相同。

交流磁路励磁线圈中通入的是交流电流,这种交流磁路中的电磁现象要比直流磁路复杂得多。以图 3-8 所示电路为例进行讨论。

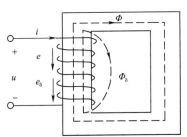

图 3-8 交流铁芯线圈电路图

#### 3.2.1.1 电磁关系

交流铁芯线圈中,外加交流电压 $u$,电源频率 $f$,在线圈中产生交流励磁电流 $i$。磁动势 $Ni$ 产生两部分交变磁通,即主磁通 $\Phi$ 和漏磁通 $\Phi_\delta$,如图 3-8 所示。这两个磁通又分布在线圈中产生两个感应电动势,

即主磁电动势 $e$ 和漏磁电动势 $e_\delta$。

根据基尔霍夫电压定律,铁芯线圈的电压平衡方程为:

$$u = Ri - e_\delta - e$$

由于线圈电阻上的电压降 $Ri$ 和漏磁电动势 $e_\delta$ 都很小,与主磁电动势 $e$ 比较均可忽略不计,则上式为:

$$u \approx -e \tag{3-7}$$

外加电压 $u$ 是正弦电压,主磁通 $\Phi$ 也随时间按照正弦规律变化。

设主磁通:

$$\Phi = \Phi_m \sin\omega t$$

感应电动势为:

$$e = -N\frac{d\Phi}{dt} = -2\pi f N\Phi_m \sin(\omega t + 90°) = -E_m \sin(\omega t + 90°) \tag{3-8}$$

式中:$E_m$——主磁通感应电动势 $e$ 的最大值,$E_m = 2\pi f N\Phi_m$,其有效值为:

$$E = \frac{E_m}{\sqrt{2}} = \frac{2\pi f N\Phi_m}{\sqrt{2}} \approx 4.44 f N\Phi_m \tag{3-9}$$

把式(3-8)代入式(3-7),可得:

$$u \approx E_m \sin(\omega t + 90°)$$

其电压有效值为:

$$U \approx E = 4.44 f N\Phi_m \tag{3-10}$$

式(3-10)表明,在电源电压的有效值 $u$ 和频率 $f$ 保持不变时,只要线圈的匝数 $N$ 保持定值,主磁通的最大值 $\Phi_m$ 就基本不变。这个性质也被称为恒磁通原理。

#### 3.2.1.2 功率损耗

在交流铁芯线圈中的功率损耗包括两部分,即线圈电阻 $R$ 通电流后所产生的铜损耗和铁芯在交变磁通作用下产生的铁损耗。铁损耗包括磁滞损耗和涡流损耗。

(1)磁滞损耗。

在交变磁场中,铁芯被反复磁化,磁性材料内部的磁畴反复取向排列,也产生功率损耗,并使铁芯发热,这种损耗就是磁滞损耗。可以证明,在交流电流的频率一定时,磁滞损耗与磁滞回线所包围的面积成正比。

为减小磁滞损耗,应选用磁滞回线窄的铁磁材料制作铁芯,如硅钢片、坡莫合金等。

(2)涡流损耗。

如图 3-9a)所示,当线圈中通入交变电流时,铁芯中的交变磁通将在铁芯中产生感应电动势和感应电流,这种电流称为涡流。因铁芯有一定的电阻,故涡流将在铁芯中产生涡流损耗。为了减小涡流损耗,当线圈用于一般工频交流时,可采用由彼此绝缘且顺着磁场方向的硅钢片叠成铁芯,如图 3-9b)所示。

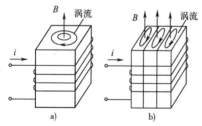

图 3-9 涡流的产生和减少

①一般电动机和变压器的铁芯常采用厚度为 0.35mm 或 0.5mm 的硅钢片叠成。对高频铁芯线圈,常采用铁氧体磁芯,其电阻率很高,可大大降低涡流损耗。

②涡流也有可利用的一面。如可用涡流的热效应来冶炼金属;利用涡流和磁场相互作用

而产生电磁力的原理制造感应式仪表等。

**想一想**

交流铁芯线圈在额定电压下正常工作时,其磁通密度一般接近饱和值,如线圈外加电压超过额定值,将会出现什么现象?

### 3.2.2 变压器

变压器是一种常见的电气设备,它能将某一电压数值的交流电变化为同频率的另一电压数值的交流电。

在电力系统中,变压器主要用在输电、配电领域。目前我国高压输电的电压等级为 110~500kV。但是受发电机结构和绝缘材料的限制,不可能直接发出如此高电压的电能。因此,首先要用变压器将发电机发出的交流电的电压升高,再送到输电线路上去。当电能送到用电地区后,用降压变压器将电压降低到较低的配电电压(一般为10kV),分配到各工厂、用户。最后再用配电变压器将电压降低到用户所需的电压等级(如380V/220V),供用户使用。

在电子电路中,变压器可作为获得合适电压的电源,还可用来传递信号和实现阻抗匹配。

变压器的类型很多,按照用途分,有:用于输、配电的电力变压器,用于测量技术的仪用互感器,用于电子整流电路的整流变压器等。按照变换电能相数的不同,分为单相变压器和三相(多相)变压器。

#### 3.2.2.1 结构

变压器种类很多,但其基本结构是相同的,主要由铁芯和绕在铁芯上的两个或多个绕组组成。

铁芯构成变压器的磁路部分。为了减小涡流损耗和磁滞损耗,铁芯采用硅钢片交错叠装或卷绕而成。根据铁芯结构形式的不同,变压器分为壳式和芯式两种。图3-10a)所示是芯式变压器,特点是线圈包围铁芯,结构简单,用铁量较少。因此多用于容量较大的变压器,如电力变压器。壳式变压器则是铁芯包围线圈,如图3-10b)所示,其特点是可以省去专门的保护包装外壳。常用于小容量的变压器中,如电子线路中的变压器。

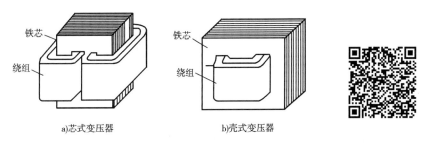

a)芯式变压器  b)壳式变压器

图3-10 变压器结构

绕组构成变压器的电流部分。一般小容量变压器的绕组是用高强度漆包线绕成,大容量变压器可用绝缘扁铜线或铝线制成。

#### 3.2.2.2 工作原理

图 3-11 所示为单相双绕组变压器原理图。两个绕组中与电源相连接的称为一次绕组（又称原边绕组或初级绕组）。凡表示一次绕组各量的字母均标注下标"1"，如一次绕组电压 $u_1$、一次绕组匝数 $N_1$ 等。与负载相连接的绕组称为二次绕组（又称副边绕组或次级绕组）。凡表示二次绕组各量的字母均标注下标"2"，如二次绕组电压 $u_2$、二次绕组匝数 $N_2$ 等。为了防止变压器内部短路，绕组与绕组、绕组与铁芯之间要有良好的绝缘。

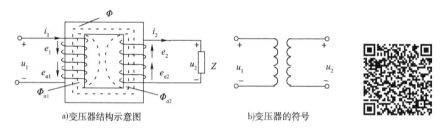

a）变压器结构示意图    b）变压器的符号

图 3-11 双绕组变压器原理图

（1）空载运行状态——变电压作用。

所谓空载运行状态，是指变压器一次绕组外加交流额定电压，二次绕组开路的情况。变压器在空载状态下，二次绕组电流 $i_2=0$。此时的变压器就相当于一个交流铁芯线圈，所不同的只是在铁芯上又加了一个开路线圈，该开路线圈对磁路不产生影响。

变压器空载运行状态下的一次绕组电流称为空载电流，用 $i_0$ 表示。磁通势 $N_1 i_0$ 建立磁场，主磁通 $\Phi$ 沿铁芯闭合，分别在一次、二次绕组中产生正弦交变感应电动势 $e_1$ 和 $e_2$。

其中，$e_1 = -N_1 \dfrac{\mathrm{d}\Phi}{\mathrm{d}t}$，$e_2 = -N_2 \dfrac{\mathrm{d}\Phi}{\mathrm{d}t}$。

在一次绕组中略去极小的电阻电压降以及漏磁通的影响，可以得到：

$$u_1 \approx e_1 \quad \dot{U}_1 \approx -\dot{E}_1 \tag{3-11}$$

由式（3-10）得交流电压源的有效值为：

$$U_1 \approx E_1 = 4.44 f N_1 \Phi_{\mathrm{m}} \tag{3-12}$$

二次绕组的电压方程为：

$$\dot{U}_2 = \dot{E}_2 - R_2 \dot{I}_2 - jX_{\sigma 2} \dot{I}_2 \tag{3-13}$$

空载状态下，二次绕组的电流 $\dot{I}_2 = 0$，因此端电压 $U_{20} = E_2$，则输出电压的有效值为：

$$U_{20} = E_2 = 4.44 f N_2 \Phi_{\mathrm{m}} \tag{3-14}$$

由于一次、二次绕组的线圈匝数不同，感应电动势也就不同，因此输出电压与电源电压也就不相等，一、二次绕组的电压比为：

$$\frac{U_1}{U_{20}} \approx \frac{E_1}{E_2} = \frac{N_1}{N_2} = k \tag{3-15}$$

式中：$k$——一次、二次绕组的线圈匝数比，称为变压器的变比。

（2）负载运行状态——变电流作用。

由 $U_1 \approx E_1 = 4.44fN_1\Phi_m$ 可知，$U_1$ 和 $f$ 不变时，$E_1$ 和 $\Phi_m$ 也都基本不变。因此，有负载时产生主磁通的一次、二次绕组的合成磁通势（$N_1i_1 + N_2i_2$）和空载时产生主磁通的一次绕组的磁通势 $N_1i_0$ 基本相等，即：

$$N_1i_1 + N_2i_2 = N_1i_0 \quad N_1\dot{I}_1 + N_2\dot{I}_2 = N_1\dot{I}_0$$

而空载电流 $i_0$ 很小，忽略不计，则：

$$N_1\dot{I}_1 \approx -N_2\dot{I}_2 \tag{3-16}$$

由此，一次、二次绕组的电流关系为：

$$\frac{I_1}{I_2} \approx \frac{N_2}{N_1} = \frac{1}{k} \tag{3-17}$$

（3）变压器的变换阻抗作用。

负载接在变压器的二次侧，而电功率却是从一次侧通过工作磁通传送到二次侧的。按照等效观点，可以认为，当一次侧交流电源直接接入一个负载与变压器二次侧接上负载两种情况下，一次侧的电压、电流和电功率完全一样时，对于交流电源来说，直接接在交流电源上的阻抗与二次侧的负载阻抗是等效的。

其中，$|Z_1| = \dfrac{U_1}{I_1}$，$|Z_2| = \dfrac{U_2}{I_2}$，两者的关系可以根据电压与电流变换关系计算得出：

$$|Z_1| = \frac{U_1}{I_1} = \frac{nU_2}{\dfrac{I_2}{n}} = n^2\frac{U_2}{I_2} = n^2|Z_2| \tag{3-18}$$

**小贴士**

### 变压器阻抗变换原理的应用

变压器的阻抗变换常用于电子电路中。如收音机、扩音机中扬声器（喇叭）的阻抗一般为几欧或十几欧，而其功率输出极要求负载阻抗为几十或几百欧才能使负载获得最大输出功率，这称为阻抗匹配。实现阻抗匹配的办法就是在电子设备输出极和负载（如喇叭）之间接入一个输出变压器，适当选择其变化，就能获得所需要的阻抗。

**想一想**

①一台额定电压为 220V/110V 的变压器原来的匝数是 660 匝/330 匝，现为了节省铜线，能不能做成 2 匝/1 匝呢？为什么？

②变压器能变换电压、电流和阻抗，能不能变换功率？

## 3.3 变压器的应用

### 3.3.1 三相电力变压器

现代交流供电系统都是以三相交流电的形式产生、输送和使用的,三相变压器能够把某一电压值的三相交流电变换为同频率的另一电压值的三相交流电。三相变压器的工作原理与单相变压器基本相同。

#### 3.3.1.1 结构

除了铁芯和绕组之外,变压器还包括油箱、油枕、防爆管、高低压套管等附属部件,如图 3-12 所示。

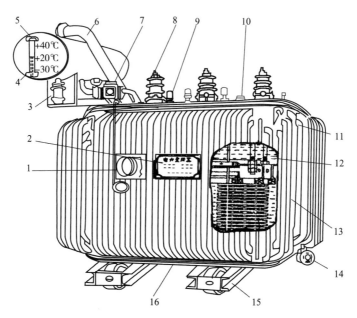

图 3-12 三相油浸式电力变压器

1-讯号温度计;2-铭牌;3-吸湿器;4-油枕;5-油表;6-安全气道;7-气体继电器;8-高压套管;9-低压套管;10-分接开关;11-油箱;12-铁芯;13-线圈及绝缘;14-放油阀门;15-小车;16-接地螺栓

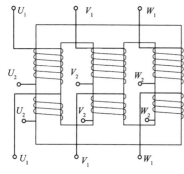

图 3-13 三相变压器的结构示意图

三相变压器的铁芯有三个芯柱,每一相的高、低压绕组以同芯绕在同一个芯柱上。如图 3-13 所示,高压绕组的首端分别标注大写字母 $U_1$、$V_1$、$W_1$,末端分别标注 $U_2$、$V_2$、$W_2$,低压绕组的首端分别标注小写字母 $u_1$、$v_1$、$w_1$,末端分别标注 $u_2$、$v_2$、$w_2$。高压绕组和低压绕组都有星形和三角形两种接法。

新的国家标准规定,高压绕组星形连接用 Y 表示,三角形连接用 D 表示,中性线用 N 表示。低压绕组星形连接用 y 表示,三角形连接用 d 表示,中性线用 n 表示。

**知识链接**

三相变压器高、低压绕组各有不同接法,形成六种不同组合形式。其中最常用的有三种:Y,yn;Y,d;YN,d。

①Y、yn 接法用于给三相四线制电路供电的配电变压器,高压不超过 35kV,低压为 400/230V,容量一般不超过 1800kV·A。

②Y、d 接法常用于高压 35kV,低压为 3~10kV 的变压器,其最大容量为 5600 kV·A。

③YN、d 连接方式主要用在输电线路上,它使高压侧电网接地成为可能。

**小贴士**

①三相变压器的一、二次绕组相电压之比与单相变压器一样,等于一、二次绕组每相的匝数之比,即 $\dfrac{U_{P1}}{U_{P2}} = \dfrac{N_1}{N_2} = k$。

②一、二次绕组线电压的比值与变压器的变比、变压器绕组的连接方式有关。

在 Y、yn 连接时:

$$\frac{U_{l1}}{U_{l2}} = \frac{\sqrt{3}\,U_{P1}}{\sqrt{3}\,U_{P2}} = \frac{N_1}{N_2} = k$$

在 Y、d 连接时:

$$\frac{U_{l1}}{U_{l2}} = \frac{\sqrt{3}\,U_{P1}}{U_{P2}} = \sqrt{3}\,\frac{N_1}{N_2} = \sqrt{3}\,k$$

式中: $U_{l1}$、$U_{l2}$ ——一、二次绕组的线电压;

$U_{P1}$、$U_{P2}$ ——一、二次绕组的相电压。

#### 3.3.1.2 额定值

为了使变压器能够长时间安全可靠地运行,制造厂家将它的额定值标示在铭牌上或产品说明书中。在使用变压器之前,首先要正确理解各个额定值的意义。

(1)产品型号。

产品型号用于表示变压器的结构和规格,如 SJL—500/10,其中 S 表示三相(D 表示单相),J 表示油浸自冷式,L 表示铝线(铜线无文字表示),500 表示容量为 500kV·A,10 表示高压侧线电压为 10kV。

(2)额定电压。

一、二次绕组的额定电压用分数线隔开表示为 $U_{1N}/U_{2N}$。额定电压指一次绕组接于电网的额定电压,与此相应的是二次绕组的空载线电压,例如 10000±5%/400V,其中,10000±5% 表示高压绕组额定线电压为 10000V,并允许在 ±5% 范围内变动,低压绕组输出空载线电压为 400V。

(3)额定电流。

额定电流 $I_{1N}$ 和 $I_{2N}$ 是指一次绕组加上额定电压 $U_{1N}$,一、二次绕组允许长期通过的最大电流。三相变压器的 $I_{1N}$ 和 $I_{2N}$ 均为线电流。

（4）额定容量。

额定容量是在额定工作条件下，变压器输出能力的额定视在功率。

单相变压器：

$$S_N = U_{2N}I_{2N} = U_{1N}I_{1N}$$

三相变压器：

$$S_N = \sqrt{3}\,U_{2N}I_{2N} = \sqrt{3}\,U_{1N}I_{1N}$$

变压器的额定值还有频率、相数、容许温升、冷却方式、连接组标号等，这里不一一介绍。

**想一想**

进口一台配电变压器，其变比为 10/0.4kV，额定频率为 $f=60$Hz，能否使用在我国相同电压等级的电网上（$f=50$Hz），为什么？

**【例 3-1】** 有三相配电变压器，其连接组标号为 Y、yn，额定电压为 10 000/400V，现向额定电压 $U_2=380$V、功率 $P_2=60$kW、$\cos\varphi_2=0.82$ 的负载供电。求变压器一、二次绕组的电流，并选择变压器的容量。

**解**：变压器供给负载的电流为：

$$I_2 = \frac{P_2}{\sqrt{3}\,U_2\cos\varphi_2} = \frac{60\times 10^3}{\sqrt{3}\times 380\times 0.82} = 111.2\ (A)$$

因变压器是星形连接，绕组相电流 $I_{P2}$ 等于线电流 $I_{l2}$，故二次绕组电流也是 111.2 A。

变压器的变比 $k = \dfrac{U_{1N}}{U_{2N}} = \dfrac{10000}{400} = 25$，因此，一次绕组的电流 $I_{P1}$ 为：

$$I_{l1} = I_{P1} = \frac{I_{P2}}{k} = \frac{111.2}{25} = 4.448\ (A)$$

变压器的容量应为 $S_N \geq S_2 = P_2/\cos\varphi_2 = 60/0.82 = 73.17$（kV·A），选变压器容量为 100kV·A。

### 3.3.2 自耦变压器

自耦变压器是一种常用的试验室设备。如图 3-14 所示，自耦变压器的一、二次侧共用一个绕组，一、二次绕组既有磁的耦合，还有电的联系。尽管一、二次侧共用一个绕组，但它的工作原理与普通双绕组变压器相同。

自耦变压器在结构上的特点是它只有一个绕组，且在绕组上安置了一个滑动抽头，使它的输出电压能连续均匀地调节。如图 3-15 所示，它是一种可改变二次绕组匝数的自耦变压器，其二次绕组的滑动抽头做成能沿着裸露的绕组表面滑动的电刷触头，通过调节旋钮来移动电刷的位置，改变二次绕组的匝数，从而连续均匀地调节输出电压。

自耦变压器具有结构简单、节省用铜量、效率较高的优点。它的缺点是一、二次绕组电路直接连在一起,高压绕组一侧的故障会波及低压绕组一侧,这是很不安全的。因此,使用自耦变压器时,必须正确接线,外壳必须接地。

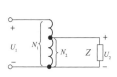 

图 3-14　自耦变压器原理图　　　图 3-15　自耦变压器

**自耦变压器使用注意事项**

① 规定自耦变压器不允许用于安全照明变压器;
② 自耦变压器常用作异步电动机的起动补偿器,对电动机进行降压起动。

### 3.3.3　仪用互感器

仪用互感器是在交流电路中,专供电工测量和自动保护装置使用的变压器。它的作用是扩大测量仪表的量程;为高压电路的控制、保护设备提供所需的低电压、小电流;同时可使仪表、设备与高压电路隔离,保护仪表、设备和工作人员的安全,并可使仪表、设备的结构简单,价格低廉。

根据仪用互感器的用途不同,可分为电压互感器和电流互感器两种。

#### 3.3.3.1　电压互感器

电压互感器是一台小容量的降压变压器。如图 3-16 所示,一次绕组匝数很多,并联于待测电路两端;二次绕组匝数较少,与电压表及电能表、功率表、继电器的电压线圈并联。使用时,二次绕组不允许短路,二次绕组的一端和铁壳应可靠接地,以确保安全。

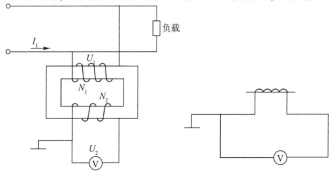

图 3-16　电压互感器原理图

通常电压互感器二次侧额定电压均设计为100V。例如电压互感器的额定电压等级有6000V/100V、10000V/100V等。

#### 3.3.3.2 电流互感器

电流互感器是利用变压器交换电流的作用,将大电流变换成小电流的升压变压器,用于将大电流变换为小电流。如图3-17所示,一次绕组线径较粗,匝数很少,与被测电路负载串联;二次绕组线径较细,匝数很多,与电流表及功率表、电能表、继电器的电流线圈串联。使用时二次绕组电路不允许开路,二次绕组的一端和铁壳应可靠接地。

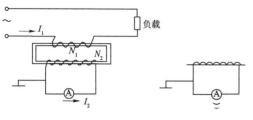

图3-17 电流互感器原理图

通常电流互感器二次侧额定电压均设计为5A。例如电流互感器的额定电流等级有30A/5A、75A/5A、100A/5A等。

  **想一想**

为什么在运行时,电压互感器二次侧不允许短路,而电流互感器的二次侧不允许开路?

## 3.4 变压器在城市轨道交通供电系统中的应用

城市轨道交通牵引供电系统采用整流机组向电动车组提供直流电源,因此不可避免会产生谐波。为减少牵引整流变电站网侧谐波电流对城市电网的影响,降低电压脉动量,提高电网质量,通常采用多相脉波整流变压器系统(如二十四相整流)。为此,整流变压器不仅起降压作用,还要将三相交流电变成多相交流电供整流器整流。城市轨道交通电力牵引变电站如采用地下式(如地下铁道用),为了防止油箱爆炸引起的严重后果,多应用干式变压器,如图3-18所示。

在城市轨道交通中,还有用于轨道换向驱动设备的电流互感器,如图3-19所示;用于对变频器控制与调节信号处理的电压互感器,如图3-20所示。

图3-18 牵引整流干式变压器　　图3-19 电流互感器　　图3-20 JDZX9-35W户外电压互感器

复习思考题

1. 一个交流铁芯线圈,励磁线圈的端电压 $U=110\text{V}$,电源频率 $f=50\text{Hz}$,铁芯中的磁通最大值 $\Phi_m = 1.24 \times 10^{-3}\text{Wb}$。计算线圈的匝数 $N$。

2. 有一台额定容量为 50kV·A,额定电压为 3300/220V 的变压器,高压绕组为6000匝,试求:
①低压绕组匝数;
②高压侧和低压侧的额定电流。

3. 有一台 10000/230V 的单相变压器,其铁芯截面积 $S=120\text{cm}^2$,磁感应强度最大值 $B_m=1\text{T}$,当高压绕组接到 $f=50\text{Hz}$ 的交流电源上时,求一、二次绕组的匝数 $N_1$、$N_2$ 各为多少。

4. 某晶体管收音机输出电路的输出阻抗为 392Ω,接入的扬声器的阻抗为 8Ω,现加接一个输出变压器,使两者实现阻抗匹配,求该变压器的变压比。

5. 单相变压器的容量 $S_N=40\text{kV·A}$,额定电压是 3300V/230V。计算:
①变压器的变比 $k$;
②一、二次绕组的额定电流 $I_{1N}$ 和 $I_{2N}$;
③当它向额定电压是 220V、功率是 60W、功率因数 $\cos\varphi = 0.89$ 的荧光灯供电时,可接入多少盏这样的荧光灯?

6. 三相变压器,Y、yn 连接,额定电压为 6000/400V,现向 50kW 的负载($\cos\varphi_2 = 0.82$)供电,二次绕组的线电压为 380V,求一、二次绕组的电流。

7. 有一台容量为 10kV·A 的单相自耦变压器,已知 $U_1=220\text{V}$,$N_1=500$ 匝,试求:
①如果要使 $U_2=200\text{V}$,则 $N_2$ 应为多少匝?额定负载时 $I_{1N}$ 和 $I_{2N}$ 各是多少安?
②一、二次侧公共部分的电流 $I$ 与 $I_{1N}$ 之比为多少?

# 单元 4　电动机

**教学目标**

1. 掌握三相异步电动机的结构和工作原理；
2. 掌握三相异步电动机的起动、调速、反转和制动方法；
3. 掌握三相异步电动机的基本控制线路；
4. 掌握直流电动机的结构和工作原理；
5. 掌握城市轨道交通牵引电机的应用。

**建议学时**

10 学时

##  4.1　三相异步电动机

电动机是利用电磁感应原理，把电能转换成机械能的装置。电动机的种类与规格很多，按其电流类型，可分为直流电动机和交流电动机两大类。交流电动机按供电电源的不同，分为单相电动机和三相电动机两种；按转动原理又分为同步电动机和异步电动机。

异步电动机具有结构简单、价格低廉、坚固耐用、使用维护方便等优点，所以异步电动机是应用最广泛的动力机械。

### 4.1.1　三相异步电动机的结构

三相异步电动机主要由定子和转子两部分组成，如图 4-1 所示。

#### 4.1.1.1　定子

定子主要由机座、定子铁芯和定子绕组组成。

机座用铸铁或铸钢制成，用于固定和支撑定子铁芯，其外表面有散热筋用以增加散热能力。

定子铁芯是电动机磁路的一部分，紧贴机座内壁。它由相互绝缘的硅钢片叠压制成，铁芯圆周内表面有均匀分布的轴向直槽，用来嵌放三相定子绕组，如图 4-2 所示。

定子绕组是电动机的电路部分，它由三相对称绕组组成，三相绕组按照一定的空间分布依次嵌放在定子槽内，并与铁芯绝缘。三相绕组共有六个出线端引出机壳外，接在机座的接线盒中。每相绕组的首末端用符号 $U_1$-$U_2$、$V_1$-$V_2$、$W_1$-$W_2$ 标注,根据电动机铭牌上的规定,三相绕组有星形和三角形两种连接方式,如图 4-3 所示。

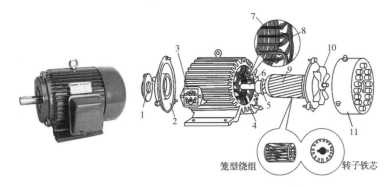

图 4-1 三相异步电动机的结构图

1-轴承盖;2-端盖;3-接线盒;4-机座;5-轴承;6-转轴;7-定子铁芯;8-定子绕组;9-转子;10-风扇;11-罩壳

图 4-2 定子铁芯

a) 星形连接　　　b) 三角形连接

图 4-3 定子绕组的连接

#### 4.1.1.2 转子

转子由转轴、转子铁芯和转子绕组组成。

转子铁芯是电机主磁通磁路的一部分,用硅钢片叠压制成,呈圆柱状固定在转轴上,可绕轴转动。其表面有槽,槽内放置转子绕组的导体。

转子绕组是自成闭路的线圈,有笼型和绕线型两种形式。笼型转子绕组是在转子导线槽内嵌放铜条或铝条,并在两端用金属环焊接而成,形似笼子,如图 4-4 所示。绕线型转子绕组与定子绕组相似,在转子铁芯导线槽内嵌放对称三相绕组,并作星形连接,三个引出端分别与固定在转轴上的三个互相绝缘的铜制滑环相接,再通过滑环及其上面的电刷与外加的三相变阻器连接,供电动机起动及小范围内的调速使用,如图 4-5 所示。

a) 铜导条转子绕组　　b) 铸铝转子绕组

图 4-4 笼型转子绕组　　　　　图 4-5 绕线型转子的结构和接线

为了使转子自由转动,在定子和转子之间必须留有一定的空气隙。一般空气隙为 0.2~

1.5mm。

### 4.1.2 三相异步电动机的工作原理

如图 4-6 所示,在一个可旋转的马蹄形磁铁中间放置一只可以自由转动的笼型短路线圈。当转动磁铁时,线圈就会跟着一起旋转。这是因为当磁铁转动时,其磁通切割笼型转子的导体,在导体中因电磁感应而产生感应电动势。由于笼型转子本身短路,在电动势的作用下导体中就有电流流过,导体在磁场中受到电磁力的作用产生电磁转矩,驱动笼型转子随着磁场的转向而旋转,这就是异步电动机的简单旋转原理。

#### 4.1.2.1 旋转磁场的产生

在上述用外力拖动蹄形磁铁旋转产生旋转磁场的方法显然是不可取的。实际上,在三相异步电动机中是采用对称三相绕组通入对称三相电流的方法来产生旋转磁场的。

设对称三相交流为:

$$i_U = I_m \sin\omega t$$
$$i_V = I_m \sin(\omega t - 120°)$$
$$i_W = I_m \sin(\omega t + 120°)$$

其波形如图 4-7a)所示,现向三相异步电动机定子三相绕组中分别通入三相交流电 $i_U$、$i_V$、$i_W$,如图 4-7b)所示。

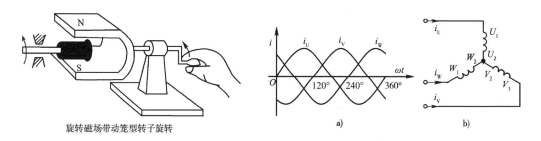

图 4-6 异步电动机原理示意图　　　图 4-7 对称三相电流

设电流的参考方向从绕组的始端流入为正,在电流的正半周时,其值为正,实际方向与参考方向相同;在电流的负半周时,其值为负,实际方向与参考方向相反。

在 $\omega t = 0°$ 的瞬时,定子绕组中的电流方向如图 4-8a)所示。此时 $i_U = 0$，$i_V$ 是负的,其方向与参考方向相反,即从 $V_2$ 到 $V_1$；$i_W$ 是正的,其方向与参考方向相同,即从 $W_1$ 到 $W_2$。根据右螺旋法则可以确定三个线圈电流的合成磁场方向。在图 4-8a)中,合成磁场轴线的方向是自上而下的。

在 $\omega t = 120°$ 的瞬时,定子绕组中的电流方向及三个线圈电流的合成磁场方向,如图 4-8b)所示。此时合成磁场已在空间旋转了 $120°$。

同理可得,在 $\omega t = 240°$ 时的三个线圈电流的合成磁场方向,比 $\omega t = 120°$ 时的合成磁场在空间又旋转了 $120°$,如图 4-8c)所示。

由上可知,当定子绕组中通入三相交流电流后,它们共同产生的合成磁场是随电流的交变而在空间不断地旋转着,这就是旋转磁场。

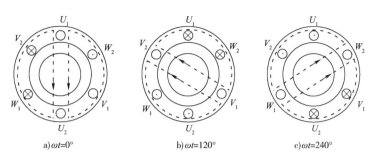

a) $\omega t=0°$　　　　　b) $\omega t=120°$　　　　　c) $\omega t=240°$

图 4-8　三相电流产生的旋转磁场

## 小贴士

### 旋转磁场的方向

旋转磁场的方向与三相电流相序有关。顺相序,旋转磁场顺时针转;逆相序,旋转磁场逆时针转。通常相序的改变可以通过任意对调两根电源线来实现。

#### 4.1.2.2　三相异步电动机的磁极对数与转速

三相异步电动机的磁极对数就是旋转磁场的磁极对数,旋转磁场的磁极对数和三相绕组的安排有关,图 4-8 所示的情况是每相绕组只有一个线圈,绕组的始端之间相隔 120°,则产生的旋转磁场具有 1 对磁极,若用 $p$ 表示磁极对数,则 $p=1$。如定子绕组每相有两个线圈串联,线圈的始端之间相隔 60°,则产生的旋转磁场具有 2 对磁极,即 $p=2$。同理,如要产生 3 对磁极,即 $p=3$ 的旋转磁场,则每相绕组必须有均匀安排在空间的串联的 3 个线圈,线圈的始端之间相隔 40°$\left(\dfrac{120°}{p}\right)$ 空间角。

理论分析及实践证明,旋转磁场转速为：

$$n_1 = \dfrac{60f_1}{p} \tag{4-1}$$

式中：$f_1$ ——交流电的频率,Hz;

$p$ ——电动机的磁极对数;

$n_1$ ——旋转磁场的转速,又称同步转速,r/min。

由图 4-6 异步电动机旋转原理可知,转子导体切割旋转磁场产生感应电动势和电流,载有电流的转子导体受电磁力的作用,产生电磁转矩使转子旋转,旋转磁场与静止的转子绕组之间有相对运动,即异步电动机的转速 $n$ 必须小于旋转磁场的转速 $n_1$。

为了描述电动机转速 $n$ 与同步转速 $n_1$ 相差的程度,引入物理量转差率 $s$,它是转差 $n_1-n$ 与旋转磁场转速 $n_1$ 之比,即：

$$s = \dfrac{n_1 - n}{n_1} \tag{4-2}$$

(1) 在电动机起动瞬间,$n=0$,即 $s=1$。

(2) 在电动机额定负载运行时,其额定转速 $n_N$ 与同步转速 $n_1$ 很接近,故 $s_N$ 很小,约为

1%~6%。电动机空载运行时,$s<0.5\%$。

【例 4-1】 有一台三相异步电动机,其额定转速 $n_N=1465\text{r/min}$。试求当电源频率 $f_1=50\text{Hz}$ 时,电动机的磁极对数 $p$ 和额定转差率 $s_N$。

解:由于额定转速 $n_N$ 与同步转速 $n_1$ 很接近,已知 $n_N=1465\text{r/min}$,根据式(4-1)可知,当 $p=2$ 时,$n_1=1500\text{r/min}$。

由式(4-2),得:

$$s_N = \frac{n_1-n_N}{n_1} = \frac{1500-1465}{1500} = 2.3\%$$

### 4.1.3 三相异步电动机的铭牌

要正确使用电动机,必须要看懂铭牌的含意。这里以 Y132M—4 型电动机为例,说明铭牌各个数据的意义,见表 4-1。

三相异步电动机的铭牌数据    表 4-1

| 三相异步电动机 | | |
|---|---|---|
| 型　　号:Y132M—4 | 功　　率:7.5kW | 频　　率:500Hz |
| 电　　压:380V | 电　　流:15.4A | 接　　法:△ |
| 转　　速:1440r/min | 绝缘等级:B | 工作方式:连续 |
| | 年　月　日　编号 | ××电机厂 |

#### 4.1.3.1 型号

为了适应不同用途和不同工作环境的需要,电动机制成不同的系列,每种系列用各种型号表示,如图 4-9 所示。

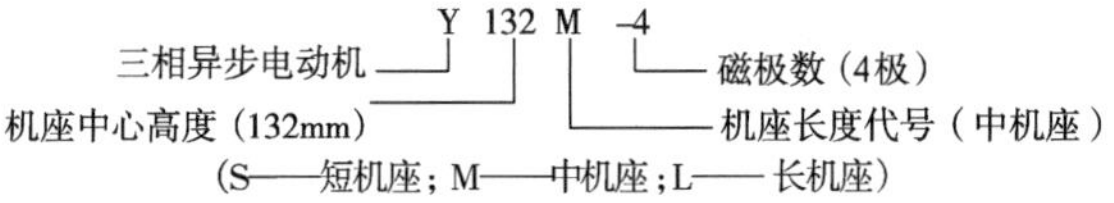

图 4-9 异步电动机的型号

#### 4.1.3.2 额定电压 $U_N$

额定电压是指电动机在额定运行时定子绕组上应加的线电压值。一般规定电动机的电压不应高于或低于额定值的 5%。

#### 4.1.3.3 额定电流 $I_N$

额定电流是指电动机在额定运行时定子绕组的线电流值。

#### 4.1.3.4 额定功率 $P_N$

额定功率是指电动机在额定运行时轴上输出的机械功率。有:

$$P_N = \sqrt{3}\,U_N I_N \eta_N \cos\varphi_N \tag{4-3}$$

式中:$\cos\varphi_N$——额定功率因数;

　　　$\eta_N$——额定效率。

#### 4.1.3.5 绝缘等级

绝缘等级是按电动机绕组所用的绝缘材料在使用时容许的极限温度来分级的。所谓极限温度,是指电动机绝缘结构中最热点的最高容许温度。一般分为三级:A 级极限温度为 105℃,E 级极限温度为 120℃,B 级极限温度为 130℃。

#### 4.1.3.6 接法
接法是指定子三相绕组在额定运行时所应采取的连接方法,有星形和三角形两种。
#### 4.1.3.7 工作方式
工作方式指电动机的运行状态,通常分为连续、短时和断续三种。

### 4.1.4 三相异步电动机在城市轨道交通中的应用

20世纪90年代,随着现代技术的发展,城市轨道交通车辆电力传动系统有了很大的变化,其调速系统由最初的变阻调速发展到斩波器调速,进而发展到应用交流三相异步牵引电动机采用调压变频调速(VVVF)的传动技术。由于这种变频传动技术的优良性,目前世界上德、日等发达国家近来研制的地铁和轻轨车辆几乎全部采用交流电传动变频调速技术。上海地铁2号线引进的车辆采用三相异步电动机作为牵引动力,如图4-10所示。

图4-10 上海地铁采用的三相异步电动机

## 4.2 三相异步电动机的使用

### 4.2.1 三相异步电动机的起动

起动是指电动机通电后转速从零开始逐渐加速到正常运转的过程。

在起动瞬间,转子尚处于静态,而旋转磁场已经以 $n_1$ 的速度开始转动。此时,磁感线切割转子导体的速度很快,产生的转子电流很大,导致定子绕组中流过的起动电流也很大,为额定电流的5~7倍。虽然起动电流很大,但由于起动时功率因数很低,因此电动机的起动转矩并不大(最大也只有额定转矩的两倍左右)。因此异步电动机起动的主要问题是:起动电流大,而起动转矩并不大。

太大的起动电流在短时间内会在线路上造成较大的电压降,从而使负载端的电压降低,影响邻近负载的正常工作。此外,起动电流过大发出的热量会增多,当起动频繁时,由于热量的积累,可使电动机过热,影响电动机的寿命。

为减小起动电流,需要采用适当的起动方法。笼型电动机的起动有直接起动和降压起动两种方法。线绕型电动机采用加接起动电阻的方式进行起动。这里介绍直接起动和降压起动方法。

#### 4.2.1.1 直接起动
直接起动就是利用闸刀开关或接触器将电动机直接接到具有额定电压的电源上。这种方法所需设备简单,但起动电流较大,将使线路电压下降,影响负载正常工作。所以容量在7.5kW以下的三相异步电动机才采用直接起动。

#### 4.2.1.2 降压起动
降压起动是指起动时降低加在电动机定子绕组上的电压,起动结束后加额定电压运行的起动方式。

降压起动虽然降低了起动电流,但同时也使电动机的转矩减小较多,故降压起动一般用于电动机空载或轻载起动。笼型电动机的降压起动常用串电阻降压起动、星形-三角形(Y-△)降压起动和自耦变压器降压起动等方法。

(1)串电阻降压起动。

电动机在串电阻降压起动时,在定子绕组中串电阻降压,起动结束后再用开关 S 使电阻短路,全压运行,如图 4-11 所示。

串电阻降压起动时起动电阻有功率损耗,故不宜频繁起动。

(2)Y-△降压起动。

电动机在 Y-△降压起动时,先把定子三相绕组作星形连接,待电动机转速升高到一定值后再改接成三角形连接,如图 4-12 所示。这样,降压起动时的电流仅为直接起动时的 1/3。

Y-△起动只适合于正常运行时定子绕组为三角形连接的电动机。

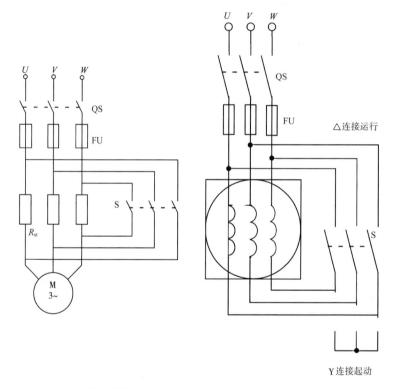

图 4-11　串电阻降压起动　　　图 4-12　Y-△降压起动

(3)自耦变压器降压起动。

自耦变压器降压起动是利用三相自耦变压器降低起动时加在定子三相绕组上的电压。起动时先把开关 S 扳到"起动"位置,当转速接近额定值时,将 S 扳回"运行"位置,切除自耦变压器,如图 4-13 所示。

自耦变压器降压起动适用于容量较大的星形连接运行的笼型异步电动机。

### 4.2.2 三相异步电动机的调速

所谓调速,即用人为的方法改变异步电动机的转速。
由转差率式(4-2)可得:

$$n = n_1(1-s) = \frac{60f_1}{p}(1-s) \quad (4-4)$$

式(4-4)表明调速的方法有改变磁极对数法、转差率法和频率法三种。

#### 4.2.2.1 变极调速

在制造电动机时,设计了不同的磁极对数,根据工作的需要,只要改变定子绕组的连接方式,就能改变磁极的对数,使电动机得到不同的转速。

#### 4.2.2.2 变转差率调速

笼型电动机的转差率是不易改变的,所以,这种调速方法只适用于绕线型电动机。只要在绕线型电动机的转子电路中接入一个调速电阻,改变电阻的大小,就可得到平滑的调速。

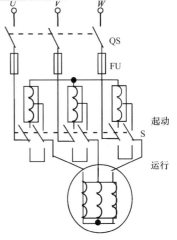

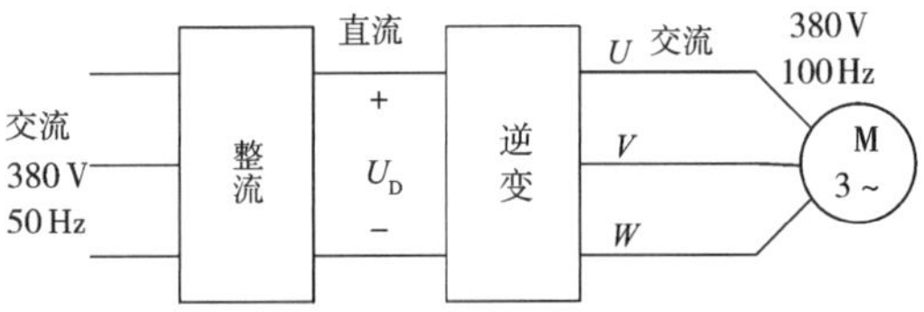

图 4-13 自耦变压器降压起动

#### 4.2.2.3 变频调速

变频调速是以变频器向交流电动机供电而构成调速系统。目前应用最为广泛的是交-直-交变频器,其基本结构如图 4-14 所示。

变频调速的工作过程是:先将交流电经整流电路变成直流电,再由逆变电路把直流电"逆变"成任意可调的交流电。

图 4-14 交-直-交变频器

与其他调速方法比较,变频调速的调速性能最好,节能效果明显,因而变频调速技术应用越来越广。

### 4.2.3 三相异步电动机的反转

为了满足生产机械的需要,如电梯的提升与下降、机械部件的前进与后退等,经常要求改变电动机的转动方向。

如前所述,异步电动机的转动方向是由旋转磁场的转向决定的,改变旋转磁场的转向就可以实现电动机的反转。为此,只需将定子三相绕组接到电源的三条导线中的任意两条对调即可。使用一只三刀双掷开关 QS 合向上方位置,电动机正转。断开开关 QS,电动机停转。再把开关 QS 合向下方位置,电动机反转,如图 4-15 所示。

### 4.2.4 三相异步电动机的制动

所谓制动就是刹车。当切断电动机的电源后,由于转子

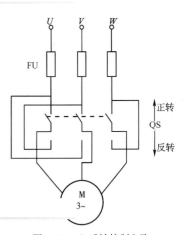

图 4-15 正、反转控制电路

的惯性作用,电动机还会继续转动一定时间才能停止。为了提高生产率,保证产品质量及安全,常要求电动机迅速停车,这就需要对电动机制动。电动机制动是使其转矩与转子的转动方向相反。常用的方法有反接制动和能耗制动两种。

#### 4.2.4.1 反接制动

反接制动是利用电动机的反向转矩来进行制动。当需要电动机停车时,将接到电动机上的三根电源线中的任意两根对调,使旋转磁场反向产生一个与转子旋转方向相反的电磁转矩,电动机迅速减速,起到制动的作用。但当转速降到接近为零时,必须立即断开电源,否则电动机将会反转。

在开始反接制动的瞬间,转差率 $s>1$,电动机的转子电流比起动时还要大。为限制电流的冲击,对功率较大的电动机进行制动时,必须在定子绕组(笼型)或转子绕组(绕线型)中串入电阻。

#### 4.2.4.2 能耗制动

能耗制动是在切断三相电源后,立即在定子绕组通入直流电源,产生一个固定的磁场。转子由于惯性仍继续沿原方向旋转,切割定子磁场产生感应电动势和电流。载流导体在磁场中受电磁力作用,其方向与电动机转动方向相反,因而起到制动的作用,如图4-16所示。这种方法是用消耗转子的动能来进行制动的,故称为能耗制动。

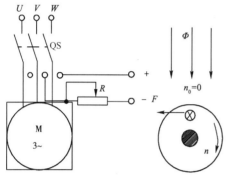

图4-16 异步电动机的能耗制动

## 4.3 三相异步电动机的基本控制线路

### 4.3.1 常用低压控制电器

凡是根据外界特定的信号或要求,自动或手动接通和断开电路,断续或连续地改变电路参数,实现对电路或非电现象的切换、控制、保护、检测和调节的电气设备都称为电器。根据工作电压的高低,电器可分为高压电器和低压电器。低压电器通常是指在交流电压1200V或直流电压1500V以下工作的电器。

低压电器种类繁多,按控制作用分为控制电器和保护电器;按操作方式分为手动电器和自动电器。手动电器由人工操作,如开关、按钮;自动电器则按某些信号或某个物理量的变化而自动动作,如热继电器、交流接触器。

常见的低压器有开关、熔断器、接触器、漏电保护器和继电器等。

#### 4.3.1.1 空气断路器

空气断路器,也称自动开关、空气开关,是断路器的一种。是一种只要电路中电流超过额定电流就会自动断开的开关。空气断路器是低压配电网络和电力拖动系统中非常重要的一种电器,它集控制和多种保护功能于一身。除能完成接触和分断电路外,尚能对电路或电气设备发生的短路、严重过载及欠电压等进行保护,同时也可以用于不频繁地起动电动机。

空气断路器进入家庭比闸刀开关有很大优越性：

一是它能够分断较大的电流,有灭弧装置,这正适合家庭电路负荷增大的情况。另外,它的热稳定性、寿命也比闸刀开关要好。

二是它在故障发生时,能自动切断电路。断路器内部装有两个脱扣器,一个是双金属片热脱扣器,用作过载延时保护;另一个是电磁脱扣器,用来做短路瞬时保护。在家庭电路中,用了断路器之后不再装熔断器,遇有故障时脱扣器自动脱扣(俗称跳闸),以切断电路。当故障排除之后,只需重新合闸而不需更换零部件即可重新使用。

空气断路器由操作机构、触点、保护装置(各种脱扣器)、灭弧系统等组成。空气断路器工作原理如图4-17所示。

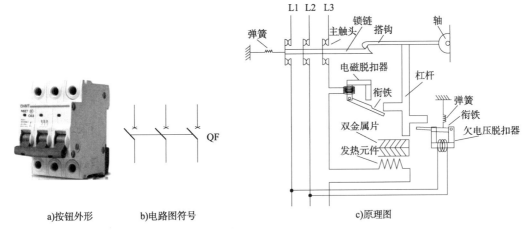

图4-17 空气断路器工作原理

空气断路器的主触点是靠手动操作或电动合闸的。主触点闭合后,自由脱扣机构将主触点锁在合闸位置上。过电流脱扣器的线圈和热脱扣器的热元件与主电路串联,欠电压脱扣器的线圈和电源并联。当电路发生短路或严重过载时,过电流脱扣器的衔铁吸合,使自由脱扣机构动作,主触点断开主电路。当电路过载时,热脱扣器的热元件发热使双金属片上弯曲,推动自由脱扣机构动作。当电路欠电压时,欠电压脱扣器的衔铁释放,也使自由脱扣机构动作。分励脱扣器则作为远距离控制用,在正常工作时,其线圈是断电的,在需要距离控制时,按下起动按钮,使线圈通电,衔铁带动自由脱扣机构动作,使主触点断开。

#### 4.3.1.2 按钮

按钮是一种简单的手动开关,用来接通或断开控制电路。按钮一般都由操作头、复位弹簧、触点、外壳及连接部件组成。操作头的结构形式有按钮式、旋钮式和钥匙式等。按钮的外形、结构图、图形及文字符号如图4-18所示。

#### 4.3.1.3 熔断器

熔断器是一种最简单有效的保护电器。在使用时,熔断器串接在所保护的电路中,作为电路及用电设备的短路和严重过载保护,主要用作短路保护。熔断器主要由熔体(俗称保险丝)和安装熔体的熔管(或熔座)两部分组成。熔体由易熔金属材料铅、锌、锡、银、铜及其合金制成,通常制成丝状和片状。熔管是装熔体的外壳,由陶瓷、绝缘钢纸制成,在熔体熔断时兼有灭弧作用。熔断器的外形与图形符号如图4-19所示。

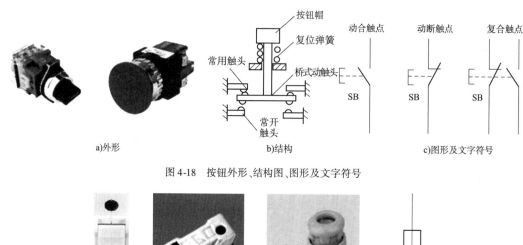

图4-18 按钮外形、结构图、图形及文字符号

a)外形　　　　　　　　　　　　b)图形符号

图4-19 熔断器的外形与图形符号

熔断器的熔体与被保护的电路串联,当电路正常工作时,熔体允许通过正常大小的电流而不熔断。短路或严重过载时,熔体中流过很大的故障电流,产生的热量达到熔体的熔点时,熔体熔断切断电路,从而达到保护电路的目的。

#### 4.3.1.4 热继电器

热继电器是利用电流通过发热元件时所产生的热量使双金属片受热弯曲而推动触点动作的一种保护电器。它主要用于电动机的过载保护、断相保护以及电流不平衡运行保护,也可用于其他电气设备发热状态的控制。

热继电器按动作方式可分为双金属片式、热敏电阻式、易熔合金式以及电子式等。热继电器的外形与图形符号如图4-20所示。

图4-20 热继电器的外形与图形符号

#### 4.3.1.5 时间继电器

时间继电器主要用于控制电路的延时动作,即当继电器的感测机构接收到外界动作信号后,要经过一段时间延时后触点才动作,并输出信号去操纵控制电路。

时间继电器按动作原理可分为电磁式、空气阻尼式、电动式和电子式;按延时方式可分为通电延时和断电延时。时间继电器的外形与图形符号如图 4-21 所示。

图 4-21　时间继电器的外形与图形符号

#### 4.3.1.6　交流接触器

交流接触器是一种用途最为广泛的开关电器。它可用来频繁通断带载电路和远距离操作,因其不能切断短路电流,接触器常与熔断器配合使用

交流接触器的工作原理是利用电磁力与弹簧弹力相配合,实现触头的接通和分断的。交流接触器有两种工作状态:失电状态(释放状态)和得电状态(动作状态)。当吸引线圈通电后,使静铁芯产生电磁吸力,衔铁被吸合,与衔铁相连的连杆带动触头动作,使动断触头断开,接触器处于得电状态;当吸引线圈断电时,电磁吸力消失,衔铁再复开,使动合触头闭合,在复位弹簧作用下释放,所有触头随之复位,接触器处于失电状态。

接触器的触头有动触头和辅助触头之分,主触头接触面积较大,并有灭弧装置,可以通、断较大的电流,常用来控制电动机的主电路;辅助触头额定电流较小(一般不超过 5A),常用来通、断控制电路。一般每台接触器有四对主触头和数对辅助触头。接触器的外形、结构及文字符号如图 4-22、图 4-23 所示。

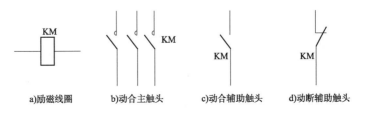

图 4-22　接触器的图形及文字符号

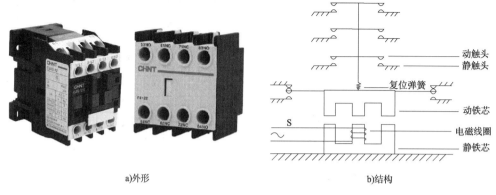

a)外形　　　　　　　　　　　　　　b)结构

图 4-23　交流接触器外形与结构图

### 4.3.2　三相笼型异步电动机的点动起动控制

三相笼型异步电动机接触器点动控制电路原理图如图 4-24 所示。线路的动作过程为：当合上电源开关 QF 时，电动机是不会起动运转的，因为这时接触器 KM 的绕组未通电，它的主触头处在断开状态，电动机 M 的定子绕组上没有电压。只有按下按钮$SB_2$，使绕组 KM 通电，主电路中的主触头 KM 闭合，电动机 M 才可以起动。但当松开按钮$SB_2$时，绕组 KM 即失电，使主触头 KM 分开，切断电动机 M 的电源，电动机停转。这种只当按下按钮时电动机才会运转松开按钮即停转的线路，称为点动控制线路。这种线路常用于快速移动或调整机床。

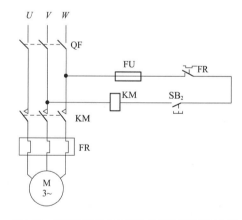

图 4-24　三相笼型异步电动机的点动起动控制电路

电动机控制步骤如下。

合上电源开关 QF：

按下起动按钮 $SB_2$→KM 线圈通电→KM 主触点闭合→电动机起动；

释放起动按钮 $SB_2$→KM 线圈断电→KM 触点恢复状态→电动机停止。

### 4.3.3　三相笼型异步电动机接触器自锁控制电路

三相笼型异步电动机接触器自锁控制电路原理图如图 4-25 所示。电路的动作过程为：

当按下起动按钮$SB_2$,绕组 KM 通电主触头闭合,电动机转动。当松开按钮时,电动机 M 不会停转,因为这时,接触器绕组 KM 可以通过并联在$SB_2$两端已闭合的辅助触头 KM 继续维持通电,保证主触头 KM 仍处在接通状态,电动机 M 就不会失电,也就不会停转。这种松开按钮而仍能自行保持绕组通电的控制电路称为具有自锁(或自保)功能的接触器控制电路,简称自锁控制电路。与$SB_2$并联的这一对动合辅助触头 KM 称为自锁(或自保)触头。

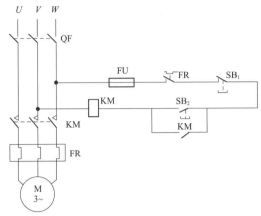

图 4-25 三相笼型异步电动机接触器自锁控制电路

电动机控制步骤如下。

合上电源开关 QF:

按下正转按钮$SB_2$ → KM线圈通电 → KM主触头闭合 → 电动机起动。
　　　　　　　　　　　　　　　└→ KM动合辅助触头闭合 → 自锁。

按下停止按钮$SB_1$ → KM线圈断电 → KM触头恢复状态 → 电动机停止。

### 4.3.4 三相笼型异步电动机接触器正反转控制电路

三相笼型异步电动机接触器正反转控制线路原理图如图 4-26 所示。

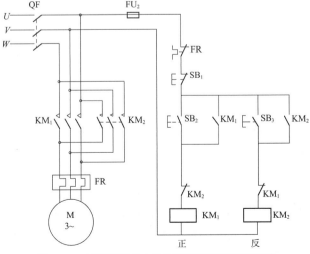

图 4-26 三相笼型异步电动机接触器正反转控制电路

1) 正转控制

合上电源开关 QF 正转起动按钮$SB_2$,正转控制回路接通。接触器$KM_1$的绕组通电动作,主触头闭合,主电路按 $U_1$、$V_1$、$W_1$ 相序接通,电动机正转。

电动机控制步骤如下。

合上电源开关 QF：

按下正转按钮$SB_2$ → $KM_1$线圈通电 ┬→ $KM_1$主触头闭合 → 电动机正转。
　　　　　　　　　　　　　　　　　├→ $KM_1$动合辅助触头闭合 → 自锁。
　　　　　　　　　　　　　　　　　└→ $KM_1$动断辅助触头断开 → 互锁。

按下停止按钮$SB_1$ → $KM_1$线圈断电 → $KM_1$触头恢复状态 → 电动机停止运行。

2) 反转控制

要使电动机改变转向(即由正转变为反转)时,应先按下停止按钮$SB_1$,使正转控制电路断开,电动机停转,然后才能使电动机反转。为什么要这样操作呢？因为反转控制回路中串联了正转接触器$KM_1$的动断触头。当$KM_1$通电工作时,它是断开的。若这时直接按反转按钮$SB_3$,反转接触器$KM_2$是无法通电的,电动机也就得不到电源,故电动机仍然处在正转状态,不会反转。当先按下停止按钮$SB_1$,使电动机停转以后,再按下反转按钮$SB_3$,电动机才会反转。

电动机控制步骤如下。

合上电源开关 QF：

按下反转按钮$SB_3$ → $KM_2$线圈通电 ┬→ $KM_2$主触头闭合 → 电动机反转。
　　　　　　　　　　　　　　　　　├→ $KM_2$动合辅助触头闭合 → 自锁。
　　　　　　　　　　　　　　　　　└→ $KM_2$动断辅助触头断开 → 互锁。

按下停止按钮$SB_1$ → $KM_2$线圈断电 → $KM_2$触头恢复状态 → 电动机停止运行。

### 4.3.5　三相异步电动机 Y-△降压起动自动控制

电动机的降压起动是在电源电压不变的情况下,降低起动时加在电动机定子绕组上的电压,限制起动电流,当电动机转速基本稳定后,再使工作电压恢复到额定值。降压起动的方式很多,有 Y-△起动、自耦降压起动、串联电抗器降压起动、延边三角形起动等。

本章节介绍电动机的 Y-△起动方式。所谓 Y-△起动,是指起动时电动机绕组接成星形,起动结束进入运行状态后,电动机绕组接成三角形。在起动时,电动机定子绕组因是星形接法,所以每相绕组所受的电压降低到运行电压的 57.7%,起动电流为直接起动时的 1/3,起动转矩也同时减小到直接起动的 1/3。所以这种起动方式只能工作在空载或轻载起动的场合。电动机 Y-△起动的电路图,$U_1$-$U_2$、$V_1$-$V_2$、$W_1$-$W_2$ 是电动机 M 的三相绕组。如果将 $U_2$、$V_2$ 和 $W_2$ 在接线盒内短接则电动机被接成星形；如果将 $U_1$ 和 $W_2$、$V_1$ 和 $U_2$、$W_1$ 和 $V_2$ 分别短接,则电动机被接成三角形。三相笼型异步电动机 Y-△降压起动控制电路如图 4-27 所示。

工作过程：合上电源开关 QF,按下起动按钮$SB_2$,接触器$KM_1$线圈得电,$KM_1$的主触头闭合,$KM_1$动合辅助触头闭合,使电路维持在起动状态。接触器$KM_2$和时间继电器 KT 的线圈得电,KM₂主触头闭合,将电动机的三相绕组接成 Y 形,电动机进入星形起动状态,待电动机转速达到一定程度时,时间继电器 KT 延时时间到,其延时动断辅助触头断开,接触器 KM₂线圈失电.主触头断开,动断辅助触头闭合,接触器KM₃得电工作,KM₃主触头闭合,将电动机的三相绕组接成△形,电动机进入三角运行状态。按下停止按钮SB₂,电动机会停止运行。

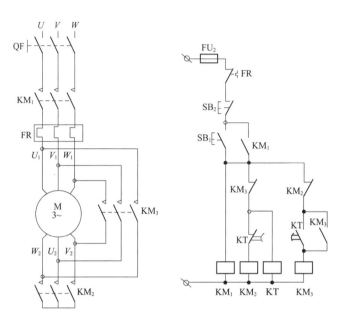

图 4-27  Y-△降压起动控制电路

电动机控制步骤如下。

合上电源开关 QF:

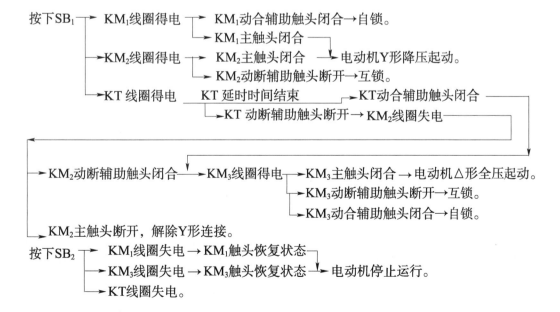

## 4.4 直流电动机

直流电动机与交流电动机相比虽然结构复杂,使用维护较麻烦,价格较高,但其调速性能好,起动转矩较大,在起重机械、运输机械、冶金传动机构、精密机械设备及自动控制系统等领域应用广泛。

### 4.4.1 直流电动机的结构

直流电动机也是由定子和转子两大部分组成,如图4-28所示。

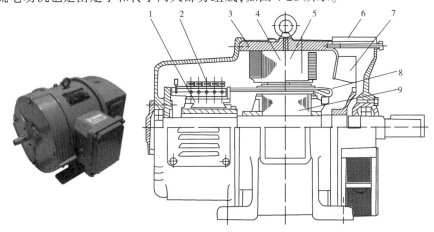

图4-28 直流电动机的结构

1-换向器;2-电刷装置;3-机座;4-主磁极;5-换向极;6-端盖;7-风扇;8-电枢绕组;9-电枢铁芯

#### 4.4.1.1 定子

定子是指电动机中静止不动的部分,包括机座、前端盖、后端盖、主磁极、换向磁极和电刷装置等部分。

(1)机座。

机座的作用有两个:一是作为电动机的磁路;二是用来安装主磁极、换向磁极和前端盖、后端盖等部件。为保证机座具有足够的机械强度和良好的导磁性能,一般为铸钢件或由钢板焊接而成。

(2)主磁极。

主磁极的作用是产生主磁场。永磁电动机的主磁极直接由不同极性的永久磁体组成。励磁电动机的主磁极由主磁极铁芯和励磁绕组两部分组成。主磁极铁芯一般用1~1.5mm薄钢板冲片叠压铆接而成,分为极身和极靴两部分。上面套励磁绕组的部分称为极身,下面扩宽的部分称为极靴,极靴宽于极身,既可以调整气隙中磁场的分布,又便于固定励磁绕组。励磁绕组用绝缘铜线绕制而成,套在主磁极铁芯上。整个主磁极用螺钉固定在机座上,如图4-29所示。

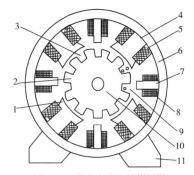

图4-29 直流电动机的剖面图

1-极靴;2-电枢齿;3-电枢槽;4-主磁极铁芯;5-主磁极绕组;6-机座;7-换向磁极铁芯;8-换向磁极绕组;9-电枢绕组;10-电枢铁芯;11-底脚

## 小贴士

### 直流电动机的励磁方式

按照主磁极绕组与电枢绕组连接方式的不同,直流电动机可分为他励、并励、串励、复励电动机,如图4-30所示。

(3)换向磁极。

换向磁极的作用是改善换向,减小电动机运行时电刷与换向器之间可能产生的换向火花,一般装在两个相邻主磁极之间,由换向磁极铁芯和换向磁极绕组组成,如图4-29所示。

(4)电刷装置。

电刷装置的作用是通过电刷与换向器表面之间的滑动接触把电枢绕组中的电流引入或引出。它由电刷、刷握、刷杆和连线等部分组成,如图4-31所示。电刷是由导电性能良好、耐磨性好的石墨粉压制而成。电刷放置在电刷盒内,并用弹簧把电刷压紧在换向器上。电刷盒是刷握的主要部分,刷握固定在刷杆上,刷杆则固定于刷杆座上,成为一个整体部件。

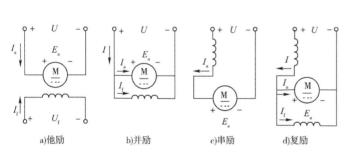

图4-30 直流电动机的励磁方式

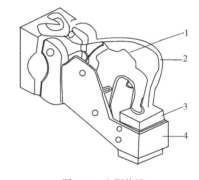

图4-31 电刷装置
1-压紧弹簧;2-钢丝辫;3-电刷;4-刷握

(5)前、后端盖。

前、后端盖用来安装轴承和支承整个转子质量,用螺钉固定在机座两侧,一般为铸钢件。

#### 4.4.1.2 转子

转子又称电枢,是电动机的旋转部分。由电枢铁芯、电枢绕组、换向器、转轴、风扇等部分组成。

(1)电枢铁芯。

电枢铁芯作为磁路通路的一部分,并在铁芯槽内嵌放电枢绕组。为减少磁滞及涡流损耗,电枢铁芯一般用0.5mm厚且表面具有绝缘层的硅钢片叠压夹紧而成,在硅钢片的外圆冲有均匀分布的铁芯槽,用以嵌放电枢绕组,如图4-32所示。

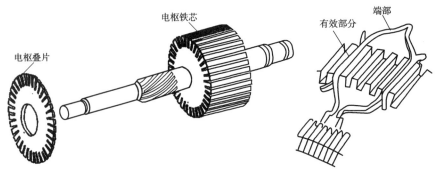

图 4-32 电枢铁芯和电枢绕组

（2）电枢绕组。

电枢绕组的作用是通过电流产生感应电动势和电磁转矩实现能量转换。它是由许多高强度漆包线或玻璃丝包扁铜线绕制而成，再按一定的规律嵌放在电枢铁芯槽中，线圈与铁芯之间以及线匝之间都必须妥善绝缘。为防止离心力将线圈边甩出槽外，槽口用槽楔固定，伸出槽外的线圈端接部分用热固性无纬玻璃带进行绑扎，如图 4-32 所示。

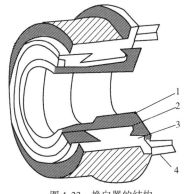

图 4-33 换向器的结构
1-V 形套筒；2-云母环；3-换向片；4-连接片

（3）换向器。

换向器将外界供给的直流电流转变为绕组中的交变电流以使电动机旋转。换向器安装在转轴上，主要由换向片组合而成，片与片之间用云母绝缘，两端再用两个 V 形环夹紧而构成，如图 4-33 所示。

（4）转轴。

转轴的作用是传递转矩。为了使电动机能可靠地运行，转轴一般用合金钢锻压加工而成。

（5）风扇。

风扇用来降低运行中电动机的温升。

### 4.4.2 直流电动机的工作原理

直流电动机是依据载流导体在磁场中受力而旋转的原理制造的，如图 4-34 所示。磁场固定不动，线圈 $abcd$ 可在磁场内绕中心轴旋转，通过电刷和换向器把直流电源引入旋转的线圈中。直流电动机的工作原理是：直流电动机在外加直流电源的作用下，在可绕轴转动的导体中形成电流，载流导体在磁场中将受到电磁力的作用而旋转，借助于电刷和换向器的作用，使磁极下导体中的电流方向保持不变，即作用力不变，故电动机能连续运转，从而将直流电能转换为机械能。

根据物理学中的电磁感应原理，若用外力使图 4-34 中的导体 $abcd$ 绕轴旋转，则导体 $abcd$ 将切割磁感线而产生感应电动势，并通过电刷 $A$、$B$ 向外电路提供直流电能，这就是直流发电机的工作原理。因此，直流电动机的运行是可逆的。当输入机械转矩使电动机旋转而产生感应电动势时，即将机械能转变为直流电能输出，作为直流发电机运行。反之，当输入直流电能产生电磁转矩而使电动机旋转时，则是将电能转变为机械能输出，此时即作为直流电动机运行。

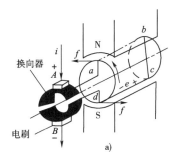 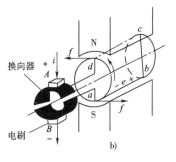 

图 4-34　直流电动机工作原理

### 4.4.3　直流电动机在城市轨道交通中的应用

城市轨道交通车辆的牵引电动机长期以来都普遍采用直流旋转电动机。其传动方式有变阻控制和斩波调压控制。变阻控制在老式城市轨道车辆上普遍使用,虽然结构简单,但在起动和调速过程中有能量消耗,这种方式大多已被淘汰。随着电力电子器件的迅速发展,采用斩波调压控制消除了变阻控制的不经济性,为直流电动机的牵引增添了新的生命力。

城市轨道交通车辆电力传动系统经历了从直流到交流,从变阻调速到斩波器调速,进而发展到使用三相异步电动机变频传动技术的三个阶段。

##  4.5　直线电动机

直线电动机是将电能变成直线运动的机械能输出装置。它也可分为直线直流电动机、直线异步电动机、直线同步电动机和其他直线电动机(如直线异步电动机等),其中应用最广泛的是直线异步电动机。

### 4.5.1　直线异步电动机的结构

直线异步电动机主要有扁平形和管形两种结构形式,如图 4-35 所示。只在滑子的一边具有初级的称为一侧式直线电动机。如果在滑子的两侧都装上初级,就称为两侧式直线电动机。从工作性能上看,两侧式直线电动机的结构优于一侧式的。

 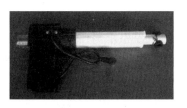

a)扁平形直线异步电动机　　　b)管形直线异步电动机

图 4-35　直线电动机外形图

扁平形直线异步电动机由三大部分组成,即初级、次级和气隙。初级铁芯也由硅钢片叠成,表面开有槽,槽内嵌放三相绕组。次级的形式较多,有类似笼型转子的结构,即在钢板(或铁芯叠片)上开槽,槽中放入铜条或铝条,然后用铜带或铝带在两侧端部短接。另一种结构形式的次级用整块的钢板或铜板制成,也可用各种型钢构成闭合回路。

### 4.5.2 直线异步电动机的工作原理

直线异步电动机可以看成是将一台普通的旋转异步电动机沿径向剖开,并将定子、转子圆周展开成直线,该电动机就成为一台直线异步电动机,如图 4-36 所示。由定子转变得到的一边称为初级,由转子转变得到的一边称为次级或称为滑子,它是直线电动机中做直线运动的部件。

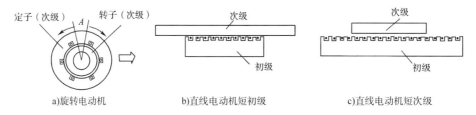

a)旋转电动机　　b)直线电动机短初级　　c)直线电动机短次级

图 4-36　旋转电动机转变为直线电动机

在实际应用时,将初级和次级制造成不同的长度,以保证在所需行程范围内初级与次级之间的耦合保持不变。直线电动机可以是短初级长次级,也可以是长初级短次级。考虑到制造成本、运行费用,目前一般均采用短初级长次级。

向直线异步电动机初级三相绕组中通入三相交流电后,也将产生一个分布情况与旋转电动机相似的气隙磁场,是一个沿直线方向呈正弦分布且将按 $U$、$V$、$W$ 的相序直线移动的平移磁场,称为行波磁场,如图 4-37 所示。行波磁场的移动速度与旋转磁场在定子内圆表面的线速度一样,用 $v_0$ 表示,称为同步速度。它与电源的频率及磁极的距离有关。该行波磁场在移动时将切割次级导体,从而在导体中产生感应电动势及电流。该电流与气隙中的行波磁场相互作用,产生电磁力,使次级沿行波磁场移动的方向做直线运动,运动速度为 $v$,且 $v < v_0$。直线异步电动机的滑差率 $s$ 可表示为:

$$s = \frac{v_0 - v}{v_0} \tag{4-5}$$

直线异步电动机的运动方向与通入初级三相绕组三相交流电的相序有关。与旋转电动机一样,改变任意两相绕组与电源的接线顺序即可改变直线异步电动机的运动方向。

### 4.5.3 直线电动机在城市轨道交通中的应用

目前,世界各国的轨道交通运输工具(如铁路干线、城郊轻轨、城市地铁等)基本上都采用旋转电动机驱动。与采用旋转电动机牵引的轨道交通车辆相比,直线电动机轨道交通车辆具有爬坡能力强、曲线通过能力强、工程造价低、运营成本低、噪声低、维护简单等诸多优越性能。

用直线电动机驱动的电动机车上所使用的电动机主要有两类,一类是直线同步电动机。它的初级绕组固定在轨道上,通以交流电,产生沿轨道运动的行波磁场;次级装在运动的电动机车上;电动机速度用装在轨道上的初级绕组的电流频率来控制(变频调速)。上海的磁悬浮列车即采用这种控制方式。另一类是直线异步电动机。它的初级绕组固定在电动机车上,而次级则固定在地面上。电动机的速度也靠改变初级绕组的电流频率来控制,日本的地铁车辆即采用此种控制方式。

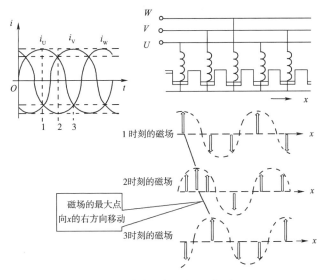

图 4-37 直线异步电动机工作原理

由南车青岛四方机车车辆股份有限公司研制的新型直线电动机地铁车辆,于 2009 年 12 月 28 日在广州地铁 5 号线正式投入运营,如图 4-38 所示。

图 4-38 青岛造直线电动机地铁车辆

 复习思考题

1. 有一台三相异步电动机,其额定转速 $n_N = 975 \text{r/min}$,电源频率 $f_1 = 50 \text{Hz}$。试求电动机的磁极对数 $p$ 和额定负载时的转差率 $s_N$。

2. 三相异步电动机在满载和空载下起动时,其起动电流和起动转矩是否都一样?为什么?

3. 一台 380V、Y 形连接的笼型异步电动机,是否可以采用 Y-△降压起动?为什么?

4. 什么叫自锁、互锁？它们在控制电路中起什么作用？

5. 如何实现异步电动机的短路、过载及欠电压保护？

6. 电路如图 4-39 所示,分析电动机控制电路的工作原理,并指出控制电路有哪些缺点？

7. 试画出能在两个不同地方用按钮起动和停止异步电动机的控制电路。

8. 简述直流电动机的工作原理。

9. 试说明直流电动机与交流电动机的优缺点及使用场合。

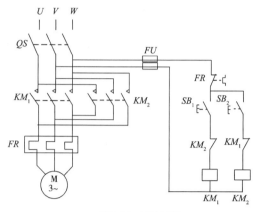

图 4-39　第 6 题图

10. 直线异步电动机与旋转异步电动机的主要差别是什么？

11. 试述直线异步电动机的工作原理。

# 单元 5　城市轨道交通供电及用电知识

**教学目标**

1. 掌握城市轨道交通供电系统的组成；
2. 掌握城市轨道交通电力牵引的制式；
3. 掌握触电的形式；
4. 了解安全用电常识；
5. 掌握城市轨道交通电气防雷、防火和防爆的措施。

**建议学时**

4 学时

## 5.1　城市轨道交通供电简述

### 5.1.1　城市轨道交通供电系统的组成

城市轨道交通供电系统是为轨道交通运营提供所需电能的重要系统。电动车辆的牵引以及为轨道交通运营服务的机电设备，包括通风、空调、照明、通信、信号、给排水、防灾报警、电梯、电动扶梯等都依赖并消耗电能。城市轨道交通供电为一级负荷，高度安全可靠、经济合理的供电系统是城市轨道交通正常运营的重要条件和保证。

城市轨道交通供电电源一般取自城市电网，通过城市电网一次电力系统和轨道交通供电系统实现输送或变换，最后以适当的电压等级、一定的电流形式(直流或交流电)供给用电设备。

在城市轨道交通供电系统中，根据用电性质的不同可分为两部分，即由牵引变电站为主的牵引供电系统和以降压(动力)变电站为主的动力供电系统。

#### 5.1.1.1　电力牵引供电系统

城市轨道交通电力牵引供电系统主要由牵引变电站、接触网(架空线或接触轨)、回流线、馈电线、轨道组成，如图 5-1 所示。一般将接触网、馈电线、轨道、回流线总称为牵引网。其中牵引变电站和接触网是牵引供电系统的主要组成部分。

为保证供电安全,牵引变电站均由两个独立的电源供电。又由于轨道交通线路分布范围较广,通常需要在轨道沿线设置多个牵引变电所,采取安全、可靠的供电形式对牵引变电所供电。

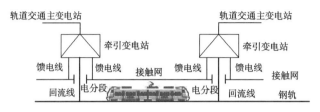

图 5-1　城市轨道交通电力牵引供电系统示意图

#### 5.1.1.2　动力供电系统

城市轨道交通动力供电系统主要由降压变电站、配电所(室)、配电线路组成,如图 5-2 所示。

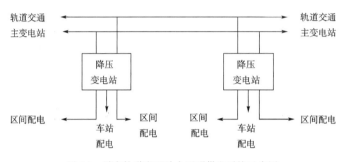

图 5-2　城市轨道交通动力照明供电系统示意图

在动力供电系统中,降压变电站一般每个车站设置一个,有时也可几个车站合设一个;也可将降压(动力)变压器附设在某个牵引变电站之中,构成牵引与动力混合变电站。

城市轨道交通车站及区间照明电源采用 380/220V 系统配电。正常时,工作照明、事故照明均由交流供电,当交流电源失去时,事故照明自动切换为蓄电池供电,确保事故期间必要的紧急照明。

### 知识链接

#### 城市轨道交通供电系统的供电方式

在城市轨道交通供电系统中,根据实际需要,也可以专设高压主变电站。发电厂或区域变电站对轨道交通主变电站供电,经主变电站降压后,分别以不同的电压等级对牵引变电站和降压变电站供电,这种供电方式被称为集中式供电方式,上海地铁就是采用此种供电方式。牵引变电站的设置和容量应按运行的列车编组及行车密度进行牵引供电计算后确定,降压变电站的设置和容量可根据动力用电量确定,若有主变电站,其容量应由全部牵引和动力用电量来确定。也可以不设地铁主变电所,由城市电网中的区域变电所直接对轨道交通牵引变电所和降压变电所供电,这种供电方式称为分散式供电方式,北京、天津地铁就是采用这种供电方式。

单元5 城市轨道交通供电及用电知识

### 案例分析

2015年3月10日11时26分,上海地铁2号线张江高科站附近供电设备发生故障,上海科技馆往广兰路方向列车限速运行,560名乘客被疏散,未造成人员伤亡。截至16时47分,2号线全线运营恢复正常。

事故原因:故障系列车受电弓故障导致触网受损,引起上海科技馆至广兰路区段单向供电中断。由于该触网受损较大、维修难度较高,因此,故障排查抢修时间相对较长。

#### 5.1.2 城市轨道交通电力牵引的制式

电力牵引用于轨道交通系统已有100多年的历史,随着经济和科学技术的不断发展,用于轨道交通电力牵引的方式有许多不同的制式出现。这里所说的制式,是指供电系统向电动车辆或电力机车供电所采用的电流和电压制式,如直流制或交流制、电压等级、交流制中的频率(工频或低频)以及交流制中是单相或三相等。

城市轨道交通采用直流供电,因为直流电适合于电气牵引的调速要求,而且直流牵引接触网结构简单,建设投资少,电压质量高。国际电工委员会拟定的电压标准为:直流电压750V、1500V 和 3000V 三种。

我国国家标准采用 DC750V 和 DC1500V 两种。北京城市轨道交通采用 750V 直流供电电压,上海、广州、南京、深圳等城市轨道交通采用 1500V 直流供电电压。

## 5.2 安全用电

随着电能的广泛应用,人们越来越认识到安全用电的重要性。做好用电安全工作,提高用电安全技术理论水平,落实保证用电安全工作的组织措施和技术措施,对防止发生电气设备损坏和人身触电事故具有重要意义。

### 5.2.1 电流对人体的伤害

在供配电系统运行中,电气事故种类很多,可分为电流伤害事故、电磁场伤害事故、雷电事故、静电事故、电气设备事故和电力系统事故。其中人身触电事故是电气事故中常见的一种形式。

触电对人体伤害的程度与电流大小、触电时间长短、电流通过人体的途径、电流的种类和电压的高低以及人体的状况有关。根据触电对人体伤害程度的不同,触电主要有电击和电伤两类。电伤是指电对人体外部造成的局部伤害,如电弧烧伤、熔化的金属微粒渗入皮肤的伤害等。电击是指电流通过人体内部,影响及破坏人体内部组织,如使呼吸困难、神经系统麻痹、心脏功能障碍等。绝大多数触电事故是由电击造成的。但在高压触电事故中,这两类伤害也会同时发生。

### 5.2.2 触电形式

根据触电的方式和电流通过人体的途径,触电一般有三种形式,即单相触电、两相触电、跨步电压触电。

#### 5.2.2.1 单相触电

单相触电是指人体在地面或其他接地体上触及一相带电体的触电。大部分的触电事故属于这种情况。这种触电形式的危险程度与配电系统的中性点运行方式有关。如图 5-3a) 所示,中性点直接接地的系统中发生单相接地时,因接地短路回路的阻抗很小,电流很大,对人的危险性较大;如图 5-3b) 所示,在中性点不接地或经消弧线圈接地的系统中发生单相接地时,因接地短路回路阻抗大,电流小,其危险性相对较小;如图 5-3c) 所示,人体接触漏电的设备外壳,也属于单相触电。

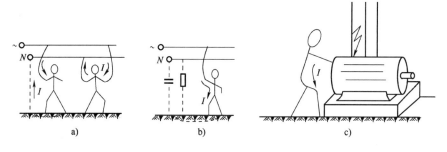

图 5-3 单相触电

#### 5.2.2.2 两相触电

两相触电是指人体两处同时触及两相带电体的触电,如图 5-4 所示。因相间电压直接加在人体上,其危险性较大。

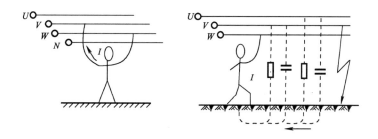

图 5-4 两相触电

#### 5.2.2.3 跨步电压触电

跨步电压触电是指当电气设备发生接地短路故障时,有很大的接地短路电流在大地中流散,从而在接地点周围的地面上产生一个电位分布。接地点的电位最高,距接地点 20m 的电位约为零。如果有人在接地点周围行走,将在两脚之间出现电位差,即所谓的"跨步电压"。由此而引起的触电事故,称为跨步电压触电,如图 5-5 所示。

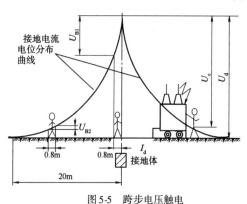

图 5-5 跨步电压触电

## 单元5 城市轨道交通供电及用电知识

### 触电急救

一旦发生触电事故,抢救触电者应遵循迅速、就地、准确、坚持的原则。

① 迅速脱离电源。

当电源开关离救护人员很近时,应立即切断电源。当电源开关远离救护人员时,可用干燥木棒、竹竿或带有绝缘柄的其他工具使触电者脱离电源;也可用装有干燥木柄的刀斧、铁锹等把电线切断,但要注意防止切断电源的导线触及人体。现场可采用短路法使开关跳闸。

② 就地急救处理。

触电者脱离电源后,必须立即抢救。仅在现场对安全有威胁时,才能把触电者抬到安全的地方进行抢救,但千万不要长途运往医院去抢救,而应根据具体情况进行抢救,并迅速派人请医生前来急救。

③ 准确使用人工呼吸法。

触电者脱离电源后,首先清理嘴里的东西,尽量使头后仰,让鼻孔朝天,这样舌头根部就不会阻塞气道,同时很快解开触电者的领口和衣服。头下不要垫枕头,否则会影响通气。然后根据触电者受伤害的程度,准确使用人工呼吸法。

④ 坚持抢救。

如果触电者能在15min以内得到抢救,一般做人工呼吸30～40min即可救活。触电者死亡一般有五个象征:呼吸停止、心脏不跳动;瞳孔放大;尸斑;尸僵;血管硬化。如果五个象征有一个尚未出现,都应为"假死",必须坚持进行抢救。

**想一想**

为什么飞鸟两脚站在高压输电线上而不会触电?

### 5.2.3 安全用电措施

#### 5.2.3.1 安全电压

不带任何防护设备,对人体各部分组织均不造成伤害的电压值称为安全电压。安全电压决定于人体允许的电流和人体电阻。国际电工委员会(IEC)规定,接触电压(相当于安全电压)的限定值为50V,或无纹波直流120V。在特殊情况下,接触电压上限值为交流25V,或无纹波直流60V。

我国根据不同的环境条件,规定安全电压为:在干燥、无导电粉末等危险程度较低的建筑物中为50V;一般情况下是36V;在特别潮湿的环境或金属构架上工作时为24V或12V。

**知识链接**

## 国外安全电压

国外的安全电压值规定各不相同,如美国为40V;法国为24V(交流),50V(直流);荷兰和瑞典为24V。

#### 5.2.3.2 电气安全用具

电气运行人员在运行与操作中应正确使用安全用具,确保人身安全。电气安全用具一般分为两大类,即绝缘安全用具和一般防护用具,如图5-6所示。

#### 5.2.3.3 电气设备的接地与接零

在供配电系统中,为了保证电气设备的正常运行和安全用电,电气设备必须接地或接零。接地是指将电气设备的某一部分与大地作良好的电气连接。接零是指将电气设备在正常情况下,不带电的金属部分(如外壳)与中性线(或称零线)紧密相连接。按其作用的不同,可分为工作接地、保护接地、保护接零和重复接地等。

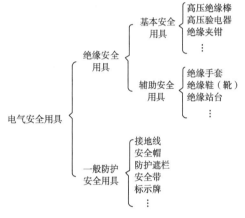

图5-6 电气安全用具分类

(1)工作接地。

为了保证电气设备在正常或发生事故的情况下能可靠地运行,将电路中的某一点接地,称为工作接地。例如三相变压器三相绕组星形连接时中性点接地和避雷设备(避雷针、避雷器)的接地。

(2)保护接地。

在中性点不接地的三相电源系统中,为了防止因绝缘损坏而遭受触电的危险,将与电气设备带电部分相绝缘的金属外壳或金属构架与大地可靠连接(接地电阻不得超过4Ω),称为保护接地。例如电动机、变压器的外壳接地,如图5-7所示。

(3)保护接零。

在中性点接地的三相电源系统,例如380/220V三相四线制供电系统中,将电气设备的金属外壳与电源的零线(中性线)直接连接,称为保护接零,如图5-8所示。

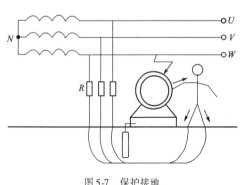

图5-7 保护接地

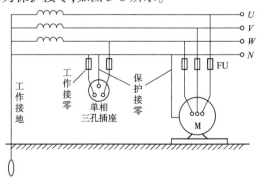

图5-8 保护接零

单元5　城市轨道交通供电及用电知识

对于各种单相用电设备,例如各种家用电器(电冰箱、洗衣机等)常用三孔插座和三脚插头与电源连通。使用时应将用电设备外壳用导线连接到三脚插头中间的插脚上,然后通过插座接到电源的零线,以实现保护接零,如图5-8所示。插座上的这根保护接零线要求连接牢固可靠,不允许装设开关或熔断器。

**小贴士**

保护接零的注意事项

①绝不允许用一根接零线来取代工作接零线和保护接零线。

②我国用电规程中规定:在电压低于1000V的中性点接地的三相四线制供电系统中,如380V/220V系统,不允许采用保护接地,只能采用保护接零。

(4)重复接地。

在三相四线制供电系统中,为了确保保护接零可靠,除了在电源中性点进行工作接地外,还必须在零线的其他地方,按一定的间距进行多次接地,称为重复接地,如图5-9所示。

零线上不得装设熔断器或开关设备,应保证零线的安装质量,定期进行检查。

### 5.2.4　电气防雷、防火和防爆

#### 5.2.4.1　电气防雷

雷电分为直击雷、感应雷、球雷和雷电侵入波。雷电产生的强电流、高电压、高温热会给电力系统、人类造成严重灾害。城市轨道交通供电系统中,各站点与控制中心之间相互连接的各类网络、通信系统的大量应用也使得雷电电磁脉冲对系统安全运行的影响日益突出。

目前,常采用避雷针、避雷线、避雷网、避雷带和避雷器等避雷装置进行防雷。考虑电磁脉冲对系统运行可靠性的影响,在做好系统接地保护和等电位连接的基础上,应综合运用分流、屏蔽、端口保护等措施解决系统中可能受雷电电磁脉冲干扰的因素,达到整体解决防雷与防电磁脉冲的目的。图5-10所示为上海地铁中所使用的避雷器及其检测设备。

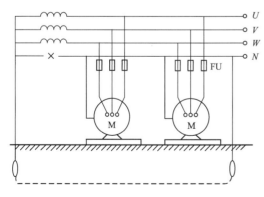

图5-9　重复接地　　　　　　　　　　　图5-10　避雷器及其检测设备

#### 5.2.4.2　电气防火

几乎所有的电气故障都可能导致电气着火。如设备材料选择不当,过载、短路或漏电,

照明及电热设备故障、熔断器烧断、接触不良以及雷击、静电等,都可能引起高温、高热或者产生电弧、放电火花,从而引发火灾事故。

预防电气防火,应按场所的危险等级正确地选择、安装、使用和维护电气设备及电气线路,按规定正确采用各种保护措施。在线路设计上,应充分考虑负载容量及合理的过载能力;在用电上,应禁止过度超载及乱接乱搭电源线;对需在监护下使用的电气设备,应"人去停用";对易引起火灾的场所,应注意加强防火,配置防火器材。

当发生电气火灾时,首先应切断电源,同时拨打火警电话报警。不能用水或普通灭火器(如泡沫灭火器)灭火。应使用干粉二氧化碳或"1211"等灭火器灭火,也可用干燥的黄沙灭火。

#### 5.2.4.3 电气防爆

由电引起的爆炸主要发生在含有易燃、易爆气体、粉尘的场所。在城市轨道交通地下线(站)中应特别注意电气防爆。

电气防爆措施主要有:合理选用防爆电气设备,正确敷设电气线路,保持场所良好通风;保证电气设备的正常运行,防止短路、过载;安装自动断电保护装置,对危险性大的设备应安装在危险区域外;防爆场所一定要选用防爆电动机等防爆设备,使用便携式电气设备应特别注意安全;电源应采用三相五线制与单相三线制,线路接头采用熔焊或钎焊。

### 5.2.5 城市轨道交通供电设备的运行与检修

城市轨道交通供电系统中具有大量的变配电设备,如主变压器、母线、断路器、隔离开关、互感器、电容器、避雷器、继电保护装置、通信信号及自动装置,以及各类仪表、显示器等。这些设备的安全运行是城市轨道交通正常运营的有效保证。城市轨道交通供电系统的运行与检修包括正常运行工作、异常情况处理、设备检修、运行分析和技术资料管理五个方面的内容。

 复习思考题

1. 什么是安全电压?我国的安全电压是如何规定的?
2. 人体触电有几种形式?各有何特点?
3. 遇到有人触电,应如何进行急救?
4. 什么是工作接地、保护接地、保护接零、重复接地?它们各有什么作用?
5. 城市轨道交通供电系统中如何进行防雷、防火、防爆?

# 单元 6 常用半导体器件

**教学目标**

1. 了解本征半导体、杂质半导体及 PN 结；
2. 掌握二极管的单向导电性；
3. 了解特殊二极管的特点及应用；
4. 掌握三极管的放大作用、开关作用及所需条件。

**建议学时**

8 学时

## 6.1 半导体的基础知识

电工电子技术的发展在近五十年来得到了飞速的发展，特别是微电子技术和其他高技术的发展，使城市轨道交通等领域以及人们的社会生活发生了令人瞩目的变化，世界进入了信息时代，而作为电工电子技术的另外一大分支——电子技术必将以更快的速度前进。

半导体元器件是电子技术的重要组成部分，由于它具有体积小、质量轻等特点而被广泛应用。集成电路特别是大规模和超大规模集成电路不断更新换代，致使电子设备在微型化、可靠性和电子系统设计的灵活性等方面有了重大的进步，因而电子技术成为当代高新技术的龙头。

### 6.1.1 半导体

#### 6.1.1.1 半导体的特点

半导体是导电能力介于导体与绝缘体之间的一种物质。半导体的导电性能有以下显著特点：

（1）杂敏性，又称掺杂性。半导体的导电能力因掺入适量杂质而发生很大的变化。利用这一特性，通过工艺手段，可以制造出不同性能、不同用途的半导体器件，如普通二极管、三极管、晶闸管、电阻和电容等。

(2) 热敏性,半导体的电阻率随温度上升而明显下降,导电能力随着温度的升高而迅速增加。利用这种热敏效应可制成热敏器件,热敏器件可以感知万分之一摄氏度的温度变化。

(3) 光敏性,半导体的导电能力随光照的变化有显著改变的特性。光照不仅可改变半导体的电导率,还可以产生电动势,是半导体的光电效应。利用光电效应可制成光敏电阻、光电晶体管、光电耦合器和光电池等。

在电子器件中,常用的半导体材料有:元素半导体,如硅(Si)、锗(Ge)等;化合物半导体,如砷化镓(GaAs)等;以及掺杂或制成其他化合物半导体的材料,如硼(B)、磷(P)铟(In)等。其中,硅是目前最常用的一种半导体材料。

半导体与金属和许多绝缘体一样,由原子组成,按照一定的规律排列,均具有晶体结构,如图6-1所示。

电脑主板上有很多小的元器件,这些元件主要是半导体元件,是电子线路的核心元件,只有掌握半导体元件的结构、性能、工作原理和特点,才能正确分析电子电路工作原理,才能正确选择和合理使用半导体元件。

#### 6.1.1.2 本征半导体

硅(Si)和锗(Ge),它们都是四价元素,在最外层原子轨道上具有四个电子,称为价电子。半导体具有晶体结构,它们的原子形成有序排列,邻近原子之间由共价键联结在一起。

本征半导体是一种完全纯净的、结构完整的半导体晶体。本征半导体又称纯净半导体。

本征半导体的导电能力很弱,原子之间的共价键结构非常稳定,价电子不易脱离束缚而成为自由电子,但是当获得足够的能量后,一些价电子可能挣脱共价键的束缚游离出来成为自由电子。会在原来的位置上留下一个"空位",使共价键不稳定,这个空位称为空穴。空穴的出现是半导体区别于导体的一个重要特点。

在半导体中,有两种载流子,即空穴和自由电子,如图6-2所示。

在本征半导体中,自由电子和空穴总是成对出现的。也就是说,有一个自由电子就必定有一个空穴,在任何时候,本征半导体中的自由电子和空穴数总是相等的。

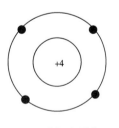
a) 硅和锗的原子结构

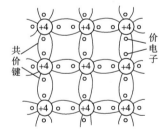
b) 硅和锗晶体的共价键结构

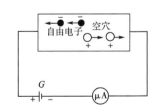

图6-1 半导体原子结构和晶体结构　　　图6-2 半导体的两种载流子

**想一想**

半导体有两种载流子参与导电,而金属导体只有自由电子,没有空穴。为什么?

#### 6.1.1.3 杂质半导体

为了提高半导体的导电性能,在本征半导体中掺入微量的杂质,就会使半导体的导电性能发生显著的改变。

根据掺杂物质的不同,杂质半导体可分为下列两种。

(1) P 型半导体。

在本征硅(或锗)中掺入少量的三价元素杂质,如硼(B),所形成的半导体为 P 型半导体。当它和周围的硅原子组成共价键时,由于缺少一个电子而形成空穴。控制掺入杂质的多少,便可控制空穴数量。这样,空穴数目就远大于自由电子数,在这种半导体中,以空穴导电为主,因此空穴为多数载流子。由于空穴带正电,这种半导体称为 P(Positive)型半导体(空穴型),如图 6-3 所示。

(2) N 型半导体。

在本征硅(或锗)中掺入少量的五价元素杂质,如磷(P),所形成的半导体为 N 型半导体。由于磷元素有 5 个价电子,其最外层的 4 个电子与相邻的 4 个硅(或锗)原子组成共价键结构,有 1 个价电子游离于共价键之外,成为自由电子。控制掺入杂质的多少,便可控制自由电子数量。这样,自由电子数目就远大于空穴数,在这种半导体中,以自由电子导电为主,因此自由电子为多数载流子。由于自由电子带负电,这种半导体称为 N(Negative)型半导体(自由电子型),如图 6-4 所示。

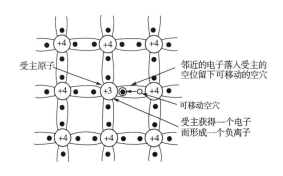

图 6-3 P 型半导体晶体结构　　图 6-4 N 型半导体晶体结构

**注意**:不论是 P 型半导体还是 N 型半导体,虽然都有一种载流子占多数,但晶体中带电粒子的正、负电荷数相等,仍然呈电中性而不带电。

### 6.1.2 PN 结

#### 6.1.2.1 PN 结的形成

PN 结是半导体的核心。

将 P 型半导体和 N 型半导体使用特殊工艺连在一起时,N 区中浓度高的自由电子会扩散到 P 区,并与 P 型半导体中的空穴复合。同时 P 区中浓度高的空穴会扩散到 N 区,并与 N 型半导体中的自由电子复合。在 P 型半导体和 N 型半导体的交界面上,可自由移动的空穴和自由电子相互中和形成了一个具有特殊电性能的薄层,称为空间电荷区,即 PN 结,如图 6-5 所示。

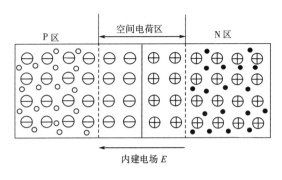

图6-5 PN结的形成

PN结的导电性可以通过下面的实验来验证。实验电路如图6-6所示。

图6-6中,将P区接在电池的正极上,N区通过小灯泡接在电池的负极上,小灯泡正常发光,此时的外加电压为正向电压,如图6-6a)所示。将电池的正、负极反接后,小灯泡不能发光,此时的外加电压为反向电压,如图6-6b)所示。

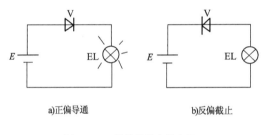

图6-6 PN结构的单向导电性

### 6.1.2.2 PN结的特性

PN结具有单向导电性。

PN结外加正向电压(又称正向偏置)时,即P端引出极接电源正极,N端引出极电源负极,如图6-7a)所示。这时外加电场与内电场方向相反,内电场被削弱,多数载流子的扩散运动大大超过少数载流子的漂移运动,N区的电子不断扩散到P区,P区的空穴也不断扩散到N区,形成较大的正向电流,这时称PN结处于导通状态。

PN结外加反向电压(又称反向偏置)时,即P端引出极接电源负极,N端引出极电源正极,如图6-7b)所示。反向偏置时内、外电场方向相同,因此内电场增强,致使多子的扩散难以进行,即PN结对反向电压呈高阻特性;反偏时少子的漂移运动虽然被加强,但由于数量极少,反向电流一般情况下可忽略不计,此时称PN结处于截止状态。

综上所述,PN结正向偏置时,处于导通状态,有较大电流通过;PN结反向偏置时,处于截止状态,有反向电流很小,这就是PN结的单向导电性。

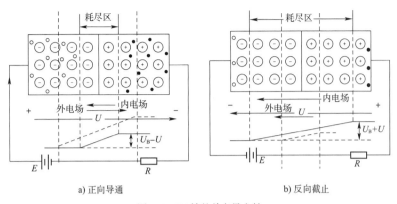

a) 正向导通

b) 反向截止

图 6-7 PN 结的单向导电性

## 6.2 二 极 管

### 6.2.1 二极管的结构和类型

二极管就是由一个 PN 结加上相应的电极引线及管壳封装而成的。由 P 区引出的电极称为阳极，N 区引出的电极称为阴极。因为 PN 结的单向导电性，二极管导通时电流方向是由阳极通过管子内部流向阴极。

二极管的种类很多，按材料来分，最常用的有硅管和锗管两种；按结构来分，有点接触型（电流小，高频应用）、面接触型（电流大，用于整流）；按用途来分，有普通二极管、整流二极管、稳压二极管等多种，如图 6-8、图 6-9 所示。

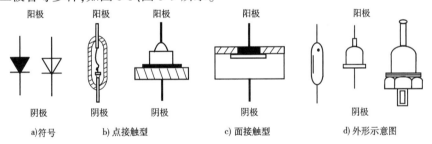

图 6-8 常用二极管的符号、结构和外形示意图

a) 整流二极管　　　b) 稳压二极管　　　c) 发光二极管

图 6-9 二极管图形符号

二极管两管脚有正、负极之分，二极管图形符号中，三角一端为正极，短杠一端为负极。二极管实物中，有的将电路符号印在二极管上标示出极性，有的在二极管负极一端印上一道色环作为负极标记，有的二极管两端形状不同，平头为正极，圆头为负极。使用中应注意识别。

按国家标准《半导体分立器件型号命名方法》（GB/T 249—2017）规定，二极管的型号由五部分组成,见表6-1。

常见的二极管有2AP7、2DZ54C等,根据表6-1可自行判断其意义。

二极管的型号组成及其意义　　　表6-1

| 第一部分 | | 第二部分(拼音) | | 第三部分(拼音) | | 第四部分 | 第五部分 |
|---|---|---|---|---|---|---|---|
| 用阿拉伯数字表示器件的电极数目 | | 用汉语拼音字母表示器件的材料和极性 | | 用汉语拼音字母表示器件的类型 | | 用阿拉伯数字表示登记顺序号 | 用汉语拼音字母表示规格号 |
| 符号 | 意义 | 符号 | 意义 | 符号 | 意义 | | |
| 3 | 三极管 | A | N型,锗材料 | P | 小信号管 | | |
| | | B | P型,锗材料 | H | 混频管 | | |
| | | C | N型,硅材料 | V | 检波管 | | |
| | | D | P型,硅材料 | W | 电压调整管和电压基准管 | | |
| | | E | 化合物或合金材料 | C | 变容管 | | |
| | | | | Z | 整流管 | | |
| | | | | L | 整流堆 | | |
| | | | | S | 隧道管 | | |
| | | | | K | 开关管 | | |
| | | | | N | 噪声管 | | |
| | | | | F | 限幅管 | | |
| | | | | X | 低频小功率晶体管 ($f<3\mathrm{MHz}, Pc<1\mathrm{W}$) | | |
| | | | | G | 高频小功率晶体管 ($f\geq3\mathrm{MHz}, Pc<1\mathrm{W}$) | | |
| | | | | D | 低频大功率晶体管 ($f<3\mathrm{MHz}, Pc\geq1\mathrm{W}$) | | |
| | | | | A | 高频大功率晶体管 ($f\geq3\mathrm{MHz}, Pc\geq1\mathrm{W}$) | | |
| | | | | T | 闸流管 | | |
| | | | | Y | 体效应管 | | |
| | | | | B | 雪崩管 | | |
| | | | | J | 阶跃恢复管 | | |

### 6.2.2　二极管的伏安特性及其检测

二极管的电流与电压的关系曲线,称为二极管的伏安特性。二极管的伏安特性曲线如图6-9所示。二极管的核心是一个PN结,具有单向导电性,其实际伏安特性与理论伏安特性略有区别。由图6-10可见,二极管的伏安特性曲线是非线性的,可分为三部分:正向特性、反向特性和反向击穿特性。

#### 6.2.2.1 正向特性

正向特性位于图中第一象限。当外加正向电压很低时,管子内多数载流子的扩散运动没形成,故正向电流几乎为零。当正向电压超过一定数值时,才有明显的正向电流,这个电压值称为死区电压。通常硅管的死区电压约为0.5V,锗管的死区电压约为0.2V。当正向电压大于死区电压后,正向电流迅速增长,曲线接近上升直线,在伏安特性的这一部分,当电流迅速增加时,二极管的正向压降变化很小,硅管正向压降为0.6~0.7V,锗管的正向压降为0.2~0.3V。二极管的伏安特性对温度很敏感,温度升高时,正向特性曲线向左移,如图6-9所示。这说明,对应同样大小的正向电流,正向压降随温升而减小。研究表明,温度每升高1℃,正向压降减小2mV。

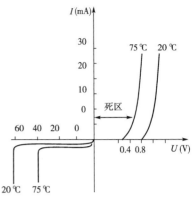

图6-10 二极管的伏安特性

#### 6.2.2.2 反向特性

反向特性位于图中第三象限。二极管加上反向电压时,形成很小的反向电流,且在一定温度下它的数量基本维持不变。因此,当反向电压在一定范围内增大时,反向电流的大小基本恒定,而与反向电压大小无关,故称为反向饱和电流。一般小功率锗管的反向电流可达几十微安(μA),而小功率硅管的反向电流要小得多,一般在0.1μA以下。当温度升高时,少数载流子数目增加,使反向电流增大,特性曲线下移。研究表明,温度每升高10℃,反向电流近似增大一倍。

当二极管的外加反向电压大于一定数值(反向击穿电压)时,反向电流突然急剧增加称为二极管反向击穿。反向击穿电压一般在几十伏以上。

 小贴士

### 理想二极管

当忽略二极管的正向压降和反向电流时,二极管称为理想二极管。理想二极管是一个电子开关,当其承受正向电压时开关闭合;当其承受反向电压时开关断开。

#### 6.2.2.3 二极管的管脚识别和检测

(1)检测时,万用表置于"R×1K"挡,两表笔分别接到二极管的两端,如果测得的电阻值较小,则为二极管的正向电阻,这时与黑表笔(即表内电池正极)相连接的是二极管正极,与红表笔(即表内电池负极)相连接的是二极管负极;如果测得的电阻值很大,则为二极管的反向电阻,这时与黑表笔相接的是二极管负极,与红表笔相接的是二极管正极。

(2)正常的二极管,其正、反向电阻的阻值应该相差很大,且反向电阻接近于无穷大。如果某二极管正、反向电阻值均为无穷大,说明该二极管内部断路损坏;如果正、反向电阻值均为0,说明该二极管已被击穿短路;如果正、反向电阻值相差不大,说明该二极管质量太差,也不宜使用。

(3)由于锗二极管和硅二极管的正向管压降不同,因此可以用测量二极管正向电阻的方法来区分锗二极管和硅二极管。如果正向电阻小于1kΩ,则为锗二极管;如果正向电阻为1~5kΩ,则为硅二极管。

### 6.2.3 二极管的主要参数

二极管的特性除用伏安特性曲线表示外,参数同样能反映二极管的电性能,器件的参数是正确选择和使用器件的依据。各种器件的参数由厂家产品手册给出,由于制造工艺方面的原因,即使同一型号的管子,参数也存在一定的分散性,因此手册常给出某个参数的范围。半导体二极管的主要参数有以下几个。

#### 6.2.3.1 最大整流电流 $I_{DM}$

$I_{DM}$指二极管长期工作时,允许通过的最大的正向平均电流。在使用时,若电流超过这个数值,将使PN结过热而把管子烧坏。

#### 6.2.3.2 反向工作峰值电压 $U_{RM}$

$U_{RM}$是指管子不被击穿所允许的最大反向电压。一般这个参数是二极管反向击穿电压的一半,若反向电压超过这个数值,管子将会有击穿的危险。

#### 6.2.3.3 反向峰值电流 $I_{RM}$

$I_{RM}$是指二极管加反向电压$U_{RM}$时的反向电流值,$I_{RM}$越小二极管的单向导电性越好。$I_{RM}$受温度影响很大,使用时要加以注意。硅管的反向电流较小,一般在几微安以下,锗管的反向电流较大,为硅管的几十到几百倍。

#### 6.2.3.4 最高工作频率 $f_M$

$f_M$指二极管单向导电作用开始明显退化的交流信号的频率。二极管在外加高频交流电压时,由于PN结的电容效应,单向导电作用退化。

### 6.2.4 二极管的典型应用电路

#### 6.2.4.1 开关电路

普通二极管可以作为电子开关,如图6-11所示。图中$u_i$为交流信号(有用信息),是受控对象,其电压幅值一般很小,几毫伏以下;$E$为控制二极管VD通断的直流电压,其值最大可达几伏以上。当$E=0$时,由于二极管的开启电压为0.5V左右,几毫伏的交流电压$u_i$不足使其导通,因此,二极管VD截止,近似为断路,输出电压$u_0=0$;当$E$为几伏以上时,二极管导通,近似为短路,输出交流电压$u_0=u_i$。由此可见,只要简单改变直流电压$E$的大小,就可以很方便地实现对交流信号的开关控制。

#### 6.2.4.2 整流电路

普通二极管可以用于整流电路,若电流较大,一般用大电流整流管。图6-12所示为简单整流电路,其输入、输出波形如图6-13所示。

整流的过程可以把双向交流电变为单向脉动交流电。脉动交流电虽然含有较大的直流成分,但由于脉动成分仍较大,所以还不能直接用作直流电。通常在输出端并接电容或串联电感滤除交流分量,从而使输出电压中的脉动成分大大减小,比较接近于直流电。

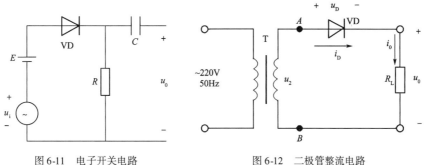

图 6-11　电子开关电路　　　　图 6-12　二极管整流电路

【例 6-1】　在图 6-14 所示电路中,当开关 S 闭合后,$H_1$、$H_2$ 两个指示灯哪一个可能发光?

**解**:由电路图可知,开关 S 闭合后,只有二极管 $VD_1$ 正极电位高于负极电位,即处于正向导通状态,所以 $H_1$ 指示灯发光。

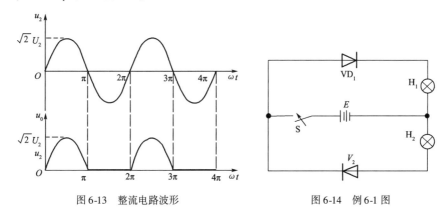

图 6-13　整流电路波形　　　　图 6-14　例 6-1 图

### 6.2.5　特殊二极管

#### 6.2.5.1　稳压二极管

稳压管是一种特殊的面接触型半导体硅二极管,具有稳定电压的作用。图 6-15a)所示为稳压管在电路中的正确连接方法;图 6-15b)、c)所示为稳压管的伏安特性及图形符号。稳压管与普通二极管的主要区别在于,稳压管是工作在 PN 结的反向击穿状态。通过在制造过程中的工艺措施和使用时限控制反向电流的大小,能保证稳压管在反向击穿状态下不会因过热而损坏。从稳压管的反向特性曲线可以看出,当反向电压较小时,反向电流几乎为零;当反向电压增高到击穿电压 $U_Z$(也是稳压管的工作电压)时,反向电流 $I_Z$(稳压管的工作电流)会急剧增加,稳压管反向击穿。在特性曲线 $ab$ 段,当 $I_Z$ 在较大范围内变化时,稳压管两端电压 $U_Z$ 基本不变,具有恒压特性,利用这一特性可以起到稳定电压的作用。

稳压管与一般二极管不一样,它的反向击穿是可逆的,只要不超过稳压管的允许值,PN 结就不会过热损坏,当外加反向电压去除后,稳压管恢复原性能,所以稳压管具有良好的重复击穿特性。

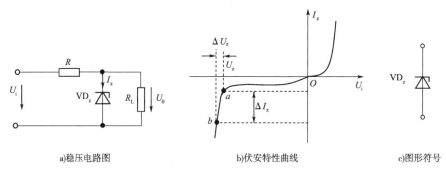

a)稳压电路图　　　　　　b)伏安特性曲线　　　　　c)图形符号

图 6-15　稳压管的电路图、电路符号和伏安特性

 小贴士

### 稳压二极管的应用

稳压二极管是利用 PN 结反向击穿后,其端电压在一定范围内基本保持不变的原理工作的。稳压二极管的作用是稳压,主要应用在各类稳压电路中。

#### 6.2.5.2　发光二极管

发光二极管是一种将电能直接转换成光能的半导体固体显示器件,简称 LED(Light Emitting Diode)。和普通二极管相似,发光二极管也是由一个 PN 结构成。发光二极管的 PN 结封装在透明塑料壳内,外形有方形、矩形和圆形等。发光二极管的驱动电压低、工作电流小,具有很强的抗振动和冲击能力,还有体积小、可靠性高、耗电省和寿命长等优点,广泛用于信号指示等电路中。在电子技术中常用的数码管,就是用发光二极管按一定的排列组成的。

图 6-16　发光二极管

发光二极管的原理与光电二极管相反。当这种管子正向偏置通过电流时会发出光来,这是由于电子与空穴直接复合时放出能量的结果。它的光谱范围比较窄,其波长由所使用的基本材料而定。不同半导体材料制造的发光二极管发出不同颜色的光,如磷砷化镓(GaAsP)材料发红光或黄光,磷化镓(GaP)材料发红光或绿光,氮化镓(GaN)材料发蓝光,碳化硅(SiC)材料发黄光,砷化镓(GaAs)材料发不可见的红外线,如图 6-16 所示。

发光二极管的伏安特性和普通二极管相似,死区电压为 $0.9 \sim 1.1V$,其正向工作电压为 $1.5 \sim 2.5V$,工作电流为 $5 \sim 15mA$。反向击穿电压较低,一般小于 $10V$。

#### 6.2.5.3　光电二极管

光电二极管又称光敏二极管。它的管壳上备有一个玻璃窗口,以便于接受光照。其特点是,当光线照射于它的 PN 结时,可以成对地产生自由电子和空穴,使半导体中少数载流子的浓度提高。这些载流子在一定的反向偏置电压作用下可以产生漂移电流,使反向电流增大。因此它的反向电流随光照强度的增加而线性增大,这时光电二极管等效于一个恒流源。当无光照时,光电二极管的伏安特性与普通二极管一样。光电二极管的等效电路如图 6-17a) 所示,图 6-17b) 为光电二极管的图形符号。

光电二极管作为光控元件,可用于各种物体检测、光电控制、自动报警等方面。当制成大面积的光电二极管时,可当作一种能源而称为光电池。此时它不需要外加电源,就能够直接把光能变成电能。

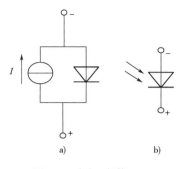

图 6-17 光电二极管

利用特殊二极管的特性分析光电耦合器与遥控器。

## 6.3 三极管

### 6.3.1 三极管的结构和类型

三极管内部有两个 PN 结,且 N 型半导体和 P 型半导体交错排列形成三个区,分别称为发射区、基区和集电区。从三个区引出的引脚分别称为发射极、基极和集电极,用符号 e、b、c 表示。处在发射区和基区交界处的 PN 结称为发射结;处在基区和集电区交界处的 PN 结称为集电结。根据组成结构的不同,三极管分为 NPN 型三极管和 PNP 型三极管,如图 6-18 所示。符号中箭头的指向表示发射结处在正向偏置时电流的流向。

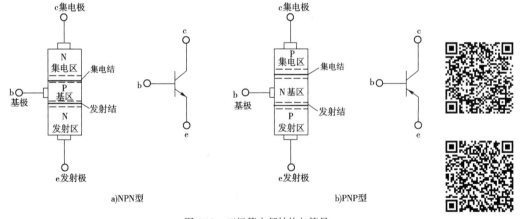

图 6-18 三极管内部结构与符号

三极管通常又称双极型晶体管,简称晶体管。三极管在电路中常用字母 V 表示。因三极管内部的两个 PN 结相互影响,使三极管呈现出单个 PN 结所没有的电流放大的功能,开拓了 PN 结应用的新领域,促进了电子技术的发展。

三极管除了 PNP 和 NPN 两种类别的区分外,还有很多种类。根据三极管工作频率的不同,可将三极管分为低频管和高频管;根据三极管消耗功率的不同,可将三极管分为小功率管、中功率管和大功率管等。

常见三极管的外形如图 6-19 所示。

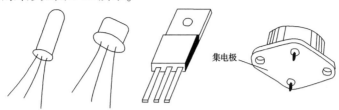

图 6-19　几种三极管外形

按国家标准《半导体分立器件型号命名方法》(GB/T 249—2017)规定,三极管的型号由五部分组成,见表 6-2。

三极管的型号组成及其意义　　　　　　　　　　　　　　　　　　表 6-2

| 第一部分 | | 第二部分(拼音) | | 第三部分(拼音) | | 第四部分 | 第五部分 |
|---|---|---|---|---|---|---|---|
| 用阿拉伯数字表示器件的电极数目 | | 用汉语拼音字母表示器件的材料和极性 | | 用汉语拼音字母表示器件的类型 | | 用阿拉伯数字表示登记顺序号 | 用汉语拼音字母表示规格号 |
| 符号 | 意义 | 符号 | 意义 | 符号 | 意义 | | |
| 3 | 三极管 | A | PNP 型,锗材料 | P | 小信号管 | | |
| | | B | NPN 型,锗材料 | H | 混频管 | | |
| | | C | PNP 型,硅材料 | V | 检波管 | | |
| | | D | NPN 型,硅材料 | W | 电压调整管和电压基准管 | | |
| | | E | 化合物或合金材料 | C | 变容管 | | |
| | | | | Z | 整流管 | | |
| | | | | L | 整流堆 | | |
| | | | | S | 隧道管 | | |
| | | | | K | 开关管 | | |
| | | | | N | 噪声管 | | |
| | | | | F | 限幅管 | | |
| | | | | X | 低频小功率三极管 ($f<3\mathrm{MHz}, Pc<1\mathrm{W}$) | | |
| | | | | G | 高频小功率三极管 ($f\geqslant 3\mathrm{MHz}, Pc<1\mathrm{W}$) | | |
| | | | | D | 低频大功率三极管 ($f<3\mathrm{MHz}, Pc\geqslant 1\mathrm{W}$) | | |
| | | | | A | 高频大功率三极管 ($f\geqslant 3\mathrm{MHz}, Pc\geqslant 1\mathrm{W}$) | | |
| | | | | T | 闸流管 | | |
| | | | | Y | 体效应管 | | |
| | | | | B | 雪崩管 | | |
| | | | | J | 阶跃恢复管 | | |

常见的三极管有 3DG130C、3AX52B 等,根据表 6-1 可自行判断它们的意义。如:3AX81C 为 PNP 型锗材料低频小功率三极管(C 为区别代号)。

### 6.3.2 三极管的电流分配与放大作用

#### 6.3.2.1 三极管的结构特点

三极管具有电流放大作用,其结构有以下特点:

(1)为了便于发射结发射电子,发射区半导体的掺杂溶度远高于基区半导体的掺杂溶度,且发射结的面积较小。

(2)发射区和集电区虽为同一性质的掺杂半导体,但发射区的掺杂溶度要高于集电区的掺杂溶度,且集电结的面积要比发射结的面积大,便于收集电子。

(3)联系发射结和集电结两个 PN 结的基区非常薄,且掺杂溶度也很低。

上述的结构特点是三极管具有电流放大作用的内因。要使三极管具有电流放大作用,除了三极管的内因外,还要有外部条件:三极管的发射极为正向偏置,集电结为反向偏置。

#### 6.3.2.2 三极管的电流分配关系和电流放大系数

如图 6-20 所示,在实验电路中,由基极 b、发射结、发射极 e、电源 $U_{BB}$ 和电位器 $R_B$ 组成的回路称为基极回路。由集电极 c、三极管 V、发射极 e、电源 $U_{CC}$ 组成的回路称为集电极回路。

改变基极回路中电位器 $R_B$ 的阻值,导致发射结正偏电压 $U_{BE}$ 变化,使基极电流 $I_B$ 变化。$I_B$ 变化引起集电极电流 $I_C$ 和发射极电流 $I_E$ 都随之发生变化。且三极管三个电极的电流 $I_E$、$I_B$、$I_C$ 之间的关系满足:

$$I_E = I_B + I_C \qquad (6-1)$$

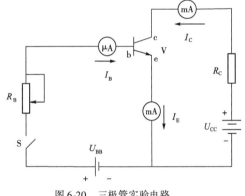

图 6-20　三极管实验电路

且 $I_C$ 稍小于 $I_E$,而比 $I_B$ 大得多。因此集电极电流与发射极电流近似相等,即 $I_E \approx I_C$。

**小贴士**

### 三极管的电流放大作用

三极管基极电流 $I_B$ 的微小变化会引起集电极电流 $I_C$ 的较大变化。利用三极管的电流放大作用可以把微弱的电信号放大到所需要的数值。

### 6.3.3 三极管的伏安特性

三极管的特性曲线是描述三极管各个电极之间电压与电流关系的曲线,它们是三极管内部载流子运动规律在管子外部的表现。三极管的特性曲线反映了它的技术性能,是分析放大电路技术指标的重要依据。三极管特性曲线可在三极管图示仪上直观地显示出来,也可从手册上查到某一型号三极管的典型曲线。

三极管共发射极放大电路的特性曲线有输入特性曲线和输出特性曲线,下面以硅材料 NPN 型三极管为例,来讨论三极管共射电路的特性曲线。

#### 6.3.3.1 输入特性曲线

输入特性曲线是描述三极管在管压降 $U_{CE}$ 保持不变的前提下,基极电流 $i_B$ 和发射结压降 $u_{BE}$ 之间的关系,三极管的输入特性曲线如图 6-21 所示。

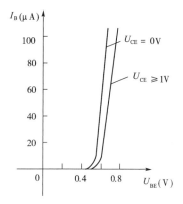

图 6-21　三极管输入特性曲线

由图 6-21 可见,NPN 型三极管共射极输入特性曲线的特点如下:

(1)在输入特性曲线上也有一个开启电压,在开启电压内,$u_{BE}$ 虽已大于零,但 $i_B$ 几乎仍为零,只有当 $u_{BE}$ 的值大于开启电压后,$i_B$ 的值才与二极管一样随 $u_{BE}$ 的增加按指数规律增大。硅三极管的开启电压约为 0.5V,发射结导通电压为 0.6~0.7V;锗三极管的开启电压约为 0.2V,发射结导通电压为 0.2~0.3V。

(2)当 $U_{CE}=0V$ 时,相当于集电极和发射极短路,即集电结和发射结并联,输入特性曲线和 PN 结的正向特性曲线相类似。由于正常工作时,要求集电结反偏,所以对于硅三极管来说,总有 $U_{CE} \geqslant 1V$(正常工作时,硅三极管发射结正偏电压 $U_{BE}$ 为 0.6~0.7V)。而且三极管图示仪测量出 $U_{CE} \geqslant 1V$ 以后的输入特性曲线都是重合的。为此,只要给出 $U_{CE}=1V$ 时的输入特性就可以了。

#### 6.3.3.2 输出特性曲线

输出特性曲线是描述三极管在输入电流 $I_B$ 保持不变的前提下,集电极电流 $i_C$ 和管压降 $u_{CE}$ 之间的关系。

三极管的输出特性曲线如图 6-22 所示。由图 6-22 可见,当 $I_B$ 改变时,$i_C$ 和 $u_{CE}$ 的关系是一组平行的曲线族,并有截止、放大、饱和三个工作区。

(1)截止区。

$I_B=0$ 特性曲线以下的区域称为截止区。此时三极管的集电结处于反偏,发射结电压 $u_{BE}<0$,也是处于反偏的状态。由于 $I_B=0$,在反向饱和电流可忽略的前提下,$I_C$ 也等于 0,三极管无电流的放大作用。处在截止状态下的三极管,发射极和集电结都是反偏,在电路中犹如一个断开的开关。实际的情况是:处在截止状态下的三极管集电极有很小的电流 $I_{CEO}$,该电流称为三极管的穿透电流,它是在基极开路时测得的集电极—发射极间的电流,不受 $I_B$ 的控制,但受温度的影响。

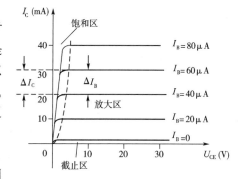

图 6-22　三极管的输出特性曲线

(2)饱和区。

在图 6-22 所示的三极管放大电路中,集电极接有电阻 $R_C$。如果电源电压 $U_{CC}$ 一定,当集

电极电流 $i_C$ 增大时,$u_{CE} = U_{CC} - i_C R_C$ 将下降。对于硅三极管,当 $u_{CE}$ 降低到小于 0.7V 时,集电结也进入正向偏置的状态,集电极吸引电子的能力将下降,此时 $I_B$ 再增大,$I_C$ 几乎就不再增大了,三极管失去了电流放大的作用。处于这种状态下工作的三极管称为饱和。

规定 $U_{CE} = U_{BE}$ 时的状态为临界饱和态,图 6-22 中的虚线为临界饱和线。三极管饱和时的 $U_{CE}$ 值称为饱和管压降,记作 $U_{CES}$。小功率硅三极管的 $U_{CES}$ 约为 0.3V,锗三极管的 $U_{CES}$ 约为 0.1V。当三极管两端的电压 $U_{CE} < U_{CES}$ 时,三极管将进入深度饱和的状态,在深度饱和的状态下,$I_C = \beta I_B$ 的关系不成立,三极管的发射结和集电结都处于正向偏置会导电的状态下,在电路中犹如一个闭合的开关。

三极管截止和饱和的状态与开关断、通的特性很相似,数字电路中的各种开关电路就是利用三极管的这种特性来制作的。

(3) 放大区。

三极管输出特性曲线饱和区和截止区之间的部分就是放大区。工作在放大区的三极管才具有电流的放大作用。此时三极管的发射结处在正偏,集电结处在反偏。

**小贴士**

**三极管的应用**

三极管有三种工作状态,在模拟电子电路中,三极管大多工作在放大状态,作为放大管使用;在数字电子电路中,三极管大多工作在饱和和截止状态,作为开关使用。

### 6.3.4 三极管的主要参数

#### 6.3.4.1 电流放大系数 $\bar{\beta}$ 和 $\beta$

在三极管放大电路中,若交流输入信号为零,则三极管各极间的电压和电流都是直流量,此时的集电极电流 $I_C$ 和基极电流 $I_B$ 的比就是 $\bar{\beta}$,$\bar{\beta}$ 称为共射直流电流放大系数。

当三极管放大电路有交流信号输入时,因交流信号的作用,必然会引起 $I_B$ 的变化,相应的也会引起 $I_C$ 的变化,两电流变化量的比 $\beta$ 称为交流电流放大系数。

$$\bar{\beta} = I_C/I_E \quad \beta = \Delta I_C/\Delta I_E \tag{6-2}$$

电流放大系数 $\bar{\beta}$ 和 $\beta$ 的含义虽然不同,但工作在输出特性曲线放大区平坦部分的三极管,两者的差异极小,可做近似相等处理,故在今后应用时,通常不加区分,直接互相替代使用。

由于工艺的分散性,一个三极管做成以后,它的 $\bar{\beta}$ 就确定了。同一型号三极管的 $\beta$ 值差异较大。常用的小功率三极管,$\beta$ 值一般为 20 ~ 100。$\beta$ 过小,三极管的电流放大作用小;$\beta$ 过大,三极管工作的稳定性差,一般选用 $\beta$ 在 40 ~ 80 之间的三极管较为合适。此外,$\beta$ 还与工作温度有关,温度每升高 1℃,$\beta$ 值增加 0.5% ~ 1%。

#### 6.3.4.2 极间反向饱和电流 $I_{CBS}$ 和 $I_{CES}$

(1) 集电结反向饱和电流 $I_{CBS}$ 是指发射极开路,集电结加反向电压时测得的集电极电流。常温下，硅三极管的 $I_{CBS}$ 在 nA($10^{-9}$)的量级，通常可忽略。

(2)集电极—发射极反向电流 $I_{CES}$ 是指基极开路时，集电极与发射极之间的反向电流，即穿透电流，穿透电流的大小受温度的影响较大，穿透电流小的三极管热稳定性好。

### 6.3.4.3 极限参数

(1)集电极最大允许电流 $I_{CM}$。

三极管的集电极电流 $I_C$ 在相当大的范围内 $\beta$ 值基本保持不变，但当 $I_C$ 的数值大到一定程度时，电流放大系数 $\beta$ 值将下降。使 $\beta$ 明显减少的 $I_C$ 即为 $I_{CM}$。为了使三极管在放大电路中能正常工作，$I_C$ 不应超过 $I_{CM}$。

(2)集电极最大允许功耗 $P_{CM}$。

三极管工作时，集电极电流在集电结上将产生热量，产生热量所消耗的功率就是集电极的功耗 $P_{CM}$，即：

$$P_{CM} = I_{CM} U_{CE} \tag{6-3}$$

功耗与三极管的结温有关，结温又与环境温度、三极管是否有散热器等条件相关。根据式(6-3)可在输出特性曲线上作出三极管的允许功耗线，如图 6-23 所示。功耗线在左下方为安全工作区，右上方为过损耗区。

手册上给出的 $P_{CM}$ 值是在常温下 25℃ 时测得的。硅管集电结的上限温度为 150℃ 左右，锗管为 70℃ 左右，使用时应注意不要超过此值，否则三极管将损坏。

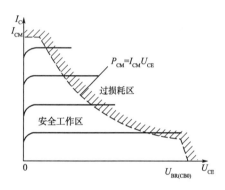

图 6-23 三极管极限参数

(3)反向击穿电压 $U_{BR(CES)}$。

反向击穿电压 $U_{BR(CES)}$ 是指基极开路时，加在集电极与发射极之间的最大允许电压。使用中如果管子两端的电压 $U_{CE} > U_{BR(CES)}$，集电极电流 $I_C$ 将急剧增大，这种现象称为击穿。三极管击穿将造成三极管永久性的损坏。三极管电路在电源 $U_{CC}$ 的值选得过大时，有可能会出现；当三极管截止时，$U_{CE} > U_{BR(CES)}$，出现三极管被击穿而损坏的现象。一般情况下，三极管电路的电源电压 $U_{CC}$ 应小于 $1/2\ U_{BR}$。

### 6.3.4.4 温度对三极管参数的影响

几乎所有的三极管参数都与温度有关，因此不容忽视。温度对下列三个参数的影响最大。

(1)温度对 $\beta$ 的影响。

三极管的 $\beta$ 随温度的升高将增大，温度每上升 1℃，$\beta$ 值增大 0.5%~1%，其结果是在相同的 $I_B$ 情况下，集电极电流 $I_C$ 随温度上升而增大。

(2)温度对反向饱和电流 $I_{CES}$ 的影响。

$I_{CES}$ 是由少数载流子漂移运动形成的，它与环境温度关系很大，$I_{CES}$ 随温度上升会急剧增加。温度上升 10℃，$I_{CES}$ 将增加一倍。由于硅管的 $I_{CES}$ 很小，所以，温度对硅管 $I_{CES}$ 的影响不大。

(3)温度对发射结电压 $u_{BE}$ 的影响。

和二极管的正向特性一样，温度上升 1℃，$u_{BE}$ 将下降 2~2.5mV。

综上所述，随着温度的上升，$\beta$ 值将增大，$i_C$ 也将增大，$u_{CE}$ 将下降，这对三极管放大作用不利,使用中应采取相应的措施克服温度的影响。

## 复习思考题

1. 最常用的半导体材料有哪几种?
2. 本征半导体中有哪几种载流子?
3. P 型半导体和 N 型半导体有什么区别?
4. 什么是 PN 结?PN 结最重要的导电性是什么?
5. 硅二极管和锗二极管的导通电压各是多少?
6. 如何用万用表判别二极管的极性?
7. 三极管有几种工作状态?不同的工作状态需要的条件是什么?
8. 稳压二极管要起到稳压的作用,必须满足什么条件?
9. 二极管电路如图 6-24 所示,$VD_1$、$VD_2$ 为理想二极管,判断图中的二极管是导通还是截止,并求 AO 两端的电压 $U_{AO}$。

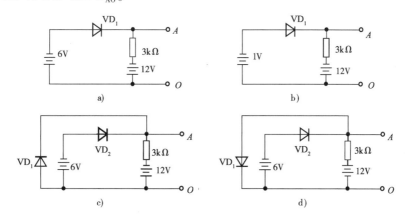

图 6-24　第 9 题图

10. 测得某放大电路中三极管的三个电极 A、B、C 的对地点位分别是 $U_A = -9V$、$U_B = -6V$、$U_C = -6.2V$,试分析 A、B、C 中哪个是基极 b、发射极 e、集电极 c,并说明此三极管是 NPN 管还是 PNP 管。

11. 在选择三极管时应注意什么问题?

# 单元 7 交流放大电路

**教学目标**

1. 掌握共射极放大电路的结构及各元件的作用；
2. 了解三极管放大电路的微变等效；
3. 掌握三极管放大电路的分析方法；
4. 掌握分压式偏置电路，了解稳定静态工作点的原理；
5. 了解多级放大电路的分类及特点；
6. 掌握反馈的判断和对电路的影响；
7. 掌握功率放大电路的工作原理。

**建议学时**

10 学时

## 7.1 共射极基本放大电路

在广播、通信、测量和自动控制中，经常需要将微弱的电信号放大，以便有效地进行处理。放大微弱信号的电路以三极管或场效应晶体管为主要组成部分，利用三极管的电流控制作用或场效应晶体管的电压控制作用实现放大。三极管具有电流放大作用，本单元将讨论如何使用三极管构成一个电路，实现对输入信号的放大。

基本放大电路一般是指由一个三极管或场效应晶体管组成的放大电路。从电路的角度来看，可以将基本放大电路看成一个双端口网络。放大的作用体现在如下方面：

（1）放大电路主要利用三极管或场效应晶体管的控制作用放大微弱信号，输出信号在电压或电流的幅度上得到了放大，输出信号的能量得到了加强。

（2）输出信号的能量实际上是由直流电源提供的，只是经过三极管的控制，使之转换成信号能量，提供给负载。放大电路的结构如图 7-1 所示。

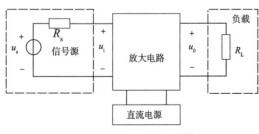

图 7-1 放大电路的结构

### 7.1.1 共射极基本放大电路的组成

共发射极放大电路如图 7-2 所示。放大电路的组成原则如下：

(1) 放大电路的核心元件三极管工作在放大状态，即要求其发射结正偏、集电结反偏。

(2) 输入回路的设置应当使输入信号耦合到三极管的输入电极，并形成变化的基极电流 $I_B$，进而产生三极管的电流控制关系，变成变化的集电极电流 $I_C$。

(3) 输出回路的设置应当保证三极管放大后的电流信号能够转换成负载需要的电压形式。

(4) 信号通过放大电路时不允许出现失真。

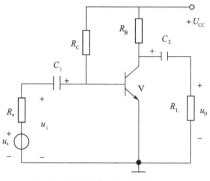

图 7-2 单管共射极放大电路

### 7.1.2 各元器件的作用

#### 7.1.2.1 三极管 V

三极管是放大电路的核心元件，利用其基极小电流控制集电极较大电流的作用，使输入的微弱电信号通过直流电源 $U_{CC}$ 提供能量，获得一个能量较强的输出电信号。

#### 7.1.2.2 集电极电源 $U_{CC}$

实用中通常采用单电源供电方式，在这个电路中，直流电源常用 $U_{CC}$ 表示。$U_{CC}$ 的作用有两个：一是为放大电路提供能量，二是保证三极管的发射结正偏，集电结反偏。交流信号下的 $U_{CC}$ 呈交流接地状态，$U_{CC}$ 的数值一般为几伏至几十伏。

#### 7.1.2.3 集电极电阻 $R_C$

$R_C$ 的阻值一般为几千欧至几十千欧。其作用是将集电极的电流变化转换成三极管集、射极间的电压变化，以实现由放大电路负载上获得电压放大的目的。

#### 7.1.2.4 固定偏置电阻 $R_B$

$R_B$ 的阻值一般为几十千欧至几百千欧。主要作用是保证发射结正向偏置，并提供一定的基极电流 $I_B$，使放大电路获得一个合适的静态工作点。

#### 7.1.2.5 耦合电容 $C_1$ 和 $C_2$

$C_1$ 和 $C_2$ 在电路中的作用是"隔离直流通过交流"。电容的容抗 $X_C$ 与频率 $f$ 为反比关系，因此，在直流情况下，电容相当于开路，使放大电路与信号源之间可靠隔离；在电容量足够大的情况下，耦合电容对规定频率范围内的交流输入信号呈现的容抗极小，可近似视为短路，从而让交流信号无衰减地通过。

### 7.1.3 放大原理

在输入信号为零时，直流电源通过各偏置电阻为三极管提供直流的基极电流和直流集电极电流，并在三极管的三个极间形成一定的直流电压。由于耦合电容的隔直流作用，直流电压无法到达放大电路的输入端和输出端。

当输入交流信号通过耦合电容 $C_1$ 和 $C_2$ 加在三极管的发射结上时，发射结上的电压变成交、直流的叠加。放大电路中信号的情况比较复杂，各信号的符号规定如下：

$u_{BE}$ 代表发射结上的交直流总电压,变量为斜体小写,下标为正体大写;$u_{be}$ 代表交流量,变量为斜体小写,下标为正体小写;$U_{BE}$ 代表直流量,相当于平均值,将交流量的正半周填平负半周,如图 7-3 所示。所以:

$$u_{BE} = U_{BE} + u_{be} \tag{7-1}$$

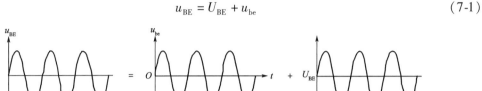

图 7-3 波形图

由于 $u_{BE}$ 的改变,使基极电流发生改变,从而使集电极电流变化:

$$i_B = I_B + i_b \quad i_C = I_C + i_c \tag{7-2}$$

集电极电流变化,通过在 $R_c$ 上电压降的变化造成三极管 $c$、$e$ 间管压降的变化:

$$u_{CE} = U_{CC} - i_C R_c \tag{7-3}$$

由于三极管的电流放大作用,$i_c$ 要比 $i_b$ 大几十倍,一般来说,只要电路参数设置合适,输出电压可以比输入电压高许多倍。$u_{CE}$ 中的交流量有一部分经过耦合电容到达负载电阻,形成输出电压,完成电路的放大作用。

由此可见,放大电路中三极管集电极的直流信号不随输入信号而改变,而交流信号随输入信号发生变化。在放大过程中,集电极交流信号是叠加在直流信号上的,经过耦合电容,从输出端提取的只是交流信号。因此,在分析放大电路时,可以采用将交、直流信号分开的办法,可以分成直流通路和交流通路来分析。

##  7.2 放大电路的分析方法

放大电路的工作状态分为交流和直流状态,分别称为"动态"和"静态"。分析电路的步骤是先静态、后动态。常用的分析方法有计算法、图解法和微变等效电路法。由于三极管的特性曲线是非线性的,不能用数学表达式来描述,只能用特性曲线来表示。在分析放大电路时,可采用图解的方法,在放大电路的输入回路,三极管的一方,可以用三极管的输入特性曲线表示;外电路的一方,可以用基极回路直流通路方程式来描述。在放大电路的输出回路,可以用三极管的输出特性曲线和输出侧直流通路的方程式来描述。曲线是非线性的,方程式是线性的,在坐标平面上,二者交点的坐标值就是解。由于纯粹的图解方法比较麻烦,所以工程上往往采用计算法对放大电路的静态进行求解,或用计算和图解混合的方法进行求解。分析放大电路时必须建立正确的静态和动态的概念。

静态——输入信号等于 0 时放大电路的工作状态,也称直流工作状态。

动态——输入信号不等于 0 时放大电路的工作状态,也称交流工作状态。

分析放大电路必须要正确地区分静态和动态,放大电路建立正确的静态,是保证动态工作的前提,没有正确的静态就不可能有正确的动态。在进行放大电路动态分析之前,必须先进行静态分析,静止工作状态正确了,动态的分析才有意义。

### 7.2.1 静态分析

当放大电路没有输入信号,即 $u_i = 0$ 时的工作状态称为静态。静态分析的主要任务是确定放大电路的静态值(直流值) $I_{BQ}$、$I_{CQ}$、$U_{BEQ}$ 和 $U_{CEQ}$。这些静态值的大小反映了静态时放大电路的工作情况,被称为"静态工作点"值。"静态工作点"值关系放大电路能否正常实现放大及放大质量的好坏,合适的"静态工作点"值是放大电路提供正常放大的必备条件。

#### 7.2.1.1 直流通路及画法

所谓直流通路,是指放大电路中直流电流流过的路径。它是进行"静态工作点"值估算的基础。由于电容 $C_1$ 和 $C_2$ 的隔直作用,图 7-2 可简化成图 7-4 所示的形式。

#### 7.2.1.2 静态工作点的估算

由图 7-4 共射极基本放大电路的直流通路,可知:

$$I_{BQ} \cdot R_B + U_{BEQ} = U_{CC}$$

则基极电流:

$$I_{BQ} = \frac{U_{CC} - U_{BEQ}}{R_B} \quad (7\text{-}4)$$

因硅三极管的 $U_{BEQ}$ 为 0.7V,锗三极管为 0.3V,一般情况下,$U_{CC} >> U_{BEQ}$,忽略 $U_{BEQ}$ 时,则有:

$$I_{BQ} \approx \frac{U_{CC}}{R_B}$$

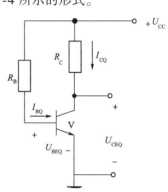

图 7-4 共射极基本放大电路的直流通路

集电极电流:

$$I_{CQ} = \beta I_{BQ} \quad (7\text{-}5)$$

集电极发射极电压:

$$U_{CEQ} = U_{CC} - I_{CQ} \cdot R_C \quad (7\text{-}6)$$

#### 7.2.1.3 静态工作点的图解法

静态工作点的图解法就是利用在三极管输入特性和输出特性曲线上绘图的方法,确定静态工作点,解出各静态值。具体步骤如下:

(1) 由式(7-4)求解出 $I_{BQ}$,静态工作点必定位于静态基极电流 $I_{BQ}$ 所对应的输出特性曲线上。

(2) 由集电极输出回路,列直流负载方程式 $U_{CE} = U_{CC} - I_C R_C$,在输出特性曲线 $X$ 轴及 $Y$ 轴上确定两个特殊点 $U_{CC}$ 和 $U_{CC}/R_C$,即可画出直流负载线。

(3) 直流负载线与输出特性曲线上所对应的静态基极电流 $I_{BQ}$ 相交一点 $Q$,即为静态工作点。于是可得到 $Q$ 点在 $X$ 轴上的数值 $U_{CEQ}$,在 $Y$ 轴上的数值 $I_{CQ}$,如图 7-5 所示。

一般在放大电路中,均是小信号工作,不会进入饱和区和截止区,只要静态工作点合适,不必考虑失真问

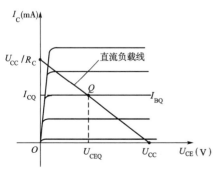

图 7-5 静态工作点图解法

题。但在大信号运用时,或工作点设置不正确,会产生失真。为了具体研究三极管工作的动态范围或失真的情况,才需要在输出特性曲线上进行作图。

### 7.2.2 动态分析

当放大电路有输入信号,即 $u_i \neq 0$ 时的工作状态称为动态。动态分析就是分析信号在电路中的传输情况,即分析各个电压、电流随输入信号变化的情况。

#### 7.2.2.1 交流通路及画法

交流信号在放大电路中的传输通道称为交流通路。画交流通路的原则是在信号频率范围内,电路中耦合电容 $C_1$、$C_2$ 的容抗 $X_C$ 很小,可视为短路;直流电源的内阻一般很小,可忽略,视为短路。按此原则画出图 7-2 电路的交流通路如图 7-6 所示。

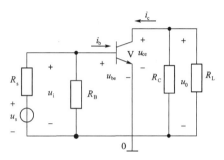

图 7-6 共射极基本放大电路的交流通路

#### 7.2.2.2 微变等效电路分析法

把非线性元件三极管所组成的放大电路等效成一个线性电路,就是放大电路的微变等效电路,然后用线性电路的分析方法来分析,这种方法称为微变等效电路分析法。等效的条件是三极管在小信号(微变量)情况下工作。这样就能在静态工作点附近的小范围内,用直线段近似地代替三极管的特性曲线。微变等效电路如图 7-7 所示。

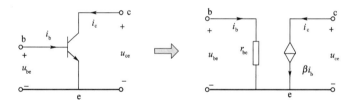

图 7-7 微变等效电路

在此处引入三极管输入电阻的计算公式如下:

$$r_{be} \approx 300 + (1+\beta)\frac{26(\text{mV})}{I_{EQ}(\text{mA})} \tag{7-7}$$

则图 7-6 的微变等效电路如图 7-8 所示。

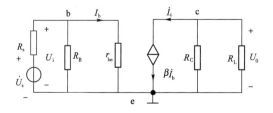

图 7-8 放大电路的等效电路

电压放大倍数：

$$A_u = \frac{\dot{U}_0}{\dot{U}_i} = \frac{-\dot{I}_c(R_L//R_C)}{\dot{I}_b r_{be}} = -\frac{\beta R'_L}{r_{be}} \tag{7-8}$$

输入电阻指从放大电路输入端看进去的等效电阻，定义为：

$$r_i = r_{be}//R_B \tag{7-9}$$

输出电阻指放大器信号源短路、负载开路，从输出端看进去的等效电阻，定义为：

$$r_0 \approx R_C \tag{7-10}$$

【例 7-1】 如图 7-2 所示的电路中，若 $U_{CC}=12V, R_B=200k\Omega, R_C=2k\Omega$，负载电阻 $R_L=2k\Omega, \beta=50$，试用近似估算法求：①静态工作点；②输入电阻、输出电阻；③空载和有载时的电压放大倍数。

**解**：①静态工作点：

$$I_{BQ} \approx \frac{U_{CC}}{R_B} = \frac{12}{200 \times 10^3} = 0.06 \text{ (mA)}$$

$$I_{CQ} = \beta I_{BQ} = 50 \times 0.06 = 3 \text{ (mA)}$$

$$U_{CEQ} = U_{CC} - I_{CQ} \cdot R_C = 12 - 3 \times 10^{-3} \times 2 \times 10^3 = 6 \text{ (V)}$$

②输入电阻和输出电阻：

$$r_{be} \approx 300 + (1+\beta)\frac{26(\text{mV})}{I_{EQ}(\text{mA})} = 300 + (1+50)\frac{26}{3} = 742(\Omega)$$

$$r_i = r_{be}//R_B = 742//200 \times 10^3 \approx 742(\Omega)$$

$$r_0 \approx R_C = 2 \text{ (k}\Omega)$$

③空载时：

$$A_u = -\frac{\beta R_C}{r_{be}} = -50 \times \frac{2}{0.742} \approx -135$$

有载时：

$$R'_L = R_L//R_C = 1 \text{ (k}\Omega)$$

$$A_u = -\frac{\beta R'_L}{r_{be}} = -50 \times \frac{1}{0.742} \approx -68$$

### 7.2.3 单管放大电路的波形测试

#### 7.2.3.1 波形的非线性失真

放大电路输出信号要求其形状保持输入信号的形状，如果输出波形的形状与输入波形不同，输出波形产生变形称为波形失真。产生失真的原因有多种，这里介绍的是由于三极管输出与输入关系的非线性引起的失真，称为非线性失真。三极管特性曲线的线性区是有一定范围的,如果放大电路工作时,由于静态工作点接近饱和区或截止区,或是工作点正确,但输入信号太大,使三极管的工作范围超出了特性曲线的线性区,交流量在饱和区或截止区放大倍数低或不能放大就会产生非线性失真。非线性失真包括饱和失真和截止失真,如图7-9所示。

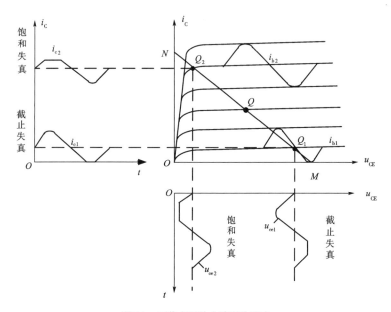

图7-9　工作点对放大波形的影响

饱和失真是由于放大电路的工作点达到了三极管特性曲线的饱和区而引起的非线性失真。

截止失真是由于放大电路的工作点达到了三极管特性曲线的截止区而引起的非线性失真。

#### 7.2.3.2　放大电路的最大不失真输出幅度

放大电路要想获得大的不失真输出幅度,需要工作点 $Q$ 设置在输出特性曲线放大区的中间部位,并且要有合适的交流负载线。

## 7.3　分压偏置电路及静态工作点的稳定

### 7.3.1　温度对静态工作点的影响

合理设置静态工作点是保证放大电路正常工作的先决条件。在外部条件发生变化时,会使设置好的静态工作点发生移动,即静态工作点不稳定。主要原因包括温度变化、电源波动、元件老化等,其中最重要的原因是温度变化的影响。

半导体器件对温度非常敏感,当温度升高,三极管的电流放大系数 $\beta$ 和穿透电流 $I_{CEO}$ 都会加大;在相同的发射结电压 $U_{BE}$ 下,基极电流 $I_B$ 也会加大。这些因素都会使集电极电流 $I_C$ 加大,从而引起静态工作点的移动,导致放大电路性能不稳定和出现失真等不正常现象。

稳定静态工作点有两种方法:一是采用恒温设备,但其造价高;二是利用分压式偏置电路实现。

### 7.3.2 分压偏置放大电路

分压式偏置放大电路如图 7-10 所示。V 是放大管；$R_{B1}$、$R_{B2}$ 是偏置电阻，$R_{B1}$、$R_{B2}$ 组成分压式偏置电路，将电源电压 $U_{CC}$ 分压后加到三极管的基极；$R_E$ 是射极电阻，还是负反馈电阻；$C_E$ 是旁路电容，与三极管的射极电阻 $R_E$ 并联，$C_E$ 的容量较大，具有"隔直、导交"的作用，使此电路有直流负反馈而无交流负反馈，既保证了静态工作点的稳定性，同时又保证了交流信号的放大能力没有降低。

为了稳定静态工作点，一般取 $I_1 \gg I_{BQ}$，静态时有：

$$U_B = \frac{U_{CC} R_{B2}}{R_{B1} + R_{B2}} \qquad (7\text{-}11)$$

当 $U_{CC}$、$R_{B1}$、$R_{B2}$ 确定后，$U_B$ 也就基本确定，不受温度影响。

假设温度上升，使三极管的基极电流 $I_C$ 增大，发射极电流 $I_E$ 也增大，$I_E$ 在发射极电阻 $R_E$ 上产生的压降 $U_E$ 也增大，使三极管发射结上的电压 $U_{BE} = U_B - U_E$ 减小，从而使基极电流 $I_B$ 减小，又导致 $I_C$ 减小。其工作过程可以描述为：

$$温度\ T\uparrow \to I_C\uparrow \to I_E\uparrow \to U_E\uparrow \to U_{BE}\downarrow \to I_B\downarrow \to I_C\downarrow \qquad (7\text{-}12)$$

分压式偏置电路有稳定静态工作点 Q 的作用，在实际电路中应用广泛。

#### 7.3.2.1 静态分析

图 7-10 所示的分压式偏置电路的直流通路如图 7-11 所示，有：

$$I_{EQ} = I_{CQ} = \frac{U_B - U_{BE}}{R_E} \qquad (7\text{-}13)$$

$$I_{BQ} = \frac{I_{CQ}}{\beta} \qquad (7\text{-}14)$$

$$U_{CEQ} = U_{CC} - I_{CQ}(R_C + R_E) \qquad (7\text{-}15)$$

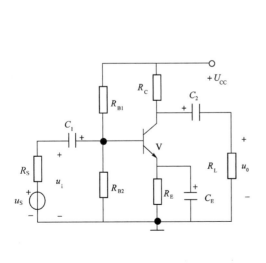

图 7-10 分压式偏置电路

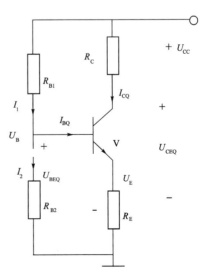

图 7-11 直流通路

#### 7.3.2.2 动态分析

图 7-10 分压式偏置电路的交流通路如图 7-12 所示,其微变等效电路如图 7-13 所示。可知电压放大倍数 $A_u$、输出电阻 $r_o$ 均与固定偏置放大电路的计算公式(7-8)、式(7-10)相同,只有放大电路的输入电阻为:

$$r_i = r_{be} // R_{B1} // R_{B2} \qquad (7-16)$$

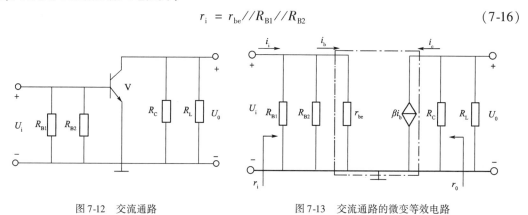

图 7-12　交流通路　　　　　　图 7-13　交流通路的微变等效电路

## 7.4　多级放大电路

在实际应用中,需要放大的电信号是很微弱的,一般为毫伏级,而单级放大电路的电压放大倍数一般只有几十倍,远不能满足实际需要。为此,实用的电子电路往往把多个单级放大电路组合起来,组成多级放大电路,将微弱的电信号逐级放大,以获得足够高的电压放大倍数。

多级放大器级与级之间的连接方式称为耦合。常见的耦合方式有阻容耦合、变压器耦合、直接耦合等。

### 7.4.1　直接耦合放大电路

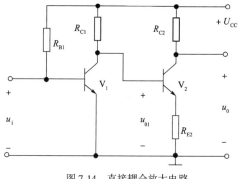

图 7-14　直接耦合放大电路

直接耦合放大电路如图 7-14 所示,可放大直流信号,方便集成,目前在集成电路中广泛应用。但是直接耦合的各级静态工作点相互影响,并且存在零点漂移现象。

零点漂移是指当输入信号为零时,在输出端出现的不规则信号。这种现象会使输出信号产生失真。由于零点漂移信号是变化缓慢的信号,所以阻容耦合和变压器耦合具有抑制零点漂移的作用。

### 7.4.2　阻容耦合放大电路

阻容耦合放大电路如图 7-15 所示,这种方式的特点是通过电容将前后级的直流隔开,避免静态工作点的相互影响;但对于频率较低的信号,电容容抗较大,所以阻容耦合多级放大器不能用于放大缓慢变化的信号,更不能放大直流信号;由于集成电路中无法制作大容量的电容而使阻容耦合电路无法集成化。

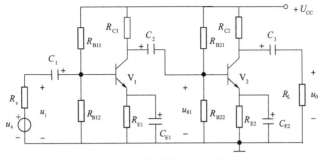

图 7-15 阻容耦合放大电路

##  7.5 放大电路中的负反馈

在三极管放大电路中,由于三极管是非线性器件等各种原因,信号在放大传递的过程中不可避免地会产生失真。为了进一步改善放大器的工作性能,满足实际应用的需要,在放大电路中引入负反馈。

### 7.5.1 负反馈的概念

反馈就是在电子系统中把输出回路的电量(电压或电流)馈送到输入回路的过程。存在两类反馈:一是使输出信号增强的反馈,称为正反馈;二是使输出信号减弱的反馈,称为负反馈。

反馈电路由基本放大电路和反馈网络两部分组成。如图 7-16 所示为负反馈放大电路的原理框图。

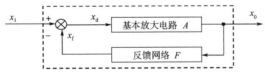

图 7-16 负反馈放大电路的原理框图

其中,$x_i$ 表示输入信号,$x_f$ 表示反馈信号,$x_d$ 表示净输入信号,$x_0$ 表示输出信号。

放大器的开环放大倍数:

$$A = \frac{x_0}{x_d} \tag{7-17}$$

反馈网络的反馈系数:

$$F = \frac{x_f}{x_0} \tag{7-18}$$

### 7.5.2 负反馈放大电路的分类

根据反馈网络在输出端采样方式的不同及与输入端连接方式的不同,负反馈放大电路分为四种组态:电压串联负反馈、电压并联负反馈、电流串联负反馈、电流并联负反馈。四种反馈组态的形式如图 7-17 所示。

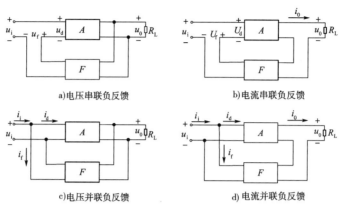

图 7-17 负反馈放大电路的反馈形式

 **知识链接**

**反馈的分类及判别方法**

(1) 直流反馈和交流反馈。

直流反馈放大电路的直流量,可以稳定放大电路的静态工作点。

交流反馈影响放大电路的交流量,可以改善放大器的动态性能。

判别方法:画电路的直流通路和交流通路进行判断。若反馈仅存在于直流通路,则为直流反馈;若反馈仅存在于交流通路,则为交流反馈;若反馈既存在于直流通路,又存在于交流通路,则为交、直流并存的反馈。换言之,交、直流反馈的判断一般看反馈环节中有无电容,根据电容的"通交隔直"特点来判断。

(2) 电压反馈和电流反馈。

电压反馈是指反馈信号取自输出电压或输出电压的部分。

电流反馈是指反馈信号取自输出电路的电流。

判别方法:

①负载短路法。令 $u_0 = 0$,若反馈信号消失,则为电压反馈;若反馈信号依然存在,则为电流反馈。

②结构判断法。除公共地线外,若输出线与反馈线接在同一点上,则为电压反馈;若输出线与反馈线接在不同点上,则为电流反馈。

(3) 串联反馈和并联反馈。

串联反馈是反馈信号与外加输入信号以电压的形式相叠加(比较),即反馈信号与外加输入信号二者相互串联。

并联反馈是反馈信号与外加输入信号以电流的形式相叠加(比较),即两种信号在输入回路并联。

判别方法:

①反馈节点短路法:令 $u_f = 0$,若输入信号仍能送入开环放大器中,则为串联反馈;若输入信号被短路,则为并联反馈。

②结构判断法：除公共地线外，若反馈信号与输入信号接在同一点上，则为并联反馈；若反馈信号与输入信号接在不同点上，则为串联反馈。

(4)正反馈和负反馈。

正反馈是经过反馈后，使输入量的变化得到加强，或者从输出量来看，使输出量变化变大。正反馈常常使系统的工作不稳定。

负反馈是经过反馈后，使输入量的变化被削弱，或者从输出量来看，使输出量变化变小。负反馈可以改善电路的性能。

判别方法：

瞬时极性法。假设输入信号的变化处于某一瞬时极性（用符号 ⊕ 或 ⊖ 表示），沿闭环系统逐步标出放大器各级输入和输出的瞬时极性。之后按以下方法判别正、负反馈。

对串联反馈，若 $u_i$ 与 $u_f$ 同极性，为负反馈；若 $u_i$ 与 $u_f$ 反极性，为正反馈。

对并联反馈，若 $i_i$ 与 $i_f$ 相对于反馈节点同流向，为正反馈；若 $i_i$ 与 $i_f$ 相对于反馈节点流向相反，为负反馈。

**【例 7-2】** 电路如图 7-18 所示，试判断电路的反馈类型。

**解：** 设基极输入信号 $u_i$ 的瞬时极性为正，则发射极反馈信号 $u_f$ 的瞬时极性亦为正，发射结上实际得到的信号 $u_{be}$（净输入信号）与没有反馈时相比减小了，即反馈信号削弱了输入信号的作用，故可确定为负反馈。

因 $u_i$ 与 $u_f$ 相串联，所以是串联反馈；令 $u_0=0$，反馈信号依然存在，则为电流反馈。

所以此电路为电流串联负反馈。

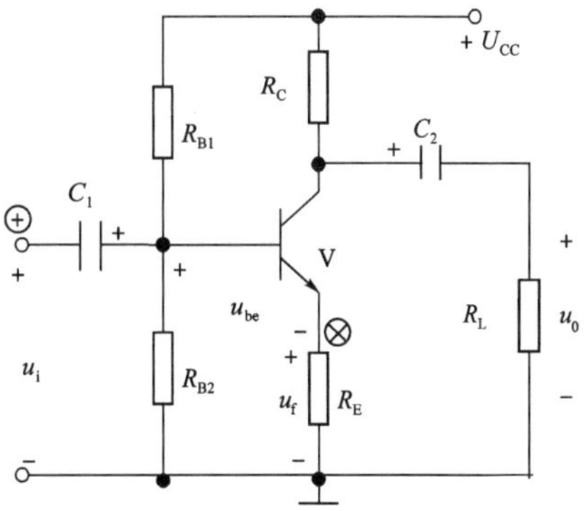

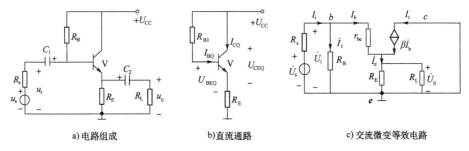

图 7-18 例 7-2 图

### 7.5.3 射极输出器

射极输出器是典型的负反馈放大器，其电路如图 7-19 所示。

a) 电路组成　　b) 直流通路　　c) 交流微变等效电路

图 7-19 射极输出器

该电路为电压串联负反馈放大电路。由于输出信号是从发射极输出的，故称为射极输出器。从交流通路可以看出，输入回路和输出回路的公共端为集电极 C，因此，射极输出器也称共集电极放大电路。

#### 7.5.3.1 射极输出器的特点

射极输出器的特点如下:

(1) 电压倍数近似等于1。如图7-19c)所示,$u_i = u_{be} + u_f = u_{be} + u_0$,忽略$u_{be}$时,$u_i \approx u_0$,故射极输出器的电压放大倍数近似为1(略小于1),$u_i \approx u_0$表明它没有电压放大作用,但是涉及电流时,为基极电流的$(1+\beta)$倍,故它有电流放大作用。

(2) 输出电压和输入电压同相。从图7-19中可以看出,输出电压$u_0$的瞬时极性和输入电压$u_i$的瞬时极性相同,因此,射极输出器也称射极跟随器。

(3) 输入电阻大,输出电阻小。电压串联负反馈使放大器的输入电阻增大,输出电阻减小,所以射极输出器的输入电阻比共射极放大器的输入电阻高几十倍到几百倍。

$$r_i = [r_{be} + (1+\beta)R'_L] // R_B \quad (7-19)$$

$$R'_L = R_L // R_E \quad (7-20)$$

输出电阻一般仅为几欧姆到几十欧姆。

$$r_0 = r_{be}/\beta \quad (7-21)$$

#### 7.5.3.2 射极输出器的应用

射极输出器具有输入电阻很大、输出电阻很小及电压跟随的作用,有一定的电流和功率放大作用,因而它的应用十分广泛。

(1) 射极输出器用作多级放大电路的输入级。输入电阻很大,对信号源的影响很小。

(2) 射极输出器用作多级放大电路的输出级。输出电阻很小,可以提高带负载能力。

(3) 射极输出器用作多级放大电路的中间级。射极输出器具有电压跟随的作用,输入电阻很大,对前级的影响小;输出电阻小,对后级的影响也小。所以,射极输出器用作中间级起缓冲、隔离的作用。

### 7.5.4 负反馈对放大电路性能的影响

负反馈使电压放大倍数降低,但是可以改善放大器的性能。在引入负反馈后,它对放大器的工作性能主要产生以下方面的影响。

#### 7.5.4.1 降低放大倍数

由于负反馈使净输入信号减小,输出信号减小,相对于原输入信号的放大倍数降低。

#### 7.5.4.2 提高放大倍数的稳定性

实际电路中,由于环境温度的变化、电源电压和负载的波动使电压放大倍数不稳定,而负反馈有稳定输出电压的作用,可以使放大倍数的稳定性提高。

#### 7.5.4.3 减小非线性失真

三极管的非线性特性使输出信号的波形产生失真,负反馈的补偿作用可以有效地改善波形失真。

#### 7.5.4.4 影响输入电阻和输出电阻

串联负反馈在输入端使净输入电压减小,输入电流减小,相对于原输入电压,输入电阻增大;并联负反馈在输入端起分流作用,在原输入电压不变的情况下,由于输入电流增大,使输入电阻减小。

电压负反馈有稳定输出电压的作用,如果把放大器看作电压源,输出电阻(电压源内阻)

越小,输出电压越稳定,所以电压负反馈有降低输出电阻的作用。

电流负反馈有稳定输出电流的作用,如果把放大器看作电流源,输出电阻(电流源内阻)越大,输出电流越稳定,所以电流负反馈有提高输出电阻的作用。

此外,在放大电路中引入负反馈后,还能提高电路的抗干扰能力,降低噪声,改善电路的频率响应特性等。实际上,放大器的性能改善都是以降低放大倍数为代价的。

## 7.6 功率放大电路

小信号放大电路主要是放大微弱的电信号的电压幅度,所以又称电压放大器,一般位于多级放大器的前面若干级。功率放大电路又称功率放大器,位于多级放大电路的末级。因为其输入信号电压已经达到较大的数值,所以其主要任务就是在此基础上放大输出信号的功率,以推动负载工作。

### 7.6.1 互补对称功率放大电路

互补功率放大电路如图7-20所示。采用双电源供电,$V_1$是NPN型管,$V_2$是PNP型管,要求两管的特性相同。由图7-20可见,两管的基极和基极连在一起,两管的发射极和发射极连在一起,信号由基极输入,发射极输出。负载接在公共发射极上,因此它是由两个射极输出器组合而成的。

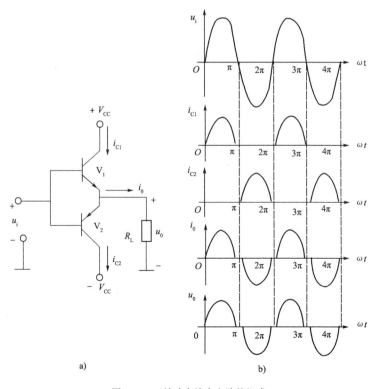

图7-20 互补功率放大电路的组成

### 7.6.2 集成功率放大器

随着集成技术的发展,集成功率放大器产品越来越多,集成功率放大器具有内部元件参数一致性好、失真小、安装方便、适应大批量生产等特点,因此得到广泛的应用。在电视机的伴音、录音机的功放等电路中,一般采用集成功率放大器如图7-21所示。该电路主要由三个三极管组成,其中$V_1$起信号放大的作用,$V_2$、$V_3$起功率放大的作用。跟前面的OCL电路相比较,功率放大电路的$V_2$、$V_3$管的基极串联了两个二极管,由于二极管的导通电压跟三极管基极导通电压是相适的,因此在电路正常工作时,就保证了$V_2$、$V_3$始终处在微导通状态,起到了克服交越失真的作用。由于$V_2$、$V_3$完全对称,因此K点电压为0伏(V)。

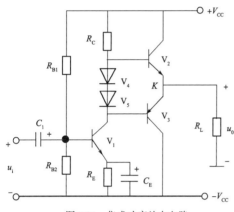

图7-21 集成功率放大电路

下面简单介绍目前应用较多的小功率音频集成功率放大器LM386。集成功率放大器LM386为8引脚双列直插式塑料封装结构,引脚如图7-22所示。

集成功率放大器LM386是一种通用型宽带集成功率放大器,属于OTL功放,使用的电源电压为4~10V,常温下功耗为600mV。图7-23所示是LM386的应用接线图。其中,$R_1$和$C_1$接在引脚1和8之间,可将电压增益调为任意值;$R_2$和$R_3$串联构成校正网络,用来补偿扬声器音量电感产生的附加相移,防止电路自激;$C_2$为旁路电容;$C_4$为去耦电容,滤掉电源的高次谐波分量;$C_5$为输出耦合电容。

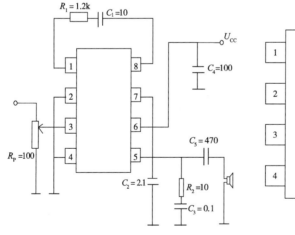

图7-22 LM386引脚
1-增益;2-负输入;3-正输入;4-地;5-输出;
6-电源$U_S$;7-旁路;8-增益

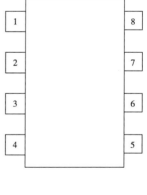

图7-23 LM386的应用线路

### 复习思考题

1. 一个单管放大电路由哪些基本元件组成?各元件的作用是什么?

2. 放大电路为什么要设置静态工作点？合适的静态工作点是什么样的？

3. 由于放大电路的输入变量是交流量，故三极管各电极电流方向总是变化着的。这句话对吗？为什么？

4. 要使放大电路处于放大状态，遵循的基本原则是什么？

5. 共射极放大电路的集电极电阻 $R_C$ 起什么作用？

6. 如何画放大电路的直流和交流通路？直流和交流通路的作用是什么？

7. 分压式偏置电路是如何实现稳定静态工作点的？

8. 图 7-24 所示为固定偏置共射极放大电路。输入电压 $u_i$ 为正弦交流信号，试问输出电压 $u_0$ 出现了怎样的失真？如何调整偏置电阻 $R_b$ 才能减小此失真？

9. 设图 7-25 中 $U_{CC}=24\text{V}, R_{b1}=20\text{k}\Omega, R_{b2}=60\text{k}\Omega, R_e=1.8\text{k}\Omega, R_c=33\text{k}\Omega, \beta=50, U_{BE}=0.7\text{V}$，求其静态工作点。

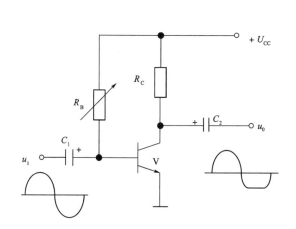

图 7-24　第 8 题图

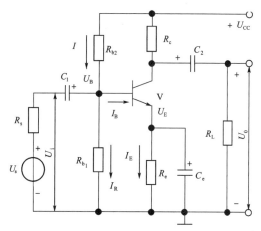

图 7-25　第 9 题图

# 单元 8  集成运算放大器及其应用

**教学目标**
1. 掌握集成运算放大器的组成、性能指标和理想运算放大器；
2. 掌握虚短和虚断的概念及分析方法；
3. 集成放大器的线性应用和非线性应用。

**建议学时**
10 学时

## 8.1　集成运算放大器简介

集成电路是 20 世纪 60 年代初期开始发展起来的一种半导体器件。集成电路是把晶体管、电阻等元器件和连接导线集中、组合制作在一块很小的半导体基片上，构成特定功能的电子电路。

集成电路按照所完成功能的不同，主要分为模拟集成电路和数字集成电路两大类。按照集成度（每一片硅片中所含元器件数）的高低，将集成电路分为小规模集成电路（简称 SSI）、中规模集成电路（简称 MSI）、大规模集成电路（简称 LSI）和超大规模集成电路（VLSI）。集成运算放大器是模拟集成电路中最重要、应用最广泛的器件，在很大程度上代表了模拟电路的发展方向。

运算放大器是具有很高放大倍数的电路单元。在实际电路中，通常结合反馈网络共同组成某种功能模块。由于早期应用于模拟计算机中，用以实现数学运算，故得名"运算放大器"，此名称一直延续至今。运算放大器是一个从功能的角度命名的电路单元，可以由分立的器件实现，也可以实现在半导体芯片当中。随着半导体技术的发展，如今绝大部分的运算放大器是以单片的形式存在。运算放大器的种类繁多，广泛应用于几乎所有的行业当中。运算放大器实质上是高增益的直接耦合放大电路，集成运算放大器是集成电路的一种，简称集成运放，它常用于各种模拟信号的运算，例如比例运算、微分运算、积分运算等。由于它的高性能、低价位，在模拟信号处理和发生电路中几乎完全取代了分立元件放大电路。采用集成电路工艺制作的运算放大器，除保持了原有的很高的增益和输入阻抗的特点之外，还具有精巧、廉价和可灵活使用等优点,因而在有源滤波器、开关电容电路、数模和模数转换器、直流信号放大、波形的产生和变换,以及信号处理等方面得到十分广泛的应用。

第一块集成运放电路是美国仙童(fairchild)公司发明的μA741,在20世纪60年代后期广泛流行。直到今天μA741仍然是各大学电子工程系中讲解运算放大器原理的典型教材。

### 8.1.1 集成运放的组成及特点

集成运放是一种高电压增益、高输入电阻和低输出电阻的多级直接耦合放大器。集成运放的类型很多,电路也不一样,但结构具有共同之处。

集成电路的外形如图8-1所示,有双列直插式、圆壳式和扁平式。

集成运放的符号如图8-2a)所示。它有两个输入端:一个为同相输入端,另一个为反相输入端,分别用"+""-"表示。集成电路的内部电路组成原理框图如图8-2b)所示。

a)双列直插式　　b)圆壳式　　c)扁平式

图8-1　集成电路的外形

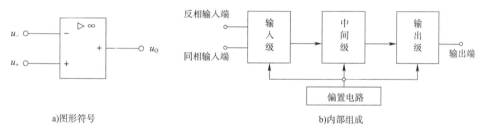

a)图形符号　　　　　　　　　　b)内部组成

图8-2　集成运算放大器

输入级:输入电阻高,能减少零点漂移和抑制干扰信号,都采用带恒流源的差分放大器。

中间级:要求电压放大倍数高。常采用带恒流源的共发射极放大电路。

输出级:与负载相接,要求输出电阻低,带负载能力强,一般由互补对称电路或射极输出器构成。

偏置电路:由各种恒流源等电路组成。

其中对输入级的要求是输入电阻大、噪声低、零漂小;中间级的主要作用是提供电压增益,它可由一级或多级放大电路组成;输出级一般由电压跟随器或互补电压跟随器组成,以降低输出电阻,提高带负载能力;偏置电路为各级提供合适的偏置电流。此外还有一些辅助环节,如单端化电路、相位补偿环节、电平移位电路、输出保护电路等。

### 8.1.2 集成运放的主要参数

#### 8.1.2.1　最大输出电压 $U_{OPP}$

能使输出和输入保持不失真关系的最大输出电压为最大输出电压。一般情况下该值略小于电源电压。

#### 8.1.2.2 开环差模电压增益 $A_{ud}$

开环差模电压增益 $A_{ud}$ 为运放没有接反馈电路时的差模电压放大倍数。$A_{ud}$ 越高,所构成的运算电路越稳定,运算精度也越高。目前高增益集成运放的 $A_{ud}$ 可高达 107 倍。

#### 8.1.2.3 输入失调电压 $U_{IO}$

当运放的输入级不对称时,输入电压为零而输出电压不为零。必须在输入端加补偿电压,使输出为零,该电压称为输入失调电压。

#### 8.1.2.4 共模输入电压范围 $U_{ICM}$

共模输入电压范围为运放所能承受的共模输入电压最大值。超出此值,运放的共模抑制性能下降,甚至造成器件损坏。集成运放 μA741 的最大共模输入电压为 15V。

#### 8.1.2.5 共模抑制比 $K_{CMR}$

共模抑制比反映了集成运放对共模输入信号的抑制能力。

### 8.1.3 集成运算放大器的分类

按照集成运算放大器的参数来分,集成运算放大器可分为如下几类。

#### 8.1.3.1 通用型运算放大器

通用型运算放大器就是以通用为目的而设计的。这类器件的主要特点是价格低廉、产品量大面广,其性能指标能适合于一般性使用。例如,μA741(单运放)、LM358(双运放)、LM324(四运放)及以场效应管为输入级的 LF356 都属于此种,它们是应用最为广泛的集成运算放大器。

#### 8.1.3.2 高阻型运算放大器

高阻型运算放大器的特点是差模输入阻抗非常高,输入偏置电流非常小。具有高速、宽带和低噪声等优点,但输入失调电压较大。常见的集成器件有 LF355、LF347(四运放)及更高输入阻抗的 CA3130、CA3140 等。

#### 8.1.3.3 低温漂型运算放大器

在精密仪器、弱信号检测等自动控制仪表中,总是希望运算放大器的失调电压要小且不随温度的变化而变化。低温漂型运算放大器就是为此而设计的。常用的高精度、低温漂型运算放大器有 OP07、OP27、AD508 及由 MOSFET 组成的斩波稳零型低漂移器件 ICL7650 等。

#### 8.1.3.4 高速型运算放大器

在快速模数 A/D 和数模 D/A 转换器、视频放大器中,要求集成运算放大器的转换速率 $SR$ 一定要高,单位增益带宽 $BWG$ 一定要足够大,像通用型集成运放是不能适合于高速应用的场合的。高速型运算放大器主要特点是具有高的转换速率和宽的频率响应。常见的运放有 LM318、μA715 等,其 $SR = 50 \sim 70 V/\mu s$,$BWG > 20MHz$。

#### 8.1.3.5 低功耗型运算放大器

由于电子电路集成化的最大优点是能使复杂电路小型轻便,所以随着便携式仪器应用范围的扩大,必须使用低电源电压供电、低功率消耗的运算放大器相适用。常用的运算放大器有 TL-022C、TL-060C 等,其工作电压为 $\pm 2 \sim \pm 18V$,消耗电流为 $50 \sim 250 \mu A$。有的产品功耗已达 μW 级,例如 ICL7600 的供电电源为 1.5V,功耗为 10mW,可采用单节电池供电。

#### 8.1.3.6 高压大功率型运算放大器

运算放大器的输出电压主要受供电电源的限制。在普通的运算放大器中,输出电压的最大值一般仅几十伏,输出电流仅几十毫安。若要提高输出电压或增大输出电流,集成运放外部必须要加辅助电路。高压大电流集成运算放大器外部不需附加任何电路,即可输出高电压和大电流。例如 D41 集成运放的电源电压可达 ±150V,μA791 集成运放的输出电流可达 1A。

### 8.1.4 集成运放的电压传输特性

#### 8.1.4.1 理想集成运放的主要参数

在分析运算放大器的电路时,一般将它看成是理想的运算放大器。理想化的主要条件如下:

(1)开环电压放大倍数 $A_{od}\to\infty$。
(2)开环输入电阻 $R_{id}\to\infty$。
(3)开环输出电阻 $R_{od}=0$。
(4)共模抑制比 $K_{CMR}\to\infty$。

#### 8.1.4.2 理想集成运放的工作特性

图 8-3 所示为集成运放的电压传输特性。传输特性分为线性区和非线性区。

(1)线性区。

$$u_0 = A_{u0}(u_+ - u_-)$$

此时的集成运放是一个线性元件。由于集成运放电压放大倍数很高,即使输出的电压很小,也可以使电路饱和。所以,一般电路引入负反馈以保证集成运放工作在线性区。

集成运放工作在线性区时有如下两个重要的特征。

①虚短。理想运算放大器的 $A_{od}\to\infty$,即可认为两个输入端的点位近似相同,若将其理想化,则有:

$$u_+ \approx u_-  \qquad (8\text{-}1)$$

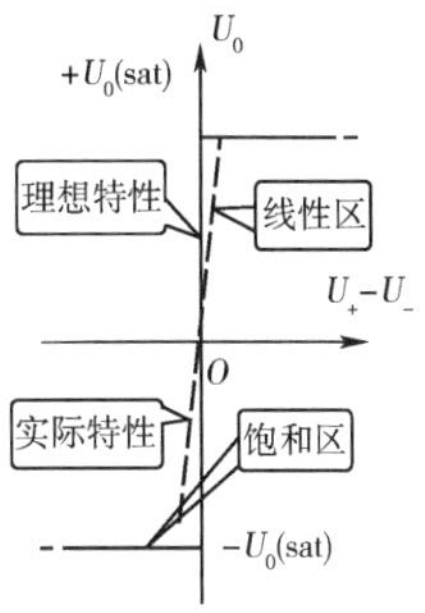

但不是短路,故称为虚短。

②虚断。理想运算放大器的 $R_{id}\to\infty$,即可认为流入两个输入端的电流近似为零,则有:

$$i_+ \approx i_- \approx 0 \qquad (8\text{-}2)$$

但不是断开,故称虚断。

利用这两个概念,分析各种运算与处理电路的线性工作情况将十分简便。

(2)非线性区。

$U_+ > U_-$ 时:

$$U_0 = +U_0 \qquad (8\text{-}3)$$

$U_+ < U_-$ 时:

$$U_0 = -U_0 \qquad (8\text{-}4)$$

图 8-3 集成运放的电压传输特性

集成运放工作在非线性区时,输入信号较大,不存在虚短特征。由于输入阻抗很高,近似为0,输入电流仍然很小,还可以应用虚断特征。

## 8.2 集成运放的线性应用

### 8.2.1 比例运算电路

#### 8.2.1.1 反相比例运算

当输入信号从反相输入端输入时,输出信号与输入信号相位相反,运算电路就构成了反相比例运算电路,如图8-4所示。

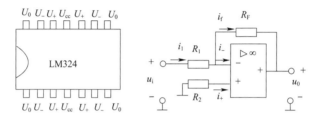

图8-4 反相比例运算电路

根据虚短和虚断,有:

$$i_+ \approx i_- \approx 0 \quad u_+ \approx u_-$$
$$i_1 = i_f$$

则

$$i_1 = \frac{u_i - u_-}{R_1} = \frac{u_i}{R_1}$$

$$i_f = \frac{u_- - u_0}{R_F} = \frac{-u_0}{R_F}$$

则

$$\frac{u_i}{R_1} = \frac{-u_0}{R_F} \tag{8-5}$$

即

$$u_0 = -\frac{R_F}{R_1} u_i \tag{8-6}$$

图8-4中 $R_2$ 为平衡电阻:

$$R_2 = R_1 // R_f \tag{8-7}$$

#### 8.2.1.2 同相比例运算

当输入信号从同相输入端输入时,输出信号与输入信号相位相同,运算电路就构成了同相比例运算电路,如图8-5所示。

根据虚短和虚断,有:

$$u_+ \approx u_- \approx u_i$$

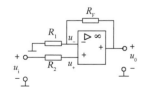

图8-5 同相比例运算电路

$$u_- = \frac{R_1}{R_1 + R_F} \cdot u_0$$

则

$$u_0 = \left(1 + \frac{R_F}{R_1}\right)u_i \tag{8-8}$$

在同相比例电路中，当 $R_1 = \infty$ 或 $R_F = 0$ 时，电路的电压放大倍数为1，称该电路为电压跟随器。

### 8.2.2 加法运算电路

能实现输出电压与几个输入电压之和成比例的电路，称为加法运算电路。其电路结构是在反相比例运算电路的输入端增加若干个输入支路即可，如图8-6所示。

根据虚短和虚断，有：

$$i_{i1} = \frac{u_{i1}}{R_{i1}} \quad i_{i2} = \frac{u_{i2}}{R_{i2}} \quad i_f = \frac{-u_0}{R_F} = i_{i1} + i_{i2}$$

则

$$u_0 = -\left(\frac{R_F}{R_{i1}}u_{i1} + \frac{R_F}{R_{i2}}u_{i2}\right) \tag{8-9}$$

若 $R_{i1} = R_{i2} = R_1$，则

$$u_0 = -\frac{R_F}{R_1}(u_{i1} + u_{i2}) \tag{8-10}$$

平衡电阻 $R_2$ 的取值为：

$$R_2 = R_{i1} // R_{i2} \tag{8-11}$$

### 8.2.3 减法运算电路

减法运算电路可以用加法器构成，也可以利用差动电路实现。如果运算放大器的同、反相输入端都有信号输入，就构成了差动输入的运算放大电路，如图8-7所示。

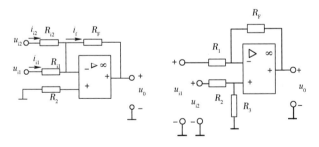

图8-6　反相加法运算电路　　图8-7　减法运算电路

设反相输入端信号 $u_{i1}$ 单独作用，产生的输出电压分量是 $u_0'$，此时 $u_{i2}$ 不作用，对应输入端相当于对地短路。根据公式(8-6)得：

$$u_0' = -\frac{R_F}{R_1}u_{i1}$$

同相输入端信号 $u_{i2}$ 单独作用，产生的输出电压分量是 $u_0''$，此时 $u_{i1}$ 不作用，对应输入端相当于对地短路。

同相输入端对地的电压为：

$$u_+ = \frac{R_3}{R_2 + R_3} u_{i2}$$

根据式(8-8)得：

$$u_0'' = \left(1 + \frac{R_F}{R_1}\right) u_+ = \left(1 + \frac{R_F}{R_1}\right) \frac{R_3}{R_2 + R_3} u_{i2}$$

减法运算电路的输出电压 $u_0$ 是 $u_0'$ 和 $u_0''$ 的叠加，即：

$$u_0 = u_0' + u_0'' = -\frac{R_F}{R_1} u_{i1} + \left(1 + \frac{R_F}{R_1}\right) \frac{R_3}{R_2 + R_3} u_{i2} \tag{8-12}$$

当 $R_1 = R_2$ 且 $R_F = R_3$ 时，式(8-12)为：

$$u_0 = \frac{R_F}{R_1}(u_{i2} - u_{i1}) \tag{8-13}$$

### 8.2.4 积分运算电路

积分运算是模拟计算机中的基本单元电路，该电路如图8-8所示。
在反相输入式放大电路中，将反馈电阻串电容就构成了积分运算电路。

$$i_1 = \frac{u_i}{R_1}$$

$$i_f = i_C = C \frac{du_c}{dt} = -C \frac{du_0}{dt}$$

根据虚断的特点，$i_1 = i_c$，可得：

$$\frac{u_i}{R_1} = -C \frac{du_0}{dt}$$

输出电压：

$$u_0 = -\frac{1}{R_1 C} \int u_i dt \tag{8-14}$$

### 8.2.5 微分运算电路

微分运算是积分运算的逆运算。将积分运算电路的电阻 $R_1$ 和电容 $C$ 互换位置就可以实现微分运算，如图8-9所示。

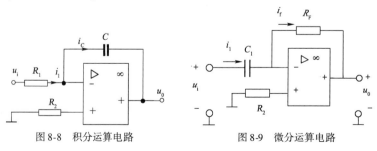

图8-8 积分运算电路　　　图8-9 微分运算电路

反相输入方式下，有：

$$i_1 = i_C = C_1 \frac{du_c}{dt} = C_1 \frac{du_i}{dt}$$

同时反馈支路电流:

$$i_f = -\frac{u_0}{R_F}$$

根据理想运放虚断的特点,$i_1 = i_f$,所以:

$$u_0 = -R_F C_1 \frac{du_i}{dt} \tag{8-15}$$

## 8.3 集成运放的非线性应用

### 8.3.1 电压比较器

集成运放在开环状态时,一般工作在非线性区,可作电压比较器使用。

电压比较器及电压传输特性曲线如图 8-10 所示。当 $u_i > U_R$,$u_0 = -U_{OM}$;当 $u_i < U_R$,$u_0 = U_{OM}$。通过输出电压的正、负可显示两输入端点位的关系,实现电压比较。

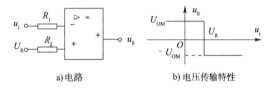

图 8-10 电压比较器

当 $U_R = 0$ 时,电压比较器称为过零比较器。

电压比较器的输入信号也可以从同相输入端输入,其输出电压的正、负与反相输入相反。

### 8.3.2 方波发生器

利用集成运算放大器电路可产生正弦波、方波和三角波,但产生不同波形时运放的工作状态及分析方法是不同的。产生正弦波时,运放工作在线性区;产生方波和三角波时,运放工作在非线性区。

方波发生器是用来产生方波电压信号的振荡电路,它由一个过零滞回电压比较器和一个 RC 充放电回路组成,如图 8-11 所示。电路中 $VD_Z$ 是限幅稳压管,其作用是将输出电压限位在某一电压值,$R_1$ 和 $R_2$ 构成分压电路,$R$ 和 $C$ 构成了充放电电路,$R_3$ 为限流电阻。

设接通电源的瞬间电容两端的电压 $u_c = 0$,因运放同相端受干扰信号的作用,使输出电压为高电平,即 $u_0 = +U_Z$,此时输出电压 $u_0$ 通过电阻 $R$ 向电容 $C$ 充电,使电容两端的电压 $u_c$ 按指数规律上升。当该电压升至反相滞回比较器的上限触发电平时,$u_{H1} = U_Z R_1/(R_1 + R_2)$,输出状态变为低电平,$u_0 = -U_Z$。之后,电容器 $C$ 放电,随着放电,电容上电压 $u_c$ 下降,当下降到下限门限电平 $u_{H2} = -U_Z R_1/(R_1 + R_2)$ 时,输出状态又回到高电平,如此周而复始,在输出端得到方波,而在电容器上将得到三角波形。

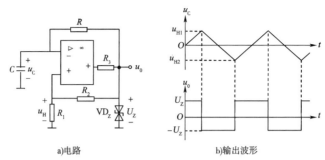

a)电路　　　　　　　　　　b)输出波形

图 8-11　方波发生器

复习思考题

1. 集成运放一般由哪几部分组成？各部分的作用如何？
2. 理想运放的主要条件有哪些？
3. 如何理解虚短和虚断？
4. 试用集成运放实现下列运算。
   ① $u_0 = u_{i1} + 10u_{i2} + 2u_{i3}$
   ② $u_0 = u_{i1} - u_{i2} + u_{i3}$
5. 求图 8-12 所示电路的 $u_0$ 和 $u_{i1}$、$u_{i2}$ 的运算关系。

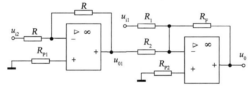

图 8-12　第 5 题图

6. 如图 8-13 所示，计算输出电压 $u_0$。

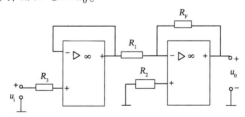

图 8-13　第 6 题图

7. 图 8-14 所示的运算放大器都为理想放大器，试写出 $u_0$ 与 $u_{i1}$、$u_{i2}$ 之间的关系式。

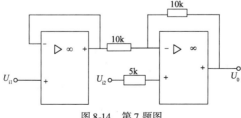

图 8-14　第 7 题图

# 单元 9 直流电源

**教学目标**
1. 掌握直流稳压电源的组成;
2. 掌握桥式整流电路;
3. 了解整流、滤波电路有关电流的计算,二极管、电容的选择;
4. 掌握电容滤波对整流电路的影响;
5. 掌握晶体管稳压电路。

**建议学时**
6 学时

## 9.1 直流稳压电源

把交流电转换为平滑的、稳定的直流电的装置称为直流稳压电源。在电子电路工作时都需要电压稳定的直流电源提供能量。如各种电子仪器、通信设备、电解、电镀等。电池因使用费用高,一般只用于低功耗便携式的仪器设备中,现在大多数情况下是利用电网提供的交流电经过转换而得到直流电源。

### 9.1.1 直流电源的组成

直流电源的结构如图 9-1 所示。

如图 9-1 所示,通过整流电路将交流电压变为脉动的直流电压。由于此脉动的直流电压还有较大的波动,必须通过滤波电路加以滤除,从而得到平滑的直流电压。但这样的电压还随电网电压波动(一般有 ±10% 左右的波动)、负载和温度的变化而变化。因而在整流、滤波电路之后,还需要接稳压电路。直流稳压电源一般由以下几部分组成。

#### 9.1.1.1 电源变压器

电源变压器也称整流变压器。由于所需要的直流电压比电网的交流电压在数值上相差较大,因此,利用变压器降压得到比较合适的交流电压再进行转换。有些电源利用其他方式进行降压,而不用变压器。

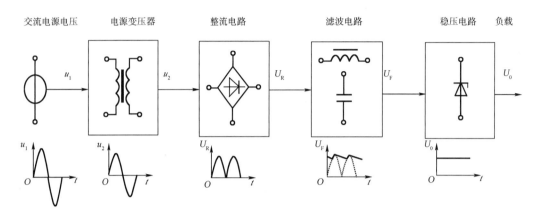

图 9-1 直流稳压电源结构图

#### 9.1.1.2 整流电路
整流电路是将工频交流电转换为脉动直流电。

#### 9.1.1.3 滤波电路
滤波电路将脉动直流中的交流成分滤除,减少交流成分,增加直流成分,使脉动直流电的变化幅度更小,波形更平滑。

#### 9.1.1.4 稳压电路
稳压电路采用负反馈技术,消除电网电压、负载变化对输出电压的影响,对整流后的直流电压进一步进行稳定。

### 9.1.2 电源变压器的分类

直流稳压电源分为线性稳压电路和非线性稳压电路两大类。

线性电源按稳压方式分为参数稳压电源和反馈调整型稳压电源。参数稳压电源电路简单,主要是利用元件的非线性实现稳压。比如一只电阻和一只稳压二极管即可构成参数稳压电路。反馈调整型稳压电源具有负反馈闭环,是闭环自动调整系统,优点是技术成熟,性能优良、稳定,设计与制造简单。缺点是体积大、效率低。

非线性电源主要是指开关电源。开关电源按激励方式分为自激式和它激式;按调制方式有脉宽调制型(PWM)、频率调制型(PFM)、宽度和频率均改变的混合型;按使用开关管的类型分为有晶体管和晶闸管型;按开关管电流工作方式分为分开关型变换器和谐振型变换器,分开关型变换器是用晶体管开关把直流变成方波或准方波的高频交流,谐振型变换器是将晶体管开关连接在 $LC$ 谐振电路上,开关电流不是方波而是正弦波或准正弦波。

## 9.2 整流电路

电力网供给用户的是交流电,而各种无线电装置需要用直流电。所谓整流就是利用二极管的单向导电性,将具有正负两个极性的交流电能变换成只有一个极性的电能,整流后的单极性电能不仅包含有用的直流分量,还有有害的交流分量,利用滤波电路滤去交流分量,取出直流分量，就得到比较平滑的直流电。由于采用滤波器的目的只是简单地为了得到一个平滑的直流，故滤波器又称平滑滤波器。

整流电路的任务是将交流电变换成直流电。完成这一任务主要是靠二极管的单向导电作用，因此二极管是构成整流电路的关键元件。常见的几种整流电路有单相半波、全波、桥式和倍压整流电路。本节主要研究单向桥式整流电路。为了分析方便，二极管采用理想模型来处理，即正向导通电阻为零，反向电阻为无穷大。

### 9.2.1 单相桥式整流电路的工作原理

桥式整流电路是使用最多的一种整流电路。这种电路，四个二极管连接成"桥"式结构，使其具有全波整流电路的优点，如图9-2所示。

单相桥式整流电路的工作原理如下：$u_2$ 为正半周时，$a$ 点电位高于 $b$ 点电位，二极管 $D_1$、$D_3$ 承受正向电压而导通，$D_2$、$D_4$ 承受反向电压而截止。此时电流的路径为：$a \rightarrow D_1 \rightarrow R_L \rightarrow D_3 \rightarrow b$。$u_2$ 为负半周时，$b$ 点电位高于 $a$ 点电位，二极管 $D_2$、$D_4$ 承受正向电压而导通，$D_1$、$D_3$ 承受反向电压而截止。此时电流的路径为：$b \rightarrow D_2 \rightarrow R_L \rightarrow D_4 \rightarrow a$。上述工作状态如图9-3所示。

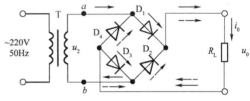

图9-2 单相桥式整流电路

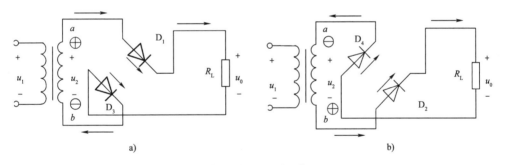

图9-3 单相桥式整流电路工作过程图

如此重复下去，结果在 $R_L$ 上便得到全波整流电压。利用图9-2可得单向整流电路波形如图9-4所示。

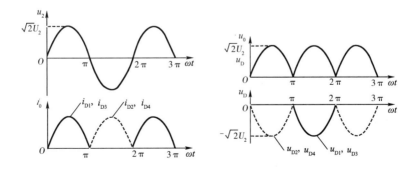

图9-4 单相桥式整流电路波形

**做一做**

使用双踪示波器测量图9-2单相桥式整流电路输入、输出波形。并与图9-4波形相比对。

### 9.2.2 单相桥式整流电路的性能指标

输出电压平均值 $U_0$ 为：
$$U_0 \approx 0.9U_2 \tag{9-1}$$

流过负载的电流平均值 $I_L$ 为：
$$I_L = \frac{0.9U_2}{R_L} \tag{9-2}$$

每只二极管的电流平均值 $I_V$ 为：
$$I_V = \frac{0.45U_2}{R_L} \tag{9-3}$$

二极管承受的最大反向电压 $U_{RM}$ 为：
$$U_{RM} = \sqrt{2}\,U_2 \tag{9-4}$$

二极管的平均电流和二极管承受的最大反向电压是选择二极管的依据。

**【例 9-1】** 设计一个单相桥式整流电路，要求输出电压为120V，电流为3A。试求整流变压器次级绕组的电压，并选择合适的整流二极管。

**解：** 根据单相桥式整流电路公式得：
$$U_2 = U_L/0.9 = 120/0.9 \approx 133(\text{V})$$

流过二极管的平均电流：
$$I_V = 1/2 I_L = 1/2 \times 3 = 1.5(\text{A})$$

二极管承受的最大反向电压：
$$U_{RM} = \sqrt{2}\,U_2 = \sqrt{2} \times 133 \approx 187.5(\text{V})$$

查阅晶体管手册，可选 2CZ56E 型二极管四只，其最大整流电流为3A，最大反向电压为300V。

桥式整流电路的优点是输出电压高，输出电压脉动小，每只整流二极管通过的电流小，管子所承受的最大反向电压较低；每半周内变压器二次绕组都有电流流过，电源变压器得到充分的利用，效率较高。因此，这种电路在半导体整流电路中得到了广泛的应用。电路的缺点是二极管用得较多。

需要特别指出的是，二极管作为整流元件，要根据不同的整流方式和负载大小加以选择。如选择不当，则或者不能安全工作，甚至烧了管子；或者大材小用，造成浪费。

**知识链接**

### 常见的几种整流电路

常见的几种整流电路的电路图、整流电压的波形及计算公式，见表9-1。

常见的几种整流电路　　　　　　　　　　　　　表 9-1

| 类型 | 电路 | 整流电压的波形 | 整流电压平均值 | 每管电流平均值 | 每管承受最高反压 |
|---|---|---|---|---|---|
| 单相半波 | 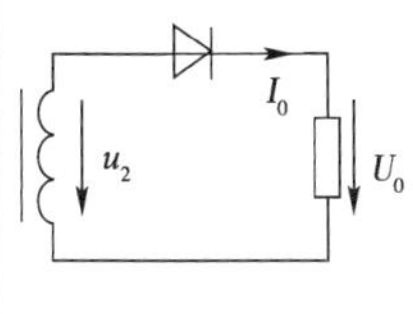 |  | $0.45U_2$ | $I_0$ | $\sqrt{2}U_2$ |
| 单相全波 | 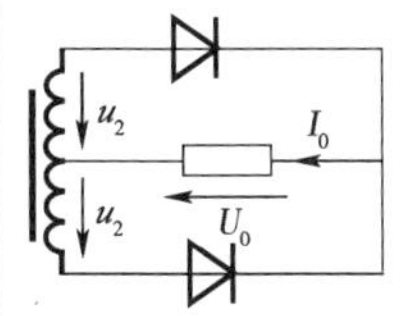 | 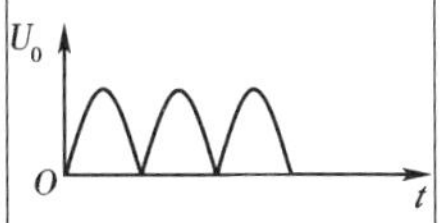 | $0.9U_2$ | $1/2 I_0$ | $2\sqrt{2}U_2$ |
| 单相桥式 | 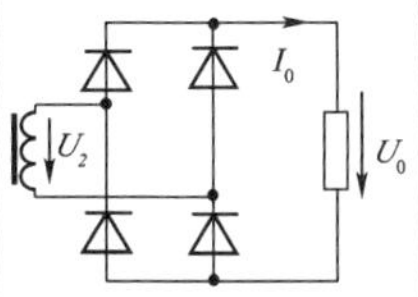 | 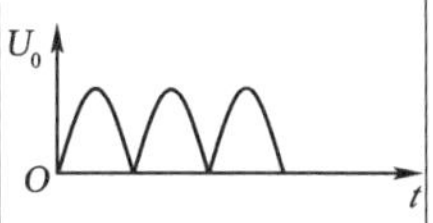 | $0.9U_2$ | $1/2 I_0$ | $\sqrt{2}U_2$ |
| 三相半波 | 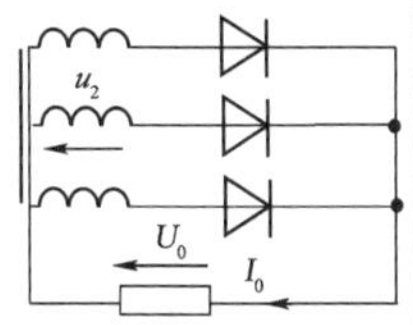 | 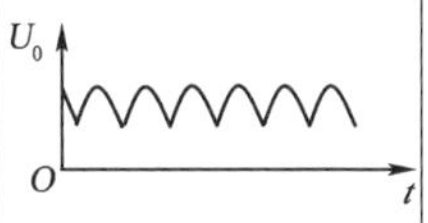 | $1.17U_2$ | $1/3 I_0$ | $\sqrt{3}\sqrt{2}U_2$ |
| 三相桥式 | 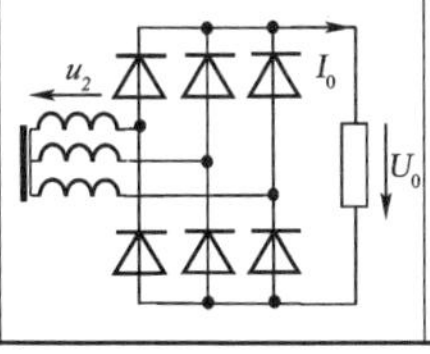 | 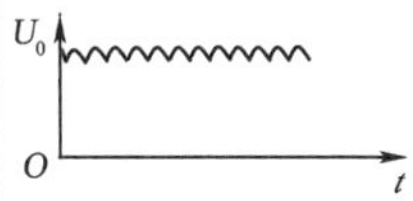 | $2.34U_2$ | $1/3 I_0$ | $\sqrt{3}\sqrt{2}U_2$ |

## 9.3　滤波电路

整流电路虽将交流电变为直流,但输出的却是脉动电压。这种大小变动的脉动电压,除了含有直流分量外,还含有不同频率的交流分量,这就远不能满足大多数电子设备对电源的要求。为了改善整流电压的脉动程度,提高其平滑性,在整流电路中都要加滤波器。

滤波就是保留脉动电压的直流成分,尽可能滤除它的不同频率的交流成分,使波形更为平滑,这样的电路称为滤波电路。电感元件和电容元件可以起到滤波的作用。电容具有阻碍电压变化的作用,其容抗与交流信号频率成反比;电感具有阻碍电流变化的作用,其感抗与交流信号频率成正比。下面主要分析电容元件的滤波作用。

### 9.3.1　电容滤波电路

单相桥式整流电容滤波电路如图 9-5 所示。电容与负载并联,对于引起电流波动幅度大的高频交流成分,电容容抗低,分流作用强;对于变化缓慢的交流成分或直流成分,电容容抗高,分流作用弱。这样使负载中电流高频交流成分大大减少,脉动幅度减弱,波形变得平滑。

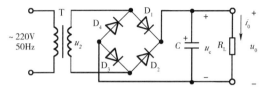

图9-5 单相桥式整流电容滤波电路

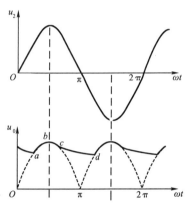

图9-6 单相桥式整流电容滤波电路波形

单相桥式整流电容滤波电路的工作原理如下:当接入电容 $C$ 时,在输入电压 $u_2$ 正半周时间内,二极管 $D_1$、$D_3$ 导通,$D_2$、$D_4$ 截止。整流电流分两路,一路经二极管 $D_1$、$D_3$ 向负载 $R_L$ 提供电流,另一路向电容器 $C$ 充电,如图9-6中 $ab$ 段,充电时间 $t=R_LC$。当电容电压被充至最大值时,输入电压 $u_2$ 按正弦规律下降,而电容电压下降速度较慢,使得 $u_2 < u_C$,此时 $D_1$、$D_3$ 反向截止。电源不能给负载提供电流,电容器 $C$ 向负载 $R_L$ 放电,如图9-6中 $bcd$ 段。当输入电压 $u_2$ 进入负半周时间内,$D_2$、$D_4$ 在短时间内不能导通,在 $u_2$ 电压高于 $u_C$ 绝对值时,$D_2$、$D_4$ 导通,电源向负载提供电流,并再一次对电容进行充电,重复上一个循环。当电容进行不断地充、放电时,负载上得到如图9-6所示的波形。该波形与整流后的波形相比,脉动幅度减小,波形更为平滑。电容容量越大,放电越慢。一般电容取得较大时,输出电压按式(9-5)估算:

$$U_0 \approx 1.2U_2 \tag{9-5}$$

 **做一做**

使用双踪示波器测量图9-5单相桥式整流电容滤波电路的输入、输出波形,并与图9-6波形相比对。

**小贴士**

### 电容滤波电路中电容的选用

一般滤波电容采用电解电容器,使用时电容器的极性不能接反。电容器的耐压应该大于它实际工作时所承受的最大耐压,滤波电容器的容量一般根据输出电流的大小选择,具体参考数据见表9-2。

滤波电容容量的选用　　　　　　　　　　　表9-2

| 输出电流 $I_0$(A) | 0.05以下 | 0.05~0.1 | 0.1~0.5 | 0.5~1 | 1 | 2 |
|---|---|---|---|---|---|---|
| 电解电容量 $C$(μF) | 200 | 200~500 | 500 | 1000 | 2000 | 3000 |

### 9.3.2 其他形式的滤波电路

#### 9.3.2.1 电感滤波电路

利用储能元件电感器 $L$ 的电流不能突变的性质,把电感 $L$ 与整流电路的负载 $R_L$ 相串联,也可以起到滤波的作用。

在桥式整流电路和负载电阻 $R_L$ 间串入一个电感器 $L$,如图9-7所示。利用电感的储能作用可以减小输出电压的纹波,从而得到比较平滑的直流。当忽略电感器 $L$ 的电阻时,负载上输出的平均电压和纯电阻(不加电感)负载相同,即:

$$U_0 = 0.9 U_2 \quad (9-6)$$

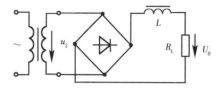

图9-7 桥式整流电感滤波

电感滤波的特点是,整流管的导电角较大(电感 $L$ 的反电势使整流管导电角增大),峰值电流很小,输出特性比较平坦。其缺点是由于铁芯的存在,笨重、体积大,易引起电磁干扰。一般只适用于大电流的场合。

#### 9.3.2.2 复式滤波电路

在滤波电容 $C$ 之前一个电感 $L$ 构成了 $LC$ 滤波电路,如图9-8a)所示。这样可使输出至负载 $R_L$ 上的电压的交流成分进一步降低。该电路适用于高频或负载电流较大并要求脉动很小的电子设备中。

为了进一步提高整流输出电压的平滑性,可以在 $LC$ 滤波电路之前再并联一个滤波电容 $C_1$,如图9-8b)所示。这就构成了 $\pi LC$ 滤波电路。

由于带有铁芯的电感线圈体积大,价也高,因此常用电阻 $R$ 来代替电感 $L$ 构成 $\pi RC$ 滤波电路,如图9-8c)所示。只要适当选择 $R$ 和 $C_2$ 参数,在负载两端可以获得脉动极小的直流电压。这种 $\pi RC$ 滤波电路在小功率电子设备中被广泛采用。

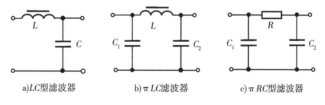

a) $LC$ 型滤波器    b) $\pi LC$ 滤波器    c) $\pi RC$ 型滤波器

图9-8 复式滤波电路

## 9.4 稳压电路

交流电经过滤波后变成较为平滑的直流电压,但是当交流电网 $U_2$ 的数值波动或负载 $R_L$ 发生变化时,负载电压不稳定。利用电路的调整作用使输出电压稳定的过程称为稳压。

### 9.4.1 硅稳压管稳压电路

经过整流和滤波后的电压往往会随交流电源的波动和负载的变化而变化。电压的不稳定有时会产生测量和计算的误差,引起控制装置的工作不稳定,甚至根本无法正常工作。特别是精密电子测量仪器、自动控制、计算装置及晶闸管的触发电路等都要求有很稳定的直流电源供电。最简单的直流稳压电源是采用稳压管来稳定电压的。

#### 9.4.1.1 硅稳压二极管的特性

硅稳压管的伏安特性及符号如图9-9所示。

(1)稳压管工作在反向击穿状态。

(2)当工作电流 $I_Z$ 满足 $I_A < I_Z < I_B$ 条件时,稳压管两端电压 $V_Z$ 几乎不变。

#### 9.4.1.2 稳压二极管的主要参数

(1)稳定电压 $V_Z$ ——稳压管在规定电流下的反向击穿电压。

(2)稳定电流 $I_Z$ ——稳压管在稳定电压下的工作电流。

(3)最大稳定电流 $I_{Zmax}$ ——稳压管允许长期通过的最大反向电流。

(4)动态电阻 $r_Z$ ——稳压管两端电压变化量与电流变化量的比值。此值越小,管子稳压性能越好。

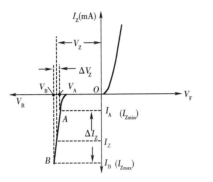

图9-9 硅稳压管的伏安特性及符号

#### 9.4.1.3 稳压管稳压电路的工作原理

(1)电路图。

稳压管稳压电路如图9-10所示。VD为稳压管,起电流调整的作用;R为限流电阻,起电压调整的作用。

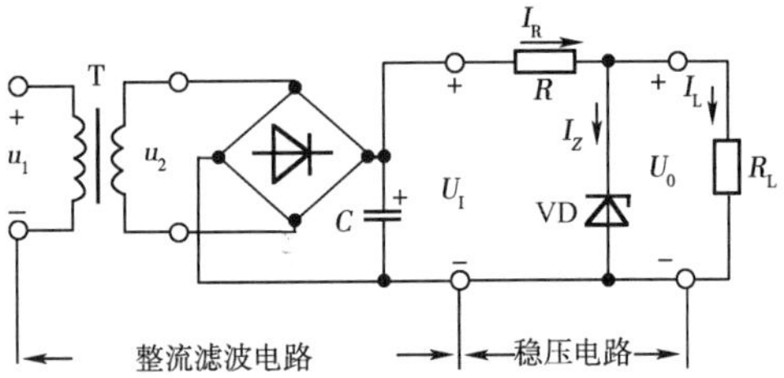

(2)电路的稳压过程。

$$U_0 \downarrow \rightarrow I_Z \downarrow \rightarrow I_R \downarrow \rightarrow U_R \downarrow \rightarrow U_0 \uparrow$$

(3)应用。

稳压管稳压电路用于小功率场合。

图9-10 硅稳压管整流稳压电路

### 9.4.2 串联型可调直流稳压电路

根据稳压管的工作原理可知,稳压管是靠改变自身所取的电流来进行调节的,在电网电压不变时,负载电流的变化就是稳压管电流的调节范围。扩大电流变化范围的方法,就是利用放大电路来实现的。

#### 9.4.2.1 电路组成

串联型可调直流稳压电路如图9-11所示,其输入端接整流、滤波电路的输出端。该电路由以下四部分组成。

(1)取样电路:由 $R_1$、$R_2$、$R_P$ 组成电阻分压电路。

(2)基准电压:由稳压管 $VD_Z$ 与 $R_3$ 串联组成。

(3)比较放大电路:由运算放大器完成。

(4)调整电路:由调整管V组成。

#### 9.4.2.2 稳压原理

当交流电网电压 $U_2$ 升高时,有:

$U_2 \uparrow \to U_I \uparrow \to U_O \uparrow \to$ 运放反相输入电压 $U_- \uparrow \to (U_Z - U_-) \downarrow \to V_B \downarrow \to I_B \downarrow \to I_C \downarrow \to U_{CE} \uparrow \to U_O \downarrow$

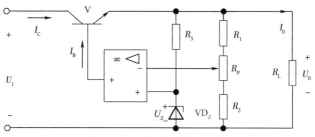

图 9-11 串联型直流稳压电路

当交流电网电压不变，负载 $R_L$ 变小时，有：

$R_L \downarrow \to I_O \uparrow \to U_O \downarrow \to$ 运放反相输入电压 $U_- \downarrow \to (U_Z - U_-) \uparrow \to V_B \uparrow \to I_B \uparrow \to I_C \uparrow \to U_{CE} \downarrow \to U_O \uparrow$

 **做一做**

当交流电网电压有效值 $U_2$ 下降时，分析图 9-11 串联型直流稳压电路的稳压过程。

 **知识链接**

### 集成稳压器

集成稳压器是把一个完整的稳压电路制作在一片半导体芯片上，形成具有稳压功能的固体集成电路。集成稳压器具有体积小、价格低、使用方便、工作可靠、稳压精度高等特点，广泛应用于各种仪器、仪表等电子设备中。常见的有 W78×× 和 W79×× 系列的三端集成稳压器。

### 9.4.3 直流稳压电路在城市轨道交通供电系统中的应用

城市轨道交通牵引供电系统中，整流机组是直流牵引变电所的关键设备，为降低整流电路中的脉动分量和整流变压器的谐波含量，常采用多相脉波整流机组（如十二相整流、二十四相整流）向电动车组提供直流电源。现代整流机组的单机功率可达 3500kW 以上。

 **复习思考题**

1. ①为什么稳压管的动态电阻越小，则稳压越好？
②利用稳压管或二极管的正向导通区是否也可以稳压？
③用两个稳压值相等的稳压管反向串联起来使用可获得较好的温度稳定性，这是为什么？

2. 如图 9-12 所示电路中，已知稳压管的稳定电压 $U_Z = 6V$，$u_i = 12\sin\omega t (V)$，二极管的正

向压降可忽略不计,试分别画出输出电压 $U_0$ 的波形,并说出稳压管在电路中所起的作用。

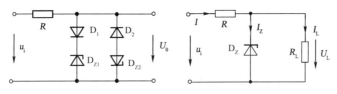

图 9-12　第 2 题图

3. 图 9-13 所示电路中,稳压管 $D_{Z1}$ 的稳定电压为 8V,$D_{Z2}$ 的稳定电压为 10V,正向压降均为 0.7V,试求图中输出电压 $U_0$。

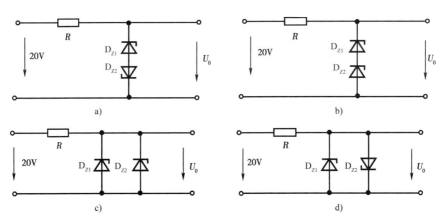

图 9-13　第 3 题图

4. ①设一半波整流电路和一桥式整流电路的输出电压平均值和所带负载大小完全相同,均不加滤波,试问两个整流电路中整流二极管的电流平均值和最高反向电压是否相同?

②单相桥式整流电路中,若某一整流管发生开路、短路或反接三种情况,电路中将会发生什么问题?

③在某一特殊场合,将单相桥式整流电路,不经变压器直接接入交流电源,试问:若负载 $R_L$ 一端接"地",结果如何?

④电容滤波和电感滤波电路的特性有什么区别?各适用于什么场合?

5. 如图 9-14 所示,试标出输出电压 $U_{01}$、$U_{02}$ 的极性,画出输出电压的波形。并求出 $U_{01}$、$U_{02}$ 的平均值。

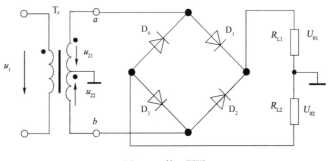

图 9-14　第 5 题图

6. 图 9-15 所示为单相桥式整流电容滤波电路。用交流电压表测得变压器副边电压 $U_2 = 20\text{V}$。现在用直流电压表测量 $R_L$ 两端的电压 $U_0$，如果出现下列几种情况时，试分析哪些是合理的？哪些表明出了故障？并指出原因。

① $U_0 = 28\text{V}$；
② $U_0 = 24\text{V}$；
③ $U_0 = 18\text{V}$；
④ $U_0 = 9\text{V}$。

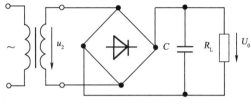

图 9-15　第 6 题图

# 单元 10　数字电路

**教学目标**

1. 了解数字电路的基本概念；
2. 了解常用的几种数制和码制；
3. 掌握常用的门电路；
4. 掌握逻辑代数的基本公式和法则；
5. 掌握组合逻辑电路的分析和设计方法；
6. 掌握编码器和译码器的逻辑功能；
7. 掌握常见的触发器；
8. 掌握时序逻辑电路的特点和分析方法；
9. 掌握计数器和寄存器的逻辑功能；
10. 了解数模和模数变换器。

**建议学时**

20 学时

## 10.1　概　　述

### 10.1.1　数字电路的基本概念

电子电路中的电信号可以分成两类，一类是随时间连续变化的电信号——模拟信号，如温度、速度、压力等的模拟；另一类是不连续的突变信号，其在时间和数值上都是离散的——数字信号，如图 10-1 所示。

用于存储、传递和处理数字信号的电子电路称为数字电路。任何一个数字电路的输出信号与输入信号之间都有一定的逻辑关系，具有一定的逻辑功能。数字电路的主要逻辑单元是逻辑门电路和触发器。由于数字电路具有稳定性好、抗干扰能力强、便于集成和存储等特点，它广泛应用于电子计算机、数字通信、数字式家用电器、数字仪表、数字控制装置及工业逻辑系统等领域。

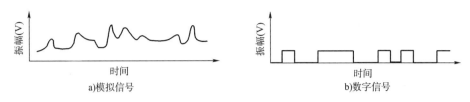

图 10-1　模拟信号与数字信号

### 10.1.2　脉冲信号

数字电路中的工作信号通常都是持续时间短暂的跃变信号,称为脉冲信号。常用的脉冲波形如图 10-2 所示。但实际波形并不像图 10-2 所示的那样理想,例如实际的矩形波如图 10-3 所示。

图 10-2　常用的脉冲波形

图 10-3 中主要参数意义如下。

脉冲幅度 $A$:脉冲信号变化的最大值。

脉冲上升沿 $t_r$:从脉冲幅度的 10% 上升到 90% 所需的时间。

脉冲下降沿 $t_f$:从脉冲幅度的 90% 下降到 10% 所需的时间。

脉冲宽度 $t_w$:从上升沿的脉冲幅度的 50% 到下降沿的脉冲幅度的 50% 所需的时间,这段时间也称为脉冲持续时间。

脉冲周期 $T$:周期性脉冲信号前后两次出现的时间间隔。

脉冲频率 $f$:每秒内脉冲出现的次数,即为周期的倒数,$f = \dfrac{1}{T}$。

脉冲信号有正、负之分。如果脉冲跃变后的值比初始值高,则为正脉冲;反之,则为负脉冲,如图 10-4 所示。

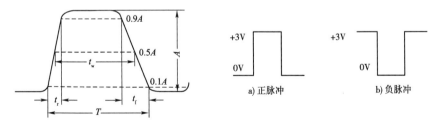

图 10-3　实际矩形波及矩形脉冲波形参数　　图 10-4　正脉冲和负脉冲

### 10.1.3　数制与码制

#### 10.1.3.1　数制

数字电路中经常要遇到计数的问题,多位数中每一位的构成方法以及从低位到高位的进制规则称为数制。日常生活中,人们习惯用十进制。在数字电路中多采用二进制,还有八进制和十六进制。

任何一个数制都包含两个基本要素:基数和位权。

(1)十进制。

十进制的数码是 0、1、2、3、4、5、6、7、8、9,计数的基数是 10,位权是 10 的幂,进位规则是"逢十进一"。例如:

$$312.25 = 3 \times 10^2 + 1 \times 10^1 + 2 \times 10^0 + 2 \times 10^{-1} + 5 \times 10^{-2}$$

(2)二进制。

二进制的基数是 2,数码只有 0 和 1,位权是 2 的幂,进位规则是"逢二进一"。例如:

$$(11011.101)_2 = 1 \times 2^4 + 1 \times 2^3 + 0 \times 2^2 + 1 \times 2^1 + 1 \times 2^0 + 1 \times 2^{-1} + 0 \times 2^{-2} + 1 \times 2^{-3}$$

代表十进制数 27.625。

二进制的优点是只有两个数码,因此它的每一位数都可用任何具有两个不同稳定状态的元件来表示;数字装置简单可靠,所用元件少;另外其基本运算规则简单,运算操作方便。缺点是用二进制表示一个数时,位数多。因此实际使用中,在送入数字系统前多采用十进制数,送入机器后再转换成二进制数,让数字系统进行运算,运算结束后再将二进制数转换为十进制数供人们阅读。

(3)八进制。

八进制的基数是 8,数码是 0、1、2、3、4、5、6、7,位权是 8 的幂,进位规则是"逢八进一"。例如:

$$(61)_8 = 6 \times 8^1 + 1 \times 8^0$$

代表十进制数 49。

八进制的数和二进制数可以按位对应,即一位八进制数可对应三位二进制数。

(4)十六进制。

十六进制的基数是 16,数码是 0、1、2、3、4、5、6、7、8、9、A(10)、B(11)、C(12)、D(13)、E(14)、F(15),位权是 16 的幂,进位规则是"逢十六进一"。例如:

$$(1A5)_{16} = 1 \times 16^2 + 10 \times 16^1 + 5 \times 16^0$$

代表十进制数 421。一位十六进制数对应四位二进制数。

几种进制之间的对应关系见表 10-1。

几种进制之间的对应关系　　　　　　　　　　表 10-1

| 十 进 制 | 二 进 制 | 八 进 制 | 十 六 进 制 |
| --- | --- | --- | --- |
| 0 | 0000 | 0 | 0 |
| 1 | 0001 | 1 | 1 |
| 2 | 0010 | 2 | 2 |
| 3 | 0011 | 3 | 3 |
| 4 | 0100 | 4 | 4 |
| 5 | 0101 | 5 | 5 |
| 6 | 0110 | 6 | 6 |
| 7 | 0111 | 7 | 7 |

续上表

| 十 进 制 | 二 进 制 | 八 进 制 | 十六进制 |
|---|---|---|---|
| 8 | 1000 | 8 | 8 |
| 9 | 1001 | 9 | 9 |
| 10 | 1010 | 10 | A |
| 11 | 1011 | 11 | B |
| 12 | 1100 | 12 | C |
| 13 | 1101 | 13 | D |
| 14 | 1110 | 14 | E |
| 15 | 0111 | 15 | F |

#### 10.1.3.2 BCD 码

码制是指各种编码的制式。在数字系统中,各种数据要转换为二进制代码才能进行处理,而人们习惯于使用十进制数,所以在数字系统的输入输出中仍采用十进制数,电路处理时则采用二进制数,这样就产生了用四位二进制数分别表示 0~9 这 10 个十进制数码的编码方法,把用于表示一位十进制数的四位二进制代码称为二—十进制代码,简称 BCD 码。最常用的 BCD 码是 8421BCD 码,见表 10-2。

**8421BCD 码**     表 10-2

| 十进制数 | 0 | 1 | 2 | 3 | 4 | 5 | 6 | 7 | 8 | 9 |
|---|---|---|---|---|---|---|---|---|---|---|
| 8421BCD 码 | 0000 | 0001 | 0010 | 0011 | 0100 | 0101 | 0110 | 0111 | 1000 | 1001 |

## 10.2 门 电 路

门电路是数字电路最基本的逻辑单元。它是一种开关电路,当若干个输入信号满足一定条件时,就有信号输出,否则,没有信号输出。在门电路的输入和输出信号之间存在一定的逻辑关系,故门电路又称逻辑门电路。

基本逻辑门电路有与门、或门、非门。用这些基本门电路还可以组成各种复合门电路。

### 10.2.1 分立元件门电路

门电路可以用二极管、晶体管和电阻等分立元件组成,称为分立元件门电路。

#### 10.2.1.1 与门

(1) 与逻辑关系。

当决定一件事情的各个条件全部具备之后,这件事情才会发生,这样的因果关系,称为与逻辑关系。如图 10-5a)所示,只有当开关 A 和 B 都闭合时,电灯 F 才会亮;A 和 B 只要有一个断开,电灯就不亮。所以灯亮的条件是开关 A 与 B 都闭合,这就是与逻辑关系。

(2) 二极管与门电路。

实现与逻辑关系的电路称为与门电路。如图 10-5b)所示为最简单的二极管与门电路。与门电路具有多个输入端(图中是两个,即 $A$、$B$),只有一个输出端 $F$。如图 10-5c)所示为与门的逻辑符号。设输入信号低电平为0V，高电平为3V，两个输入端信号电平的状态可以有四种不同的组合。现分析其输入和输出间的逻辑关系如下：

① $V_A = V_B = 0V$，此时$D_A$、$D_B$均导通，$V_F = 0.7V$。

② $V_A = 0V$，$V_B = 3V$，此时$D_A$迅速导通，$D_B$承受反向电压而截止，$V_F = 0V$。

③ $V_A = 3V$，$V_B = 0V$，此时$D_B$迅速导通，$D_A$承受反向电压而截止，$V_F = 0.7V$。

④ $V_A = V_B = 3V$，此时$D_A$、$D_B$均导通，$V_F = 3.7V$。

综上所述，只有当输入$V_A$、$V_B$全为高电平(3V)时，输出才是高电平(3V)，否则输出均为低电平。

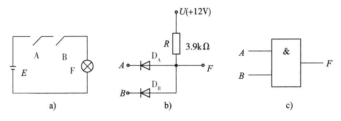

图10-5 与门

用符号1和0来表示电平的高低，如用1表示高电平，0表示低电平，称为正逻辑；反之称为负逻辑。下面如不特别指明均采用正逻辑。与门逻辑状态见表10-3。

与 门 逻 辑 状 态　　　　　　　　　　　表10-3

| A | B | F | A | B | F |
| --- | --- | --- | --- | --- | --- |
| 0 | 0 | 0 | 1 | 0 | 0 |
| 0 | 1 | 0 | 1 | 1 | 1 |

与逻辑关系可用逻辑运算表达式(10-1)（简称逻辑表达式）来表示：

$$F = A \cdot B \tag{10-1}$$

这种逻辑关系称为逻辑乘。为便于记忆，可概括为：全1出1，有0出0。

**10.2.1.2 或门**

(1) 或逻辑关系。

当决定一件事情的几个条件中，有一个或一个以上条件具备，这件事情就会发生，这样的因果关系，称为或逻辑关系。如图10-6a)所示，只有当开关A和B中有一个闭合时，电灯F才会亮。所以灯亮的条件是开关A或B闭合，这就是或逻辑关系。

(2) 二极管或门电路。

实现或逻辑关系的电路称为或门电路。图10-6b)所示为最简单的二极管或门电路，两个输入端为A、B，输出端为F。图10-6c)所示为或门的逻辑符号。或门逻辑状态见表10-4。

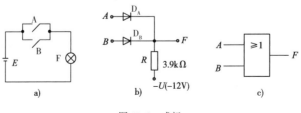

图10-6 或门

或门逻辑状态　　　　　　　　　　　　　　　　　　　表10-4

| A | B | F | A | B | F |
|---|---|---|---|---|---|
| 0 | 0 | 0 | 1 | 0 | 1 |
| 0 | 1 | 1 | 1 | 1 | 1 |

或逻辑关系可用逻辑运算表达式(10-2)(简称逻辑表达式)来表示：

$$F = A + B \tag{10-2}$$

这种逻辑关系称为逻辑加。为便于记忆，可概括为：有1出1，全0出0。

#### 10.2.1.3 非门

(1)非逻辑关系。

非即是相反。当条件具备时，事情不发生；而条件不具备时，事件必然发生，这样的因果关系，称为非逻辑关系。如图10-7a)所示，当开关A闭合时，电灯F不会亮；而开关A断开时，电灯F会亮。所以，灯亮与开关闭合是非逻辑关系。

(2)非门电路。

实现非逻辑关系的电路称为非门电路。图10-7b)所示为晶体管非门电路，只有一个输入端A和一个输出端F。图10-7c)所示为非门的逻辑符号。非门逻辑状态见表10-5。

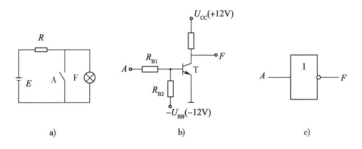

图10-7　非门

非门逻辑状态　　　　　　　　　　　　　　　　　　　表10-5

| A | F | A | F |
|---|---|---|---|
| 0 | 1 | 1 | 0 |

非逻辑关系可用逻辑运算表达式(10-3)(简称逻辑表达式)来表示：

$$F = \overline{A} \tag{10-3}$$

这种逻辑关系称为逻辑非。可概括为：有1出0，有0出1。

#### 10.2.1.4 常用的复合门电路

将与门、或门、非门组合起来可构成各种复合门电路。复合门电路性能好、功能强、使用灵活，是目前数字电路中最常用的基本逻辑单元。常用的复合门电路见表10-6。

常用的几种复合门电路　　　　　　　　　　　　　　表10-6

| 名　称 | 逻辑符号 | 逻辑表达式 |
|---|---|---|
| 与非门 | A—[&]—F（B输入） | $F = \overline{A \cdot B}$ |

续上表

| 名　　称 | 逻辑符号 | 逻辑表达式 |
|---|---|---|
| 或非门 | A, B → ≥1 → F | $F = \overline{A + B}$ |
| 异或门 | A, B → =1 → F | $F = \overline{A}B + A\overline{B} = A \oplus B$ |
| 与或非门 | A, B, C, D → & , ≥1 → F | $F = \overline{A \cdot B + C \cdot D}$ |

### 10.2.2 集成门电路

由于分立元件门电路存在体积大、可靠性差等缺点,随着半导体技术的飞速发展,目前广泛使用的是集成门电路。集成门电路具有耗电量小、高可靠性、微型化、使用方便等优点。

集成门电路的种类很多,按所使用的基本开关元件的不同,可分为双极型(以晶体管—晶体管 TTL 门电路为代表)和单极型(互补式金属—氧化层—半导体 CMOS 门电路为代表)两大类。常见的 TTL 集成电路如 74LS 系列产品,如图 10-8a)所示,为 74LS00 四 2 输入端与非门芯片引脚图;常见的 CMOS 集成电路如 4000 系列产品,如图 10-8b)所示,为六反相器 CD4069 芯片引脚图。

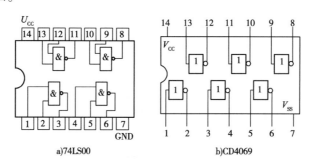

图 10-8　74LS00 和 CD4069 引脚图

TTL 门电路的结构形式采用三极管,由于这种形式的电路功耗较大,广泛应用于中、小规模集成电路中。CMOS 集成电路是近年来在半导体金属氧化物 MOS 电路基础上发展起来的一种互补对称型电路,因具有功耗低、电源电压范围宽、抗干扰能力强、制造工艺简单、集成度高等优点,在数字电路、电子计算机及显示仪表等许多方面获得了广泛的应用。

##  10.3　组合逻辑电路的分析与设计

根据逻辑功能的不同,数字电路分为两大类:组合逻辑电路和时序逻辑电路。

由逻辑门电路所组合起来用以实现复杂逻辑功能的电路称为组合逻辑电路。组合逻辑电路的特点是任何时刻的输出信号仅由该时刻的输入信号决定,而与其原来状态无关。

### 10.3.1 逻辑代数

逻辑代数是分析和设计各种逻辑电路的主要数学工具。逻辑代数的基本公式见表 10-7。

**逻辑代数的基本公式**　　表 10-7

| 说　明 | 名　称 | 与运算有关公式 | 或运算有关公式 |
| --- | --- | --- | --- |
| 变量与常数的关系 | 01 律 | $A \cdot 1 = A$<br>$A \cdot 0 = 0$ | $A + 0 = A$<br>$A + 1 = 1$ |
| 与普通代数相似的定律 | 交换律 | $A \cdot B = B \cdot A$ | $A + B = B + A$ |
| | 结合律 | $A \cdot (B \cdot C) = (A \cdot B) \cdot C$ | $A + (B + C) = (A + B) + C$ |
| | 分配律 | $A \cdot (B + C) = A \cdot B + A \cdot C$ | $A + (B \cdot C) = (A + B)(A + C)$ |
| 逻辑代数特有的定律和定理 | 互补律 | $A \cdot \overline{A} = 0$ | $A + \overline{A} = 1$ |
| | 同一律 | $A \cdot A = A$ | $A + A = A$ |
| | 德·摩根定理 | $\overline{A \cdot B} = \overline{A} + \overline{B}$ | $\overline{A + B} = \overline{A} \cdot \overline{B}$ |
| | 还原律 | $\overline{\overline{A}} = A$ | |

**做一做**

利用逻辑代数的基本公式推导证明下述公式成立。

① $AB + A\overline{B} = A$;

② $A + AB = A$;

③ $A + \overline{A}B = A + B$;

④ $AB + \overline{A}C + BC = AB + \overline{A}C$。

按照上述公式可对逻辑函数进行化简。逻辑函数的表达式中最常用的是与或形式,与或式的最简单标准为:表达式中所含乘积项数最少;每项中所含变量个数最少。

### 10.3.2 组合逻辑电路的分析方法

组合逻辑电路的分析是在电路结构给定后,研究电路的输出与输入之间的逻辑关系,其分析步骤为:根据已知的逻辑图→写出逻辑表达式→用逻辑代数对表达式进行化简→列逻辑状态表→分析逻辑功能。

**【例 10-1】** 试分析图 10-9 的逻辑功能。

**解**:根据逻辑图写出逻辑表达式并化简如下:

$$F = \overline{\overline{AB} + A\overline{B}} = \overline{\overline{AB}} \cdot \overline{A\overline{B}} = (A + \overline{B})(\overline{A} + B) = \overline{A}\,\overline{B} + AB$$

列出逻辑状态,见表 10-8。分析此表可知:当电路输入端 $A$ 和 $B$ 同为 1 或同为 0 时,输

出端 $F$ 为 1;否则 $F$ 为 0。这种电路称为同或门电路,常记为 $F = A \odot B$。

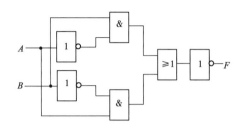

图 10-9 例 10-1 图

图 10-9 的逻辑状态　　　　　　　　　　　　　　　　　　　　　　　表 10-8

| A | B | F | A | B | F |
|---|---|---|---|---|---|
| 0 | 0 | 1 | 1 | 0 | 0 |
| 0 | 1 | 0 | 1 | 1 | 1 |

 小贴士

### 逻辑函数表示方法

任何一个逻辑关系都可以用一个逻辑函数来描述。逻辑函数常用逻辑状态表、逻辑表达式、逻辑图、卡诺图和波形图五种方法来表示,而且它们之间可相互转换。

### 10.3.3 组合逻辑电路的设计方法

组合逻辑电路的设计是根据给定的实际逻辑要求,设计出最简单的逻辑电路图。其步骤为:根据实际问题的逻辑关系→列出逻辑状态表→写出逻辑表达式并进行化简→画出逻辑图。

下面以加法器为例,介绍一下组合逻辑电路的设计。加法器是用来进行二进制数加法运算的组合逻辑电路。

#### 10.3.3.1 半加器

不考虑低位进位信号的两个 1 位二进制数相加,实现这种加法运算的电路称为半加器。

设两个加数分别用 $A$、$B$ 表示,和用 $S$ 表示,向高位的进位用 $C$ 表示。根据半加器的功能和二进制加法运算规则,可列出半加器的逻辑状态,见表 10-9。

半加器的逻辑状态　　　　　　　　　　　　　　　　　　　　　　　表 10-9

| A | B | S | C | A | B | S | C |
|---|---|---|---|---|---|---|---|
| 0 | 0 | 0 | 0 | 1 | 0 | 1 | 0 |
| 0 | 1 | 1 | 0 | 1 | 1 | 0 | 1 |

由逻辑状态表可得半加器的逻辑表达式为:

$$S = \overline{A}B + A\overline{B} = A \oplus B$$
$$C = AB$$

由逻辑表达式可画出逻辑图。其逻辑图和逻辑符号如图 10-10 所示。

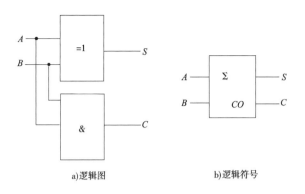

a) 逻辑图　　　　　　　　　　　b) 逻辑符号

图 10-10　半加器

#### 10.3.3.2　全加器

考虑低位进位信号的两个 1 位二进制数相加，实现这种运算的电路称为全加器。

设两个加数分别用 $A_i$、$B_i$ 表示，低位来的进位用 $C_{i-1}$ 表示和用 $S_i$ 表示，向高位的进位用 $C_i$ 表示。根据全加器的功能和二进制加法运算规则，可列出全加器的逻辑状态，见表 10-10。

全加器的逻辑状态　　　　　　　　　　　表 10-10

| $A_i$ | $B_i$ | $C_{i-1}$ | $S_i$ | $C_i$ |
| --- | --- | --- | --- | --- |
| 0 | 0 | 0 | 0 | 0 |
| 0 | 0 | 1 | 1 | 0 |
| 0 | 1 | 0 | 1 | 0 |
| 0 | 1 | 1 | 0 | 1 |
| 1 | 0 | 0 | 1 | 0 |
| 1 | 0 | 1 | 0 | 1 |
| 1 | 1 | 0 | 0 | 1 |
| 1 | 1 | 1 | 1 | 1 |

由逻辑状态表可得全加器的逻辑表达式为：

$$S_i = \overline{A_i}\,\overline{B_i}C_{i-1} + \overline{A_i}B_i\overline{C_{i-1}} + A_i\overline{B_i}\,\overline{C_{i-1}} + A_iB_iC_{i-1}$$

$$= (\overline{A_i}B_i + A_i\overline{B_i})\overline{C_{i-1}} + (\overline{A_i}\,\overline{B_i} + A_iB_i)C_{i-1}$$

$$= A_i \oplus B_i \oplus C_{i-1}$$

$$C_i = A_iB_iC_{i-1} + A_iB_i\overline{C_{i-1}} + A_i\overline{B_i}C_{i-1} + \overline{A_i}B_iC_{i-1}$$

$$= (\overline{A_i}B_i + A_i\overline{B_i})C_{i-1} + A_iB_i(C_{i-1} + \overline{C_{i-1}})$$

$$= (A_i \oplus B_i)C_{i-1} + A_iB_i$$

由逻辑表达式可画出逻辑图。其逻辑图和逻辑符号如图 10-11 所示。

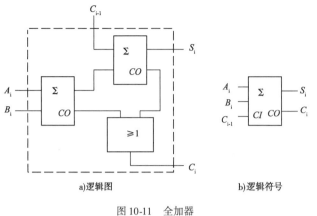

a) 逻辑图　　　　　　b) 逻辑符号

图 10-11　全加器

## 10.4　编码器和译码器

在数字系统中,将二进制数码 0 和 1 按一定规律编排组成不同的代码,并给予特定的含义,这个过程称为编码,如 BCD8421 编码。实现编码的电路称为编码器。译码则相反,是将赋予的这种特定含义"翻译"出来,实现译码操作的电路称为译码器。

### 10.4.1　编码器

编码器的典型应用是计算机和数字系统的键盘。按下某一个按键时,对应的输入端由低电平变为高电平,输入了一个表示数据或指令的信号。在机器内部就有编码器将该信号转换为确定的二进制代码,才能够进行存储或执行操作。

如同使用键盘,每次只能按下一个键一样。在同一时刻,普通编码器的多个输入端中,只允许一个有输入信号(如是高电平),其余的输入端没有输入信号(是低电平)。

按照输出二进制代码编码方法的不同,编码器分为二进制编码器和二—十进制编码器等。

#### 10.4.1.1　二进制编码器

二进制编码器是用 $n$ 位二进制代码来表示 $2^n$ 个一般信号的数字电路。根据编码器输出二进制代码的位数,二进制编码器可分为 2 位二进制编码器、3 位二进制编码器等。

这里以 2 位二进制编码器为例,分析二进制编码器的工作原理。如图 10-12 所示,它有 4 个输入信号 $I_0 \sim I_3$,输出的 2 位二进制代码为 $Y_0$ 和 $Y_1$,故又称为 4 线—2 线二进制编码器。

当输入信号端的按键未按合时,其上端电位是高电位($+U_{CC}$),使与非门的输入端是高电平。当按键按合后,就使相应与非门的输入端接地,输入低电平。

编码器输出信号的逻辑函数表示式为:

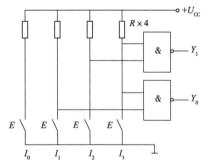

图 10-12　2 位二进制编码器

$$Y_1 = \overline{I_2 \cdot I_3}$$
$$Y_0 = \overline{I_1 \cdot I_3}$$

编码器的逻辑状态见表 10-11。

2 位二进制编码器逻辑状态　　　　　　　　　　表 10-11

| $I_3$ | $I_2$ | $I_1$ | $I_0$ | $Y_1$ | $Y_0$ |
|---|---|---|---|---|---|
| 0 | 1 | 1 | 1 | 1 | 1 |
| 1 | 0 | 1 | 1 | 1 | 0 |
| 1 | 1 | 0 | 1 | 0 | 1 |
| 1 | 1 | 1 | 0 | 0 | 0 |

**做一做**

根据表 10-11 分析 2 位二进制编码器的逻辑功能。

2 位二进制编码器电路可将 $I_3 \sim I_0$ 四个输入信号编成二进制代码输出。它输出的每一个二进制代码均与一个确定的输入信号相对应,完成了输入信号的编码。

#### 10.4.1.2　二—十进制编码器

二—十进制编码器是将十进制的十个数码 0、1、2…9 编成二进制代码的逻辑电路。最常用的二—十进制编码器就是 8421BCD 码编码器。

一种键控式 8421BCD 码编码器逻辑电路如图 10-13 所示。其输入是表示 0～9 的十条信号线,输出是四位 8421BCD 码 $Y_3 \sim Y_0$,是一种 10 线—4 线编码器。

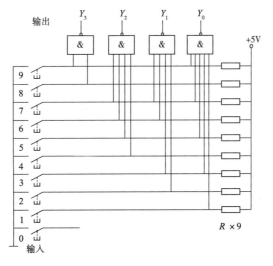

图 10-13　8421BCD 码编码器

**做一做**

根据图 10-13,列出其输出端逻辑函数式和逻辑状态表。

现在分析 8421BCD 码编码器的工作原理:当按下"1"键时,只有 $Y_0$ 对应与非门的输入有 0(低电平),使 $Y_1 = 1$。其余三个与非门的输入全是 1(高电平),输出均为 0。此时,编码器输出 $Y_3Y_2Y_1Y_0 = 0001$。同理,当按下"7"键时,编码器输出 $Y_3Y_2Y_1Y_0 = 0111$。

显然,在使用时,同一时刻只能有一个输入端为 0,即只能按下一个键。

> **知识链接**
>
> **优先编码器与集成编码器**
>
> 前面介绍的编码器输入信号都是相互排斥的,如有两个或两个以上信号同时输入,则编码器输出就会出错。优先编码器是编码时允许多个信号同时输入,但电路只对其中级别最高的信号优先进行编码,级别低的信号不起作用,由特殊编码器进行编码。
>
> 为使用方便,包括编码器在内的一些常用的组合电路都已被制成了通用型中、小规模集成电路产品。常用的集成 8421BCD 编码器产品有 CT340、CT1147、CT4147 等,其中 CT4147 是优先编码器。

### 10.4.2 译码器

译码器是把给定的代码进行"翻译",变成相应的状态,使输出通道中相应的一路有信号输出。译码器在数字电路系统中有广泛的用途,不仅用于代码的转换、终端的数字显示,还用于数据分配、存储器寻址和组合控制信号等。不同的功能可选用不同种类的译码器。

#### 10.4.2.1 二进制译码器

二进制译码器是把二进制代码翻译成对应输出信号的电路,又称变量译码器。它若有 $n$ 个输入线,则对应 $2^n$ 个输出线。常见的芯片有 2 线—4 线译码器、3 线—8 线译码器、4 线—16 线译码器等。

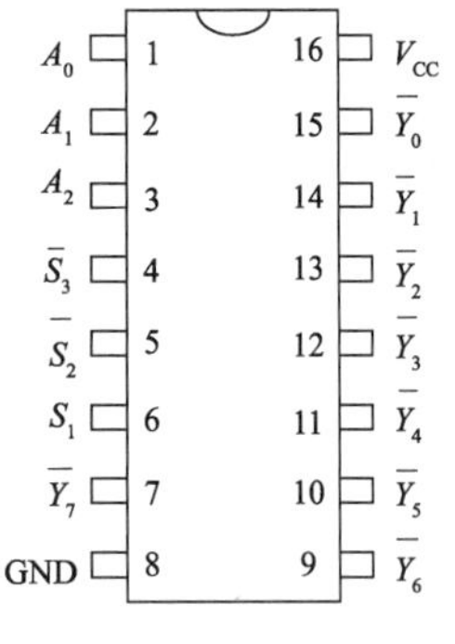

3 线—8 线译码器 CT4138(74LS138) 的引脚排列图如图 10-14 所示。其中 $A_0 \sim A_2$ 为译码地址输入端;$S_1$、$\bar{S}_2$、$\bar{S}_3$ 为选通控制端;$\bar{Y}_0 \sim \bar{Y}_7$ 为译码输出端(低电平有效)。当 $S_1 = 1$ 且 $\bar{S}_2 + \bar{S}_3 = 0$ 时,处于译码工作状态;当 $S_1 = 0$ 或 $\bar{S}_2 + \bar{S}_3 = 1$ 时,译码器处于禁止状态。

译码器 CT4138 逻辑功能见表 10-12。表中符号"×"表示任意电平。

图 10-14 CT4138 外引脚排列图

CT4138 逻辑功能　　　　　　　　　表 10-12

| 输 | 入 | | | | 输 | 出 | | | | | | |
|---|---|---|---|---|---|---|---|---|---|---|---|---|
| $S_1$ | $\bar{S}_2 + \bar{S}_3$ | $A_2$ | $A_1$ | $A_0$ | $\bar{Y}_0$ | $\bar{Y}_1$ | $\bar{Y}_2$ | $\bar{Y}_3$ | $\bar{Y}_4$ | $\bar{Y}_5$ | $\bar{Y}_6$ | $\bar{Y}_7$ |
| 0 | × | × | × | × | 1 | 1 | 1 | 1 | 1 | 1 | 1 | 1 |
| × | 1 | × | × | × | 1 | 1 | 1 | 1 | 1 | 1 | 1 | 1 |

续上表

| $S_1$ | $\overline{S_2}+\overline{S_3}$ | $A_2$ | $A_1$ | $A_0$ | $\overline{Y_0}$ | $\overline{Y_1}$ | $\overline{Y_2}$ | $\overline{Y_3}$ | $\overline{Y_4}$ | $\overline{Y_5}$ | $\overline{Y_6}$ | $\overline{Y_7}$ |
|---|---|---|---|---|---|---|---|---|---|---|---|---|
| 1 | 0 | 0 | 0 | 0 | 0 | 1 | 1 | 1 | 1 | 1 | 1 | 1 |
| 1 | 0 | 0 | 0 | 1 | 1 | 0 | 1 | 1 | 1 | 1 | 1 | 1 |
| 1 | 0 | 0 | 1 | 0 | 1 | 1 | 0 | 1 | 1 | 1 | 1 | 1 |
| 1 | 0 | 0 | 1 | 1 | 1 | 1 | 1 | 0 | 1 | 1 | 1 | 1 |
| 1 | 0 | 1 | 0 | 0 | 1 | 1 | 1 | 1 | 0 | 1 | 1 | 1 |
| 1 | 0 | 1 | 0 | 1 | 1 | 1 | 1 | 1 | 1 | 0 | 1 | 1 |
| 1 | 0 | 1 | 1 | 0 | 1 | 1 | 1 | 1 | 1 | 1 | 0 | 1 |
| 1 | 0 | 1 | 1 | 1 | 1 | 1 | 1 | 1 | 1 | 1 | 1 | 0 |

#### 10.4.2.2 二—十进制译码器

二—十进制译码器是将二—十进制代码(BCD 码)翻译成对应的 10 个二进制数字信号的电路,又称为 4 线—10 线译码器。

集成 4 线—10 线译码器 CT4042 如图 10-15 所示。CT4042 没有使能控制端,输出为反变量,即为低电平有效,且采用完全译码方案。

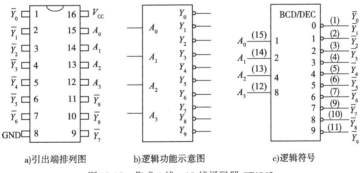

a) 引出端排列图　　b) 逻辑功能示意图　　c) 逻辑符号

图 10-15　集成 4 线—10 线译码器 CT4042

**知识链接**

### 二进制译码器的应用

利用二进制译码器可组成数据选择器及多路输出分配器等。

数据分配器是一路输入、多路输出的多路开关。如图 10-16a) 所示,用 CT4139 译码器接成的数据分配器,其示意图如图 10-16b) 所示。将译码器作为数据分配器用时,其输入端的连接与作译码器用时刚好相反,信号输入端 $A_0$、$A_1$ 改作分配器控制端,而用使能端 $\overline{S}$ 作为数据输入端。专用的集成数据分配器产品有 CT1138(8 路输出)、CT1154(16 路输出)、CT1139(双 4 路输出)等。

数据选择器是一个多路输入、一路输出的多路开关,它可用译码器和门电路构成。专用的集成数据选择器产品有 CT1153(双 4 选 1)、CT1151(8 选 1)、CT1150(16 选 1)等。

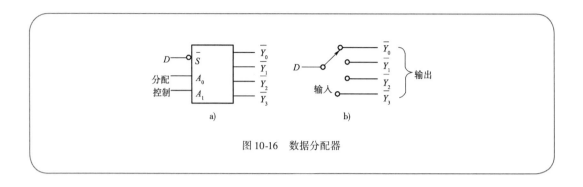

图 10-16 数据分配器

### 10.4.2.3 显示译码器

将二进制代码翻译成被驱动的显示器件能直观显示数字、文字、符号。用来驱动各种显示器件所需电平或逻辑信号的电路,称为显示译码器。常见的有七段发光二极管(LED)数码管和集成显示译码器。

(1) 七段发光二极管(LED)数码管。

LED 数码管是目前最常用的数字显示器。如图 10-17a)所示,七段半导体数码显示器把要显示的十进制数码分成七段,每段都是一个发光二极管(LED)。LED 数码管中的七段即七个发光二极管有共阴极和共阳极两种接法,如图 10-17b)、c)所示。

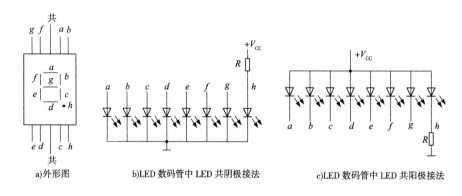

a) 外形图　　b) LED 数码管中 LED 共阴极接法　　c) LED 数码管中 LED 共阳极接法

图 10-17 七段 LED 数码管

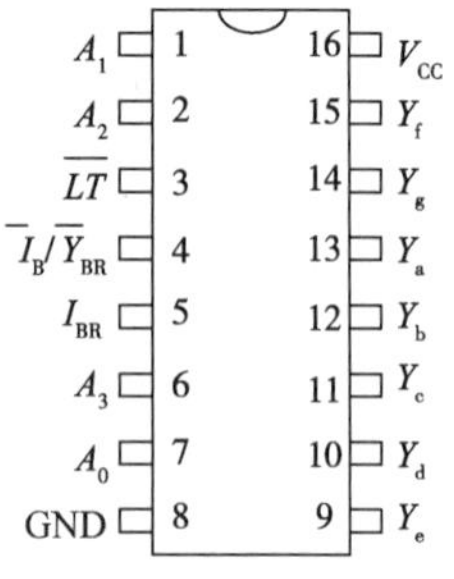

(2) 集成显示译码器。

CT4248 是一种功能比较齐全的显示译码器,与共阴极七段数码管配合使用。CT4248 外引脚排列图如图 10-18 所示,CT4248 输出端为高电平有效,用于驱动共阴极的 LED 数码管,使用时可直接与数码管相连接。其中 $A_0 \sim A_3$ 为译码地址输入端;$\overline{I_B}/\overline{Y_{BR}}$ 为消隐输入/串行消隐输出;$\overline{LT}$ 为灯测试输入端;$\overline{I_{BR}}$ 为串行消隐输入端;$Y_a \sim Y_g$ 为段输出端。

图 10-18 CT4248 外引脚排列图

译码器 CT4248 逻辑功能见表 10-13。

CT4248 逻辑功能　　　　　　　　　表 10-13

| 控制端 | | | 输入 | | | | 输出 | | | | | | | 字形 |
|---|---|---|---|---|---|---|---|---|---|---|---|---|---|---|
| $\overline{I_{BR}}$ | $\overline{LT}$ | $\overline{I_B}/\overline{Y_{BR}}$ | $A_3$ | $A_2$ | $A_1$ | $A_0$ | $Y_a$ | $Y_b$ | $Y_c$ | $Y_d$ | $Y_e$ | $Y_f$ | $Y_g$ | |
| 1 | 1 | 1 | 0 | 0 | 0 | 0 | 1 | 1 | 1 | 1 | 1 | 1 | 0 | 0 |
| × | 1 | 1 | 0 | 0 | 0 | 1 | 0 | 1 | 1 | 0 | 0 | 0 | 0 | 1 |
| × | 1 | 1 | 0 | 0 | 1 | 0 | 1 | 1 | 0 | 1 | 1 | 0 | 1 | 2 |
| × | 1 | 1 | 0 | 0 | 1 | 1 | 1 | 1 | 1 | 1 | 0 | 0 | 1 | 3 |
| × | 1 | 1 | 0 | 1 | 0 | 0 | 0 | 1 | 1 | 0 | 0 | 1 | 1 | 4 |
| × | 1 | 1 | 0 | 1 | 0 | 1 | 1 | 0 | 1 | 1 | 0 | 1 | 1 | 5 |
| × | 1 | 1 | 0 | 1 | 1 | 0 | 0 | 0 | 1 | 1 | 1 | 1 | 1 | 6 |
| × | 1 | 1 | 0 | 1 | 1 | 1 | 1 | 1 | 1 | 0 | 0 | 0 | 0 | 7 |
| × | 1 | 1 | 1 | 0 | 0 | 0 | 1 | 1 | 1 | 1 | 1 | 1 | 1 | 8 |
| × | 1 | 1 | 1 | 0 | 0 | 1 | 1 | 1 | 1 | 0 | 0 | 1 | 1 | 9 |
| × | × | 0 | × | × | × | × | 0 | 0 | 0 | 0 | 0 | 0 | 0 | 暗 |
| 0 | 1 | 0 | 0 | 0 | 0 | 0 | 0 | 0 | 0 | 0 | 0 | 0 | 0 | 暗 |
| × | 0 | 1 | × | × | × | × | 1 | 1 | 1 | 1 | 1 | 1 | 1 | 8 |

## 10.5 触发器

双稳态触发器是组成时序逻辑电路的基本单元。它是一种具有记忆功能的逻辑元件，具有两种相反的稳定输出状态，即 0 态（$Q=0$，$\overline{Q}=1$）和 1 态（$Q=1$，$\overline{Q}=0$）。触发器的类型很多，按逻辑功能分，有 RS 触发器、JK 触发器、D 触发器等。

### 10.5.1 RS 触发器

#### 10.5.1.1 基本 RS 触发器

基本 RS 触发器由两个与非门或者或非门交叉耦合而组成。由与非门组成的基本 RS 触发器及其图形符号如图 10-19 所示。$Q$、$\overline{Q}$ 是输出端，$\overline{R_D}$、$\overline{S_D}$ 是信号输入端。$\overline{R_D}$ 称为置 0 端或复位端，$\overline{S_D}$ 称为置 1 端或置位端。

触发器的两个输入端具有 4 种不同的输入组合，分析其输出状态与输入信号之间的关系，总结出全部工作情况得到其特性，见表 10-14。因为触发器属于时序逻辑电路，它的输出不仅与

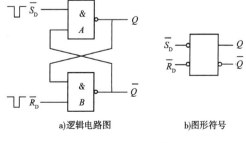

a）逻辑电路图　　　b）图形符号

图 10-19 基本 RS 触发器

触发信号有关,还与触发信号加入前的触发器原来状态有关,称这个原来的状态为初态,用 $Q^n$ 表示;触发信号作用之后的新状态则称为次态,用 $Q^{n+1}$ 表示。

**基本 RS 触发器特性** 表 10-14

| 输入 | | 初态 $Q^n$ | 次态 $Q^{n+1}$ | 说明 |
|---|---|---|---|---|
| $\overline{R}_D$ | $\overline{S}_D$ | | | |
| 0 | 0 | 0 | × | 触发器状态不定,禁用 |
| 0 | 0 | 1 | × | |
| 0 | 1 | 0 | 0 | 触发器置 0 |
| 0 | 1 | 1 | 0 | |
| 1 | 0 | 0 | 1 | 触发器置 1 |
| 1 | 0 | 1 | 1 | |
| 1 | 1 | 0 | 0 | 触发器保持原状态不变 |
| 1 | 1 | 1 | 1 | |

基本 RS 触发器电路简单,有记忆功能,可以用来表示或存储一位二进制数码,并且它是组成功能更完善的其他各种双稳态触发器的基本部分。

#### 10.5.1.2 同步 RS 触发器

由于基本 RS 触发器的输出状态直接受输入信号的控制,一旦输入信号改变,其输出也随之改变,这一点使它的使用范围受到限制。为此,在基本 RS 触发器电路基础上增加两个控制门和一个辅助控制信号,让只有在辅助控制信号到来后,输入信号才能作用,并引起触发器输出状态的转换。同步 RS 触发器就是这样一种触发器,如图 10-20 所示。

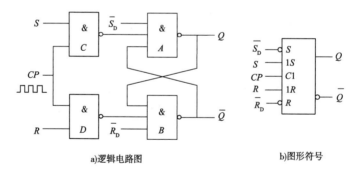

a)逻辑电路图    b)图形符号

图 10-20 同步 RS 触发器

同步 RS 触发器由四个与非门组成,即与非门 $A$、$B$ 构成基本 RS 触发器,与非门 $C$、$D$ 是控制门,$CP$ 是起辅助控制作用的信号,称为时钟脉冲。$\overline{R}_D$ 和 $\overline{S}_D$ 分别是直接复位端和直接置位端,用来使触发器直接置 0 和置 1,它们不受时钟脉冲 $CP$ 的控制。

时钟脉冲是一个等间隔、波形宽度较窄的正脉冲系列,时钟脉冲未到时,$CP = 0$,$C$ 门、$D$ 门被封锁,迫使它们的输出全为 1,基本 RS 触发器保持原来的状态不变。只有当时钟脉冲到来之后,即 $CP = 1$ 时,触发器才按 $R$、$S$ 端的输入状态来决定其输出状态。时钟脉冲过去后,输出状态不变。

根据时钟脉冲到来后输入端 $R$、$S$ 的不同状态,可以分析同步 RS 触发器的工作情况,并列出其特性，见表 10-15。

**同步 RS 触发器特性** 表 10-15

| 输入 | | 初态 $Q^n$ | 次态 $Q^{n+1}$ | 说明 |
|---|---|---|---|---|
| R | S | | | |
| 0 | 0 | 0 | 0 | 触发器保持原状态不变 |
| 0 | 0 | 1 | 1 | |
| 0 | 1 | 0 | 1 | 触发器置 1 |
| 0 | 1 | 1 | 1 | |
| 1 | 0 | 0 | 0 | 触发器置 0 |
| 1 | 0 | 1 | 0 | |
| 1 | 1 | 0 | × | 触发器状态不定 |
| 1 | 1 | 1 | × | |

【**例 10-2**】 已知同步 RS 触发器的输入信号 R、S 及时钟脉冲 CP 的波形如图 10-21 所示。设触发器的初始状态为 0 态，试画出输出端 Q 的波形图。

**解**：根据同步 RS 触发器特性表 10-15，画出四个时钟脉冲 CP 到来时刻的 Q 端的波形图，图 10-21 所示为 RS 触发器的工作波形图。特别指出，第四个时钟脉冲 CP 到来时，R = S = 1，触发器的输出端 $Q = \overline{Q} = 1$，这种情况下，当时钟脉冲过去后，触发器的状态可能为 1 态，也可能为 0 态，是不定状态。

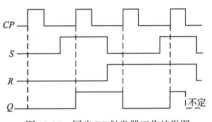

图 10-21 同步 RS 触发器工作波形图

### 知识链接

## 触发方式

触发器的触发方式是指触发器的翻转时刻与时钟脉冲的关系。触发器的触发方式主要有电平触发、边沿触发和主从触发。

上述同步 RS 触发器属于电位触发或称电平触发。电平触发的特点是只要达到时钟脉冲 CP 的规定电平，触发器的状态便能够发生翻转。如果只能在 CP = 1 期间翻转、在 CP = 0 期间不能翻转，称为正电位触发或高电平触发。反之，称为负电位触发或低电平触发。电平触发的图形符号如图 10-22 所示。

电平触发的缺点是抗干扰能力低。若时钟脉冲 CP 宽度较长，而在 CP 维持 1 的时间内输入端的 R、S 的状态又发生了变化，就会导致触发器状态的重新改变，即产生了"空翻"现象，使系统出现逻辑错误。

为了克服电位触发方式的缺点，提高触发器的抗干扰能力和电路工作的可靠性，以同步 RS 触发器为基础组成了维持—阻塞结构触发器和主—从结构触发器。这两种不同电路结构形式的触发器分别采用边沿触发方式和主从触发方式。

边沿触发方式的特点是，触发器只在时钟脉冲 CP 发生跳变时才能发生翻转，而且触发器的次态仅仅取决于 CP 跳变前输入端的状态,而在此前或此后输入端状态的变化对次态都不会产生影响。这就大大提高了触发器的抗干扰能力,增加了电路工作的可靠性。如果触发器的状态变化发生在时钟脉冲的上升沿,就称为上升沿触发或正边沿触发;反之,称为下降沿触发或负边沿触发。边沿触发的触发器图形符号如图 10-23 所示。

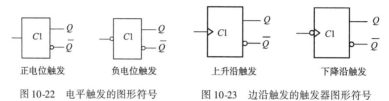

图 10-22  电平触发的图形符号　　　图 10-23  边沿触发的触发器图形符号

### 10.5.2  JK 触发器

JK 触发器有两个输入信号,分别用 $J$ 和 $K$ 表示。JK 触发器的逻辑功能是,在时钟脉冲 CP 的作用下,具有置 0、置 1、保持和翻转(计数)的功能。这就表明,JK 触发器能够完成触发器的全部逻辑功能,是一种性能优良的全功能触发器。JK 触发器的特性见表 10-16。

**JK 触发器的特性**　　　表 10-16

| $J$ | $K$ | $Q^{n+1}$ | 说　　明 |
|---|---|---|---|
| 0 | 0 | $Q^n$ | 输出状态不变 |
| 0 | 1 | 0 | 触发器置 0 |
| 1 | 0 | 1 | 触发器置 1 |
| 1 | 1 | $\overline{Q}^n$ | 计数翻转 |

JK 触发器主要采用边沿触发方式和主从触发方式。常用的下降沿触发方式 JK 触发器的图形符号如图 10-24 所示。

JK 触发器的逻辑功能可用波形图表示,如图 10-25 所示。

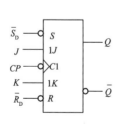

图 10-24  下降沿触发方式 JK 触发器的图形符号　　　图 10-25  JK 触发器的波形图

常用的边沿 JK 触发器有:双 JK 边沿触发器 CT3112/4112、CT2108、CT1109/4109 等,均

为下降沿触发;单 JK 边沿触发器 CT2101/2102 为下降沿触发,CT1070 为上升沿触发。

### 10.5.3 D 触发器

D 触发器只有一个信号输入端,该输入端信号用 D 表示。D 触发器的逻辑功能是,在时钟脉冲作用下,有置 0 和置 1 两种功能。D 触发器的特性见表 10-17。

**D 触发器特性**　　　　　　　　　　　　　　表 10-17

| D | $Q^{n+1}$ | 说　明 |
|---|---|---|
| 0 | 0 | 输出状态与 D 端相同 |
| 1 | 1 | |

在 TTL 集成触发器中,D 触发器多采用维持—阻塞电路结构形式。这种电路结构形式的触发器使用的是边沿触发方式。上升沿触发方式 D 触发器的图形符号如图 10-26 所示。

常用的集成 D 触发器有:CT1074/2074/4074 为双 D 触发器,CT4377 为 8D 触发器(仅 $Q$ 端输出,无预置和复位端)等。

### 10.5.4 T 触发器和 T′触发器

T 触发器只具有一个信号输入端,用 T 表示。T 触发器在时钟脉冲的作用下,具有保持和翻转(计数)的功能,其特性见表 10-18。

**T 触发器特性**　　　　　　　　　　　　　　表 10-18

| T | $Q^{n+1}$ | 说　明 | T | $Q^{n+1}$ | 说　明 |
|---|---|---|---|---|---|
| 0 | $Q^n$ | 输出状态不变 | 1 | $\overline{Q^n}$ | 翻转 |

T 触发器图形符号(下降沿触发)如图 10-27 所示。

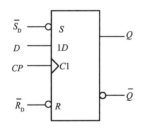
图 10-26　上升沿触发方式 D 触发器的图形符号

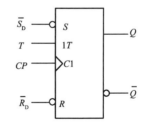
图 10-27　下降沿触发方式 T 触发器图形符号

T 触发器在数字系统中应用较多,但较少有专门生产的定型产品,这主要是因为 T 触发器能够利用其他集成触发器转换而成。

T′触发器在时钟脉冲的作用下,只具有翻转(计数)功能,又称计数触发器。实际上当 T 触发器的输入信号保持为 1 时,就构成了 T′触发器。T′触发器只是 T 触发器应用的一个特例。

**知识链接**

### JK 触发器的功能转换

JK 触发器功能较完善,可以转换成 D 触发器、T 触发器和 T′ 触发器,如图 10-28 所示。

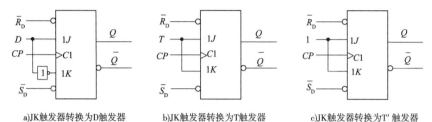

a)JK触发器转换为D触发器　　b)JK触发器转换为T触发器　　c)JK触发器转换为T′触发器

图 10-28　JK 触发器转换为其他形式的触发器

## 10.6　计　数　器

计数器是数字系统应用十分广泛的单元逻辑电路,除直接用作技术、分频、定时外,还经常应用于数字仪表、程序控制、计算机等领域。

计数器种类繁多,按计数的进位体制不同,可以分为二进制、十进制和任意进制的计数器;按计数器中数值的增、减情况,可分为加法计数器、减法计数器、可逆(加/减)计数器。

### 10.6.1　二进制加法计数器

由于双稳态触发器有 0 和 1 两个状态,所以一个触发器可以表示一位二进制数。如果要表示 n 为二进制数,就要用 n 个双稳态触发器。

#### 10.6.1.1　异步二进制加法计数器

由三个 D 触发器组成的三位异步二进制加法计数器,如图 10-29 所示。各触发器已转换成 T′ 触发器,具有 $Q^{n+1} = \overline{Q^n}$ 的计数功能。高位触发器在相邻低位触发器从 1 变为 0 时翻转。

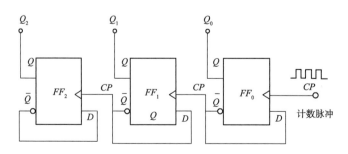

图 10-29　三位异步二进制加法计数器

计数脉冲输入前,设备触发器的状态为0。第一个计数脉冲上升沿过后,$Q_0$端由0变为1,其余各触发器状态不变。第二个计数脉冲上升沿过后,$Q_0$从1变为0,因此第二个触发器被触发而使其状态从0翻转为1,第三个触发器保持不变。依此类推,各触发器的输出波形如图10-30所示。

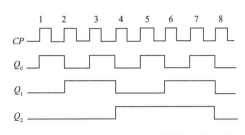

图10-30　三位异步二进制加法计数器的工作波形图

#### 10.6.1.2　同步二进制加法计数器

异步计数器由于进位信号是逐级传送的,因而计数速度受到限制。为提高计数器的工作速度,可将计数脉冲同时去触发所有的触发器,使应该发生状态更新的触发器同时翻转,且与输入计数脉冲同步。这种计数器称为同步计数器。

由三个JK触发器组成的三位同步二进制加法计数器,如图10-31所示。各触发器的信号输入端$J_i$和$K_i$相连,作为共同的信号输入端,即JK触发器转换成了T触发器。当$T_i = J_i = K_i = 0$时,来一个时钟脉冲,触发器状态保持不变;当$T_i = J_i = K_i = 1$时,来一个时钟脉冲,触发器状态发生翻转,即由0→1或由1→0。

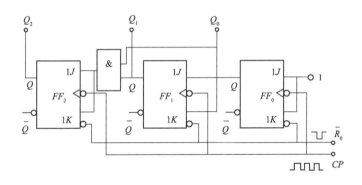

图10-31　三位同步二进制加法计数器

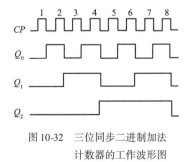

图10-32　三位同步二进制加法计数器的工作波形图

三位同步二进制加法计数器的波形图如图10-32所示。

三位二进制加法计数器,能记的最大十进制数为$2^3 - 1 = 7$。$n$位二进制加法计数器,能记的最大十进制数为$2^n - 1$。

TTL型中规模集成的二进制计数器种类很多,如CT1177、CT1197/4197、CT1293/4293为异步4位二进制计数器,CT1161/4161、CT1163/3163/4163为同步4位二进制计数器,CT3169/4169、CT1191/4193为同步4位二进制可逆计数器等。

### 10.6.2　十进制加法计数器

十进制计数器是在二进制计数器的基础上得出的,用四位二进制数来代表十进制的每一位数,所以又称二—十进制计数器。

由四个JK触发器组成的同步十进制加法计数器,如图10-33所示。

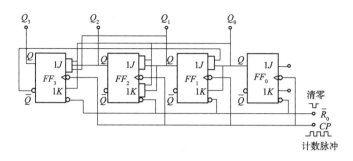

图 10-33 同步十进制加法计数器

各触发器 JK 端的逻辑表达式为：

$$J_3 = Q_2 Q_1 Q_0 \quad K_3 = Q_0$$

$$J_2 = K_2 = Q_1 Q_0$$

$$J_1 = \overline{Q_3} Q_0 \quad K_1 = Q_0$$

$$J_0 = K_0 = 1$$

根据上述触发器控制端的逻辑表达式和触发器的功能,可以分析出在 9 个计数脉冲作用下,计数器的状态按照加法计数规律从 0000 变化到 1001。当第 10 个计数脉冲输入,计数器跳过六个不同状态,回到 0000 状态,完成一个计数循环。其波形图如图 10-34 所示。

常用的 TTL 型中规模集成十进制计数器有 CT1196/3196/4196、CT1290/4290（异步计数器）、CT1160/4160、CT1162/3162/4162（同步计数器）、CT3168/4168、CT1190/4190（同步可逆计数器）等。

中规模集成同步十进制加法计数器 CT4160 的管脚排列图如图 10-35 所示,其中,$CP$ 为时钟脉冲输入端;$\overline{LD}$ 为同步置数控制端;$\overline{CR}$ 为异步清零控制端;$CT_P$ 和 $CT_T$ 为两个计数控制端（使能输入端）;$D_3 \sim D_0$ 为置数数据输入端;$Q_3 \sim Q_0$ 为计数器状态输出端;$CO$ 为进位信号输出端,当计数状态 $Q_3 Q_2 Q_1 Q_0 = 1111$ 时,$CO = 1$,再来一个 $CP$ 作用后,$CO$ 又为 0,利用 $CO$ 由 1→0 跳变,完成向高位计数器进位。其逻辑功能见表 10-19。

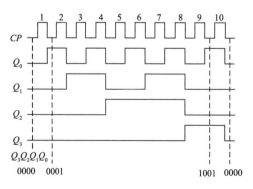

图 10-34 同步十进制加法计数器的工作波形图

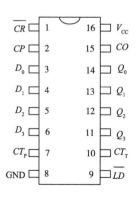

图 10-35 CT4160 的管脚排列图

**CT4160 逻辑功能**  表 10-19

| 输入 | | | | | | | | 输出 | | | | |
|---|---|---|---|---|---|---|---|---|---|---|---|---|
| $\overline{CR}$ | $\overline{LD}$ | $CT_P$ | $CT_T$ | $CP$ | $D_3$ | $D_2$ | $D_1$ | $D_0$ | $Q_3$ | $Q_2$ | $Q_1$ | $Q_0$ | $CO$ |
| 0 | × | × | × | × | × | × | × | × | 0 | 0 | 0 | 0 | 0 |
| 1 | 0 | × | × | ↑ | $d_3$ | $d_2$ | $d_1$ | $d_0$ | $d_3$ | $d_2$ | $d_1$ | $d_0$ | |
| 1 | 1 | 1 | 1 | ↑ | × | × | × | × | 计数 | | | | |
| 1 | 1 | 0 | × | × | × | × | × | × | 保持 | | | | |
| 1 | 1 | × | 0 | × | × | × | × | × | 保持 | | | | 0 |

用 CT4160 组成的十进制加法计数器的连线图如图 10-36 所示。图中 $CT_P = CT_T = 1$，计数器工作在计数状态。计数脉冲自 $CP$ 端加入，从 $Q_3 \sim Q_0$ 端输出。

为了使集成计数器使用更方便，某些中规模集成计数器采用了复合结构，即由两个独立的计数器组成，如 CT4090 为二—五进制计数器，即其中包含一个二进制计数器和一个五进制计数器。利用二进制或十进制计数器还可以构成任意进制的计数器。

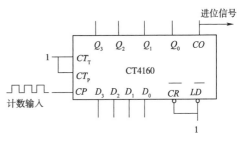

图 10-36 CT4160 组成的十进制加法计数器的连线图

**做一做**

① 用一片 CT4160 组成七进制加法计数器。
② 用两片 CT4160 组成二位十进制加法计数器。

## 10.7 寄存器

寄存器是在数字系统中用来存放二进制数据或运算结果的一种常用逻辑部件，所以它经常被称为中间存储器。它除了具有接收数据、保存数据和传送数据等基本功能外，还具有左、右移位，串、并输入，串、并输出以及预置、清零等功能，从而构成多功能寄存器。

寄存器按功能不同，可分为数码寄存器和移位寄存器。

### 10.7.1 数码寄存

由四个 D 触发器组成的四位并入并出数码寄存器如图 10-37 所示。使用前，直接在复位端加负脉冲将触发器清零。数码加在输入端 $d_3$、$d_2$、$d_1$、$d_0$ 上，当时钟 $CP$ 上升沿过后，$Q_3^{n+1} Q_2^{n+1} Q_1^{n+1} Q_0^{n+1} = d_3 d_2 d_1 d_0$。可见，数码寄存器只具有存放二进制数码的功能。

常见的国产 TTL 四位数码寄存器有 CT1175、CT451、CT3175、CT4175 等。四位集成寄存器 CT1175 的管脚排列图如图 10-38 所示，其逻辑功能见表 10-20。

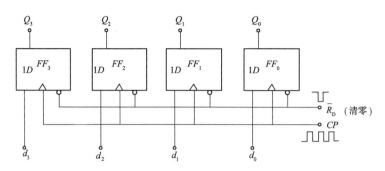

图 10-37　四位数码寄存器

**CT1175 逻 辑 功 能**　　　　　　　　　　　　　表 10-20

| 输　　入 | | | | | | 输　　出 | | | | 功能 |
|---|---|---|---|---|---|---|---|---|---|---|
| $\overline{CR}$ | $CP$ | $D_3$ | $D_2$ | $D_1$ | $D_0$ | $Q_3^{n+1}$ | $Q_2^{n+1}$ | $Q_1^{n+1}$ | $Q_0^{n+1}$ | |
| 0 | × | × | × | × | × | 0 | 0 | 0 | 0 | 清零 |
| 1 | ↑ | $d_3$ | $d_2$ | $d_1$ | $d_0$ | $d_3$ | $d_2$ | $d_1$ | $d_0$ | 送数 |
| 1 | 0 | × | × | × | × | $Q_3^n$ | $Q_2^n$ | $Q_1^n$ | $Q_0^n$ | 保持 |

## 10.7.2　移位寄存

移位寄存器不仅能寄存数码,还具有移位功能,即:使其寄存的数码在每一个移位脉冲作用下依次左移或右移一位。移位寄存器在数字系统中应用很多,如使用移位寄存器进行乘法、除法等算术运算以及逻辑运算等。移位寄存器分为单向移位寄存器和双向移位寄存器两大类。

### 10.7.2.1　单向移位寄存器

只能沿一个方向(向左或向右)移位的是单向移位寄存器。

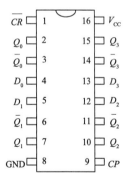

图 10-38　CT1175 的管脚排列图

由四个 D 触发器组成的单向移位寄存器如图 10-39 所示。根据移位功能的要求,后面一位触发器的 $D$ 输入端接前面一位的 $Q$ 输出端。第一位的 $D$ 输入端外接输入信号,移位脉冲信号直接加入各位触发器的 $CP$ 端。在接收数码之前,所有触发器清零。

在 $CP$ 上升沿作用下,待存数码送到 $FF_0$,其他各触发器的状态与 $CP$ 作用前一瞬间第一位触发器的状态相同,即寄存器中的原有数码依次单向移动一位。若需寄存数码 1011,首先要清零,然后在移位脉冲作用下,输入数码依次进入触发器。在第四个移位脉冲作用后,$Q_3=1$、$Q_2=0$、$Q_1=1$、$Q_0=1$,即 1011 这个四位二进制码全部移入了寄存器。其工作过程如图 10-40 所示。

这种寄存器的输入方式是串行输入,其输出有并行和串行两种方式。当加入四个时钟脉冲后,输入数码 1011 出现于 $Q_3 \sim Q_0$ 端,这时可在同一输出指令作用下实现并行输出。如果继续加入时钟脉冲,则寄存器中的二进制数码将依次在 $Q_3$ 端输出,且与时钟脉冲同步,即实现了串行输出方式。

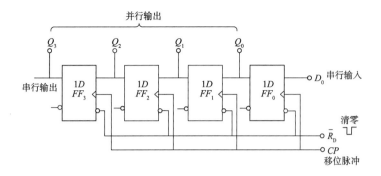

图 10-39 单向移位寄存器

#### 10.7.2.2 双向移位寄存器

既可将数据左移、又可将数据右移的寄存器称为双向移位寄存器。

集成双向移位寄存器举例：CT4194 是一种典型的 TTL 集成双向移位寄存器，它的功能比较齐全，有清零、保持、左移位、右移位、并串行输入和并串行输出等功能。CT4194 的管脚排列图如图 10-41 所示，其中，$CP$ 为移位脉冲输入端；$\overline{CR}$ 为异步清零输入端；$D_{SR}$ 为右移串行数据输入端；$D_{SL}$ 为左移串行数据输入端；$D_0 \sim D_3$ 为并行数据输入端；$S_A$ 和 $S_B$ 为工作模式选择端；$Q_0 \sim Q_3$ 为数据并行输出端。其逻辑功能见表 10-21。

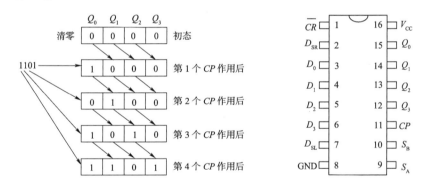

图 10-40 移位寄存器的移位过程　　　图 10-41 CT4194 的管脚排列图

应用 CT4194 构成环形计数器如图 10-42 所示。所谓环形计数器，就是把移位寄存器的串行输出反馈到串行输入端，组成自循环移位寄存器。图中，$S_B S_A = 01$（右移方式），$D_{SR} = \overline{Q}_3$。设寄存器的初态为 $Q_0 Q_1 Q_2 Q_3 = 0000$，则在时钟作用下进行自循环右移，状态转换如图 10-43 所示。

CT4194 逻辑功能　　　　　　　　　　　　　　　　　表 10-21

| 功能 | 清零 | 控制端 | | 输入 | | | | | | | 输出 | | | |
|---|---|---|---|---|---|---|---|---|---|---|---|---|---|---|
| | $\overline{CR}$ | $S_B$ | $S_A$ | $D_{SR}$ | $D_{SL}$ | $CP$ | $D_0$ | $D_1$ | $D_2$ | $D_3$ | $Q_0^{n+1}$ | $Q_1^{n+1}$ | $Q_2^{n+1}$ | $Q_3^{n+1}$ |
| 清零 | 0 | × | × | × | × | × | × | × | × | × | 0 | 0 | 0 | 0 |
| 保持 | 1 | × | × | × | × | 0 | × | × | × | × | $Q_0^n$ | $Q_1^n$ | $Q_2^n$ | $Q_3^n$ |
| 送数 | 1 | 1 | 1 | × | × | ↑ | $d_0$ | $d_1$ | $d_2$ | $d_3$ | $d_0$ | $d_1$ | $d_2$ | $d_3$ |

续上表

| 功能 | 清零 $\overline{CR}$ | 控制端 $S_B$ | 控制端 $S_A$ | 输入 $D_{SR}$ | 输入 $D_{SL}$ | 输入 $CP$ | 输入 $D_0$ | 输入 $D_1$ | 输入 $D_2$ | 输入 $D_3$ | 输出 $Q_0^{n+1}$ | 输出 $Q_1^{n+1}$ | 输出 $Q_2^{n+1}$ | 输出 $Q_3^{n+1}$ |
|---|---|---|---|---|---|---|---|---|---|---|---|---|---|---|
| 右移 | 1 | 0 | 1 | 1 | × | ↑ | × | × | × | × | 1 | $Q_0^n$ | $Q_1^n$ | $Q_2^n$ |
| 右移 | 1 | 0 | 1 | 0 | × | ↑ | × | × | × | × | 0 | $Q_0^n$ | $Q_1^n$ | $Q_2^n$ |
| 左移 | 1 | 1 | 0 | × | 1 | ↑ | × | × | × | × | $Q_1^n$ | $Q_2^n$ | $Q_3^n$ | 1 |
| 左移 | 1 | 1 | 0 | × | 0 | ↑ | × | × | × | × | $Q_1^n$ | $Q_2^n$ | $Q_3^n$ | 0 |
| 保持 | 1 | 0 | 0 | × | × | ↑ | × | × | × | × | $Q_0^n$ | $Q_1^n$ | $Q_2^n$ | $Q_3^n$ |

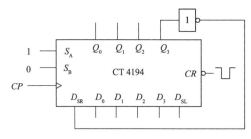

图 10-42 由 CT4194 构成环形计数器

图 10-43 环形计数器状态图

## 10.8 数模和模数转换电路

在电子技术中,模拟信号和数字信号的相互转换是很重要的。例如,用电子计算机对某生产系统进行控制,首先要经过传感器将温度、压力、流量等模拟量转换成相应的模拟信号,并把这些模拟信号转换为数字信号,才能送到计算机中去进行运算和处理;然后又要将运算和处理得出的数字信号转换为模拟信号,才能驱动执行机构实现对生产过程的控制。

能将数字信号转换为模拟信号的电子电路称为数/模转换器,简称 D/A 转换器;将模拟信号转换为数字信号的电子电路称为模/数转换器,简称 A/D 转换器。

数模和模数转换的发展方向之一是集成化,特别是发展大规模集成电路。目前市场上已有多种不同型号的产品供选用,十分方便。由于数模和模数转换技术比较复杂,涉及的新概念较多,本节只对其基本概念和基本工作原理作简要说明,然后介绍典型的数模和模数转换集成电路产品,为正确使用这些集成电路打下基础。

### 10.8.1 数模转换器(D/A 转换器)

#### 10.8.1.1 D/A 转换器的工作原理

D/A 转换器输入的是数字信号,输出的则是与数字信号成比例的模拟电压或模拟电流。而数字信号是用二进制码按数位组合起来的,其每一数位上的数码 1 都有其确定的"权"值,即代表一个确定的十进制数。

任何二进制码按"权"值的展开式为:

$$D = 2^{n-1} \times d_{n-1} + 2^{n-2} \times d_{n-2} + \cdots + 2^1 \times d_1 + 2^0 \times d_0$$

D/A 转换器输出的模拟量 $A$ 与输入的数字量 $D$ 成正比,即:

$$A = K(2^{n-1} \times d_{n-1} + 2^{n-2} \times d_{n-2} + \cdots + 2^1 \times d_1 + 2^0 \times d_0)$$

式中：$K$——转换比例系数。

D/A 转换器的任务就是实现上述转换：将输入数字信号的每一位二进制数码的 1 按照它的"权"值转换为相应的模拟量，然后再将代表各位的模拟量相加。最后将与输入数字量成正比的模拟量输出，完成数模转换功能。

数模转换器通常由权电阻网络、模拟开关、基准电压源和求和运算放大器四部分组成，其结构原理框图如图 10-44 所示。

图 10-44 D/A 转换器的原理框图

#### 10.8.1.2 D/A 转换器输出模拟电压与输入数字量之间的关系

若 D/A 转换器输入的数字量是 $N$ 位二进制数码，输出的是确定大小的模拟电压（或电流）。当输入的 $N$ 位二进制数码全是 0 时，输出的模拟电压应是 0V。当输入的 $N$ 位二进制数码全是 1 时，输出的模拟电压应是最大值（又称满刻度值，用 $U_{FSR}$ 表示）。其中 $N$ 位二进制数码一共有 $2^N$ 个组态，每一个组态与确定大小的模拟电压相对应。

以四位 D/A 转换器为例，输入的是 4 位二进制数码，共有 $2^4$ = 16 组态。设其输出的模拟电压满刻度值 $U_{FSR}$ = 5V，则该 D/A 转换器能够分辨出来的最小模拟电压是：

$$\frac{5}{2^4 - 1} = \frac{5}{15} = 0.333(V)$$

其输出模拟电压与输入数字量之间的对应关系见表 10-22。

四位数字量与模拟电压（0～5 V）的对应关系　　　　表 10-22

| 序　号 | 输入数字量 | | | | 输出模拟电压（V） |
|---|---|---|---|---|---|
| | $D_3$ | $D_2$ | $D_1$ | $D_0$ | |
| 0 | 0 | 0 | 0 | 0 | 0 |
| 1 | 0 | 0 | 0 | 1 | 0.333 |
| 2 | 0 | 0 | 1 | 0 | 0.667 |
| 3 | 0 | 0 | 1 | 1 | 1.0 |
| 4 | 0 | 1 | 0 | 0 | 1.333 |
| 5 | 0 | 1 | 0 | 1 | 1.667 |
| 6 | 0 | 1 | 1 | 0 | 2.0 |
| 7 | 0 | 1 | 1 | 1 | 2.333 |
| 8 | 1 | 0 | 0 | 0 | 2.667 |
| 9 | 1 | 0 | 0 | 1 | 3.0 |
| 10 | 1 | 0 | 1 | 0 | 3.333 |
| 11 | 1 | 0 | 1 | 1 | 3.667 |

续上表

| 序号 | 输入数字量 | | | | 输出模拟电压 |
|---|---|---|---|---|---|
| | $D_3$ | $D_2$ | $D_1$ | $D_0$ | (V) |
| 12 | 1 | 1 | 0 | 0 | 4.0 |
| 13 | 1 | 1 | 0 | 1 | 4.333 |
| 14 | 1 | 1 | 1 | 0 | 4.667 |
| 15 | 1 | 1 | 1 | 1 | 5.0 |

#### 10.8.1.3　D/A 转换器的主要技术指标

(1) 分辨率。

分辨率由输入数字量的二进制码的位数决定,表明其分辨出最小模拟电压的能力。

分辨率用 D/A 转换器能够分辨出的最小输出电压与最大输出电压之比表示。当输入二进制码只有最低位(LSB)为 1 时,输出电压最小;当输入二进制码各位全为 1 时,输出电压最大。如 8 位 D/A 转换器的分辨率为:

$$\frac{(00000001)_2}{(11111111)_2} = \frac{1}{2^8 - 1} = \frac{1}{255} = 0.0039$$

$N$ 位 D/A 转换器的分辨率是 $\frac{1}{2^N - 1}$。

(2) 转换误差。

转换误差表示 D/A 转换器输出电压的实际值与理论值之差,常用输出电压满刻度值 $U_{FSR}$ 的百分数表示,也可以用最低有效位对应的输出模拟电压 $U_{LSR}$ 的倍数表示。例如某 D/A 转换器的转换误差是 $\frac{1}{2}LSB$,就是其输出模拟电压的绝对误差,为 $\frac{U_{LSR}}{2}$。

(3) 转换时间。

转换时间指从数字量输入到模拟量能够稳定输出之间所需要的时间。它表示的是 D/A 转换器的工作速度,转换时间越小,工作速度越高。

#### 10.8.1.4　集成 D/A 转换器举例

根据分辨率、转换时间及接口特性等性能的不同,有不同的集成 D/A 转换器产品。其中 DAC0832 是 CMOS 单片直流输出型 8 位 D/A 转换器,它由两个 8 位输入寄存器和一个 8 位 D/A 转换器三部分组成。它能与多种微处理器芯片配合使用,且接口电路简单,转换控制容易,所以得到较多应用。

DAC0832 原理方框图和管脚排列图如图 10-45 所示。其中,$DI_0 \sim DI_7$ 为数字信号输入端;$\overline{WR_1}$ 为写信号 1;$\overline{WR_2}$ 为写信号 2;$I_{OUT1}$、$I_{OUT2}$ 为模拟电流输出端;$R_{FB}$ 为集成在片内的外接运放的反馈电阻;$U_{REF}$ 为基准电压( -10 ~ 10V);$U_{CC}$ 为电源电压( +5 ~ +15V);AGND 为模拟部分接地端;DGND 为数字部分接地端。

$ILE$ 为输入寄存器允许。当 $ILE = 1$ 时,且 $\overline{CS}$ 与 $\overline{WR_1}$ 均有效($\overline{CS} = 0$、$\overline{WR_1} = 0$)时,可以将输入的数字信号存入芯片的输入寄存器(1)内。若 $ILE = 0$,输入的数字信号则被锁存。

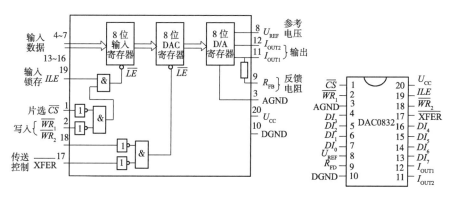

图 10-45　DAC0832 的管脚排列图

$\overline{CS}$ 为片选信号。当 $\overline{CS}=0$，且 $ILE=1$、$\overline{WR_1}=0$ 时，允许将输入的数字信号存入芯片的输入寄存器(1)内。

$\overline{XFER}$ 为传送控制信号。当 $\overline{XFER}=0$、$\overline{WR_2}=0$ 时，数据由寄存器(1)送入寄存器(2)，且进入 8 位 D/A 转换器进行转换。

DAC0832 输出的是电流，一般要求输出的是电压，所以还必须经过一个外接的运算放大器转换成电压。实验线路如图 10-46 所示。

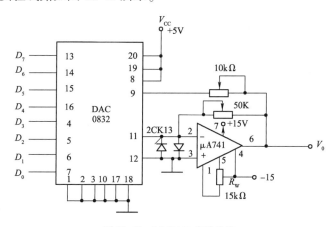

图 10-46　DAC0832 实验线路

## 10.8.2　模数转换器(A/D 转换器)

### 10.8.2.1　A/D 转换器的工作原理

A/D 转换器是将输入模拟信号转换成数字信号，一般要经过采样、保持、量化、编码四个过程，如图 10-47 所示。

采样是将连续变化的模拟量作等间隔的抽样取值，即将时间上连续变化的模拟量转换为时间上断续的模拟量。

将采样后的模拟信号转换为数字信号需要一定时间，所以在每次采样后需将采样电压经保持电路保持一段时间，以便进行转换。

输入模拟信号经采样—保持后得到的是阶梯模拟信号，还不是数字信号，还需进行量化。将采样—保持后的电压化为某个规定的最小单位电压整数倍的过程称为量化。

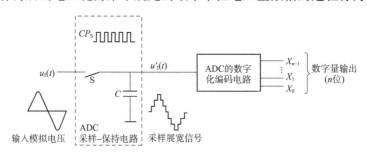

图 10-47　A/D 转换器的组成

将量化后的数值用二进制代码表示,称为编码。经编码后的二进制代码就是 A/D 转换器的输出数字信号。

A/D 转换器按照转换方法的不同,主要分为三种:并联比较型,其特点是转换速度快,但精度不高;双积分型,特点是转换精度较高,抗干扰能力强,但转换速度慢;逐次逼近型,特点是转换精度高,速度快,在集成单元电路中用得最多。

#### 10.8.2.2　A/D 转换器的主要技术指标

(1)分辨率。

通常用 A/D 转换器输出的二进制码的位数 $N$ 表示。它表明该转换器可以用 $2^N$ 个二进制数对输入模拟量进行量化,反映了转换器对输入模拟量的分辨能力。例如输入模拟电压的满量程值是 5V,则 8 位 A/D 转换器能够分辨的最小模拟电压值是:

$$\frac{5}{2^8} = \frac{5}{256} = 0.01953(\text{V})$$

(2)相对精度。

表示 A/D 转换器实际输出的数字量与理论输出的数字量之间的差值,通常用最低有效位 $LSB$ 的倍数表示。例如相对精度 $\leq \pm 1LSB$,说明其相对精度不大于最低有效位的数值。

(3)转换速度。

A/D 转换器从接收到转换控制信号起,到输出端得到稳定的数字量为止,即完成一次 A/D 转换所需要的时间。并联型 A/D 转换器转换速度最高,可达数十纳秒;逐次逼近型 A/D 转换器的转换速度为数十微秒;双积分型 A/D 转换器转换速度较慢,为数十毫秒。

#### 10.8.2.3　集成 A/D 转换器举例

ADC0804 是应用较多的逐次逼近型集成 A/D 转换器,是 CMOS 集成电路。其分辨率是 8 位,相对精度为 $1LSB$,转换速度约为 $100\mu s$。

ADC0804 管脚排列图如图 10-48 所示。其中,$U_{CC}$ 为电源电压(+5V);$U_{REF/2}$ 为参考电压端,是芯片内部电阻网络所需用的基准电压,该电压应是输入电压范围的 1/2。如输入电压是 0.5 ~ 4.5V,则于该管脚处外加 2V 电压。当输入电压是 0 ~ 5V 时,该管脚可以悬空,基准电压可由 $U_{CC}$ 经内部分压得到。DGND 和 AGND 分别为数字接地端和模拟接地端;$U_{IN+}$ 和 $U_{IN-}$ 为被转换的电压信号自该两端加入,此信号可为差动电压信号或不共地的电压信号;$D_0 \sim D_7$ 为 8 位数字信号的输出端,可直接接至系统的数据总线上,无须加接口电路;CLKIN

和 CLKR 为时钟脉冲端,时钟脉冲的频率决定了芯片内部的工作节拍。由于其内部已设置了时钟脉冲发生电路,只需在 CLKIN 和 CLKR 端外接电阻 $R$、电容 $C$,即可产生所需频率的时钟脉冲(图 10-49)。振荡频率 $f = 1/(1.1RC)$。若采用外部时钟,则可从 CLKIN 管脚端直接加入,此时不接 $R$、$C$ 元件。$\overline{CS}$ 为片选信号端;$\overline{WR}$ 为写入信号端;$\overline{RD}$ 为读出信号端;INTR 为转换结束信号端。后四个信号控制端相互配合完成写入和读出功能。

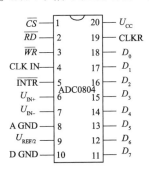
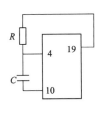

图 10-48　ADC0804 管脚排列图　　　　图 10-49　ADC0804 时钟接线

## 复习思考题

1. 图 10-50 给出了输入信号 $A$ 和 $B$ 的波形,试画出与非门输出 $F = \overline{AB}$、异或门输出 $F = A \oplus B$ 的波形。

2. 利用公式将下列函数化简成为最简与或表达式。

① $F_1 = A(\overline{A} + B) + B(B + C) + B$;

② $F_2 = AB + A\overline{B} + \overline{A}B + \overline{A}\,\overline{B}$;

③ $F_3 = AB + \overline{A}C + B\overline{C}$。

3. 写出图 10-51 中所示电路输出变量的逻辑表达式,并判断电路的逻辑功能。

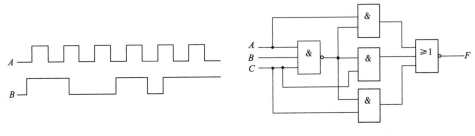

图 10-50　第 1 题图　　　　图 10-51　第 3 题图

4. 用与非门和反相器实现函数 $F = \overline{A}B + A\overline{B}$,画出逻辑图。

5. 用异或门、与或非门和非门设计一个全加器。

6. 设计三变量的判奇电路:三个输入变量中有奇数个 1 时,输出为 1,其余情况输出为 0。画出用与非门组成的逻辑电路。

7. 某机械生产装配线上有 $A$、$B$、$C$ 三部机械手配合工作:当 $A$ 工作时,$B$、$C$ 必须工作;当

$B$ 工作时,$C$ 必须工作;$C$ 可单独工作。除此之外,均为故障状态,报警指示灯亮。设计一个用与非门组成的故障报警指示电路。

8. 8 线—3 线二进制编码器逻辑电路如图 10-52 所示。$I_0 \sim I_7$ 是 8 个输入信号,高电平有效,输出是 3 位二进制码 $Y_1Y_2Y_3$。试分别写出 $Y_1$、$Y_2$、$Y_3$ 的逻辑式,分析当 $I_4$ 或 $I_6$ 端有信号输入时,输出的二进制码 $Y_1Y_2Y_3$ 为何值。

9. 由或非门组成的基本 RS 触发器的初始状态是 $Q=0$、$\overline{Q}=1$,$S_D$ 和 $R_D$ 的波形如图 10-53 所示。对应画出 $Q$ 端的波形。

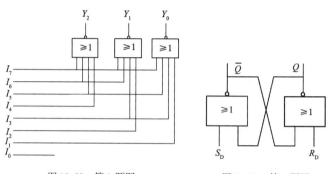

图 10-52 第 8 题图    图 10-53 第 9 题图

10. 触发型 JK 触发器(下降沿触发)的初始状态是 $Q=0$,输入信号及 $CP$ 波形如图 10-54 所示。对应画出 $Q$、$\overline{Q}$ 端波形。

11. D 触发器及输入信号波形如图 10-55 所示,触发器初始状态是 $Q=0$,对应画出 $Q$ 端波形。

12. JK 触发器及门电路组成的时序逻辑电路如图 10-56 所示,触发器初始状态为 0,输入信号 $A$、$B$ 和 $CP$ 波形也表示在图中。对应画出输出端 $Q$ 的波形。

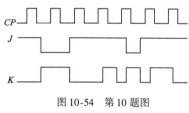

图 10-54 第 10 题图

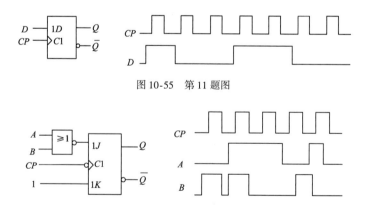

图 10-55 第 11 题图

图 10-56 第 12 题图

13. D 触发器及门电路组成的时序逻辑电路如图 10-57 所示,触发器初始状态为 0,输入信号 $A$、$B$ 和 $CP$ 波形也表示在图中。对应画出输出端 $Q$ 的波形。

14. 图 10-58 是由 JK 触发器组成的扭环形计数器,触发器的初始状态均为 0。

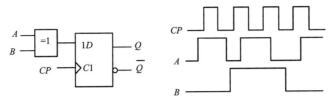

图 10-57  第 13 题图

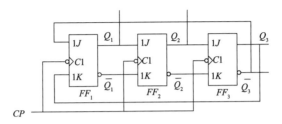

图 10-58  第 14 题图

①在 CP 作用下，触发器的状态 $Q_1 \sim Q_3$ 如何变化？画出状态转换图，与 CP 对应画出 $Q_1 \sim Q_3$ 的波形图。

②经过多少个 CP 作用后，$Q_1 \sim Q_3$ 的状态重复变化一次？

15. 图 10-59 所示集成双向移位寄存器 CT4194 已被置数为 $Q_0Q_1Q_2Q_3 = 0001$。画出在 CP 作用下的状态转换图及 $Q_0Q_1Q_2Q_3$ 波形图。

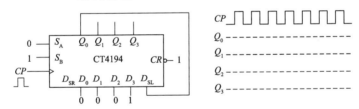

图 10-59  第 15 题图

16. JK 触发器组成的逻辑电路如图 10-60 所示，触发器的初态均为 0。画出在 CP 作用下的 $Q_1$、$Q_2$ 波形图。试述该电路的功能。

17. 用中规模集成计数器 CT4160 组成的计数器如图 10-61 所示，分析该电路是几进制计数器。

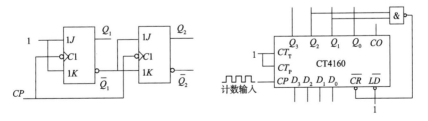

图 10-60  第 16 题图    图 10-61  第 17 题图

18. 集成 555 定时器组成的施密特触发器如图 10-62 所示，已知电源电压 $U_{CC} = 9V$，输入信号 $u_I$ 波形同时表示在图中，对应画出输出电压 $u_O$ 的波形（输出电压的高电平 $U_{OH} = U_{CC} = 9V$，低电平 $U_{OL} = 0$）。

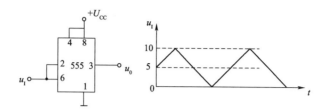

图 10-62 第 18 题图

19. 12 位 DAC 的分辨率是多少？当输出模拟电压的满量程值是 10V 时，能够分辨出的最小模拟电压值是多少？当该 DAC 输入的数字量分别是 000000001111、000011111111 时，计算输出模拟电压的数值。

20. 10 位 ADC 的输入模拟电压的满量程值是 15V，计算输出数字量的最低位代表几伏电压值。

# 参考文献

[1] 王慧玲.电路基础[M].2版.北京:高等教育出版社,2007.

[2] 刘蕴陶.电工电子技术[M].北京:高等教育出版社,2005.

[3] 吕国泰,吴项.电子技术[M].北京:高等教育出版社,2001.

[4] 易沅屏.电工学[M].北京:高等教育出版社,1993.

[5] 黄连根.数字电子技术基础[M].上海:上海交通大学出版社,2004.

[6] 张卫.电工电子技术[M].长沙:国防科技大学出版社,2010.

[7] 田玉.电工电子技术[M].北京:电子工业出版社,2010.

[8] 康华光.电子技术基础[M].北京:高等教育出版社,1999.

[9] 傅丰林.模拟电子线路基础[M].天津:天津科学技术出版社,1993.

[10] 王兆奇.电工基础[M].北京:机械工业出版社,2005.

[11] 秦曾煌.电工学[M].北京:高等教育出版社,2004.

[12] 赵承荻,姚和芳.电机与电气控制技术[M].2版.北京:高等教育出版社,2006.

[13] 郑瞳炽,张明锐.城市轨道交通牵引供电系统[M].北京:中国铁道出版社,2005.

[14] 李玉昆.供电设备运行与检修[M].北京:中国铁道出版社,2005.

[15] 魏庆朝,冯雅薇,施翃.直线电机交通模式及技术经济特性[J].都市快轨交通,2004(1):48-53.

[16] 白琳,牛封.城市轨道交通系统的防雷保护[J].中国防雷,2009,05,20.

[17] 周国强,王富荣,董文俊.地铁牵引变电所整流机组谐波谐振的抑制[J].电气开关,2008,6:60-62.

[18] 徐彩霞.城市轨道交通电工与电子技术[M].北京:中国铁道出版社,2015.

[19] 徐金平,杜贵府,朱纪法,等.城市轨道交通双向变流式牵引供电系统的应用[J].城市轨道交通研究,2020(1):179-182.

[20] 俞益,李辉,郑旺.城市轨道交通混合供电系统工作模式研究[J].城市轨道交通研究,2020(1):183-186.